4.

LA COSCIENZA

LA MEMORIA

LA COMUNITÀ

LA CURA

IL MITO

IL TRAUMA

— AA. VV.

Filosofia e Narrazione

Tra fenomenologia, letteratura e storia del pensiero

a cura di Leonardo Franchi, Daniele Nuccilli e Marco Stucchi

KrillBooks

Café Philo

I edizione italiana aprile 2025

Il saggio "La lunga notte del dolore. La letteratura come via d'uscita dalla violenza?" di Hans Joas è stato pubblicato per la prima volta in:
Hans Joas, Die lange Nacht der Trauer. Erzählen als Weg aus der Gewalt?,

Redazione: **Margherita Macrì**
Cover: **Marco Spinelli**
Impaginazione: **Paola D'Amico**
Direttore editoriale: **Mino Degli Atti**
www.krillbooks.com

ISBN 9791298515635

INTRODUZIONE

Leonardo Franchi, Daniele Nuccilli, Marco Stucchi

Dietro l'accostamento di un termine con la filosofia, in special modo se il primo non ha la pretesa, come la seconda, di costituire un settore disciplinare, si nasconde l'insidia che esso, piuttosto che divenire l'oggetto d'attenzione, venga interessato da questioni riguardanti lo statuto stesso della filosofia, il modo in cui essa si concepisce e il metodo che essa intende utilizzare. In molti casi, oltre il più immediato istinto questionante della filosofia di interrogare l'indagato con il suo quesito ancestrale τί ἐστί (che cos'è?), si giunge persino a subordinare l'indagine a uno specifico orientamento filosofico, forzando, in questo modo, l'apertura potenzialmente sconfinata dell'interrogare alle esigenze dei principi metodici scelti. Così, se si usa, ad esempio, l'approccio fenomenologico, si farà del termine indagato un fenomeno da osservare con gli occhi o con lo sguardo della mente, rendendolo in qualche modo una realtà commisurabile a una prospettiva osservante e dunque prospettica. Se si usa il metodo analitico, invece, si costruirà attorno al tema stesso una rete di concetti scomponibili e analizzabili attraverso altri concetti da essi dedotti e si finirà per dissezionare l'oggetto di indagine estraniandolo dalla sua dimensione più complessa e globale. Vi sono poi casi estremi in cui il termine contrapposto a filosofia è uno di quei termini che, di quest'ultima, costituisce il fluido originario e la stoffa primaria dell'operare, come nel caso del linguaggio, del pensiero, della coscienza. In questi casi, allora, avviene piuttosto il contrario, che l'indagare stesso, il questionare filosofico, viene da essi irretito e inglobato. Si giunge dunque al paradosso che la filosofia stessa diviene possibile e immaginabile solo come percorso autoesplicativo e realizzante dei suddetti termini, che essa sia concepibile di volta in volta solo come gnoseologia, scienza del linguaggio o come scienza pura della coscienza. La filosofia si riduce allora a manifestazione stessa della realtà dell'indagato.

Accostando i termini filosofia e narrazione, il rischio è quello di incorrere nel gioco di domini e annessioni sopra evidenziato. Ciò non solo perché la filosofia stessa nella sua natura più dialogica può prendere la forma di una narrazione, come in effetti viene proposto da Joisten nel suo contributo, ma anche perché la narrazione può divenire il centro stesso di un'ontologia filosofica, come si può dedurre dalla prospettiva proposta da Schapp, o il perno concettuale attorno a cui ruota ogni indagine sul sapere in generale, come evidenziato da Nuccilli e Pecchinenda-Bifulco nei loro articoli. Vi sono in effetti alcune istanze presenti in questo volume, in cui il problema di una fondazione narrativa della filosofia e dei suoi metodi si fanno pressanti e urgenti. Con ciò tuttavia non si perviene mai alla pretesa di vincolare la filosofia alla sfera della narrazione, non si giunge mai, in definitiva, a fare della filosofia una manifestazione della narrazione come avvenuto per la scienza storica nel narrativismo storico. In questa sede, in effetti, non si vuole avviare alcun progetto di fondazione narratologica della filosofia e tantomeno adire a una definizione esaustiva della narrazione e dei fenomeni ad essa connessi. Questo libro, per dirla in termini più diretti, non vuole essere l'ennesimo contributo alla cosiddetta "svolta narrativa", così come, allo stesso modo, non vuole nemmeno trovare contro-argomenti a chi ha messo in discussione il ruolo e l'importanza filosofica della narrazione. Piuttosto si vuole ripercorrere, attraverso i diversi contributi, alcuni luoghi della storia del pensiero, ancora poco esplorati dal lettore italiano, in cui riluce il rapporto virtuoso e a volte problematico tra filosofia e narrazione. In alcuni casi la questione è posta in maniera da coinvolgere direttamente la prassi filosofica come nei contributi di Franchi e Renzi, in altri casi l'attenzione è maggiormente focalizzata sull'importanza della narrazione in alcune sfere dell'umano e del suo abitare il mondo della vita e della coscienza privata e sociale su cui la filosofia si interroga, come l'esperienza autobiografica (Ferrari) la rielaborazione del lutto (Joas), la morte (Curcio) o la pratica psicoterapica (Stucchi). Difficilmente si arriva, dunque, a porre sistematicamente la domanda filosofica per eccellenza "cosa è la narrazione?" e pur tuttavia, lungo tutto il volume si può fare esperienza dell'interagire dinamico e dialettico che spesso si instaura tra quelle due forme originarie del sapere e dell'esprimersi umano che sono il *narrare* e il *domandare filosofico*. Con questo breve cenno di carattere pragmatico-teorico, i curatori hanno il piacere di presentare al lettore i diversi tagli e i diversi approcci con i quali gli autori hanno affrontato il tema del rapporto tra filosofia e narrazione.

Nel suo contributo **Karen Joisten** affronta coraggiosamente e con precisione questioni di ampio respiro sulla natura del sapere filosofico e del suo metodo. Dopo aver dissipato alcune concezioni equivoche e carenti, l'autrice esplicita la sua concezione di filosofia narrativa. Si afferma quindi la necessità di non continuare a tralasciare che la filosofia ambisce anche ad essere *sapientia* e non solo e semplicemente *scientia*. La filosofia narrativa si rivela a tal proposito la forma ottimale per l'attuazione di una sintesi tra queste due accezioni. Ma in gioco non c'è soltanto la risoluzione della dicotomia tra fatti e valori, bensì anche quelle tra natura e cultura, tra corpo e spirito, tra oggetto e soggetto, le quali tengono ancora in ostaggio il sapere filosofico e probabilmente il sapere *in toto*. In conclusione l'autrice argomenta in che senso la narrazione filosofica è inestricabilmente legata a un'etica e quali sono gli effetti, sul mondo e sugli altri, della narrazione filosofica.

Gianfranco Pecchinenda e **Luca Bifulco** argomentano a favore della necessità di integrare le scienze sociali con la lezione fenomenologica husserliana opportunamente estesa e rivisitata da Alfred Schütz. Se il pensiero di Husserl ha posto il significato in una posizione liminare, da una parte esso è infatti il prodotto della coscienza individuale e dall'altra una realtà autonoma, Schütz propone di risolvere questa aporia insistendo sul fatto che il mondo della vita è prima di tutto il mondo in cui le persone interagiscono tra loro, da cui l'esistenza di un "noi comune" che non può essere scomposto o ridotto. I due autori fanno inoltre notare che anche il pensiero del celebre filosofo spagnolo Ortega y Gasset procede in questa direzione. L'*eidos* di husserliana memoria viene reinterpretato come concetto, che è secondo Ortega Y Gasset l'organo con cui noi umani catturiamo le cose. In ultima analisi il concetto viene a coincidere con la narrazione, grazie a cui quale imponiamo ordine al caos. D'altra parte, affermare ciò non significa – nemmeno per Schütz – misconoscere l'inesorabilità della realtà che si impone a noi. A partire da queste premesse la sociologia fenomenologica si pone quindi il compito di illustrare la costruzione sociale della realtà.

Jan Schapp suggerisce anzitutto di declinare parzialmente al plurale la nozione di 'filosofia della storia' che ha avuto grande fortuna nel nostro Paese. L'autore si occupa quindi di analizzare un problema centrale per la filosofia delle storie, ossia il rapporto tra l'esser-irretito in storie e la narrazione delle storie. I due centri gravitazionali teoretici in questa disamina sono Paul Ricœur e Wilhelm Schapp. Diverse sono le domande da cui il contributo prende le mosse e a cui cerca di rispondere, grazie anche a un continuo sforzo ermeneutico. In che modo la condizione dell'irretimento in storie si pone rispetto alla capacità o all'azione del narrare storie? Come si strutturano e si influenzano soggettività e intersoggettività nell'irretimento? È concepibile la narrazione poetica e qual è il suo *quid*? Questi argomenti vengono affrontati dall'autore ricorrendo in maniera accurata e convincente a numerosi riferimenti letterari che spaziano dalla mitologia classica alla letteratura moderna, passando per la cultura cristiana.

Il contributo di **Hans Joas** spicca per attualità e interesse dal momento che si interroga sul ruolo della letteratura rispetto alla pesante eredità storica che le guerre e le violenze del '900 ci hanno consegnato. Il romanzo *Amleto* dell'ebreo tedesco Alfred Döblin, scritto tra il '45 e il '46, viene attentamente analizzato, rivelandosi un ottimo esempio rispetto a come l'opera letteraria possa rappresentare un canale privilegiato per la rielaborazione della violenza e il superamento del trauma. Il racconto godrebbe infatti secondo l'autore di un potere trasformativo capace costituire nuovi significati e nuovi valori. Questi valori emergenti spingono verso una risemantizzazione degli effettivi legami sociali che gli uomini stringono gli uni con gli altri e, in ultima istanza, verso una riproposizioni delle grandi e inevitabili domande esistenziali e religiose.

Nel suo scritto **Emanuele Curcio** propone un itinerario interpretativo prendendo le mosse dalla concezione di Mircea Eliade secondo la quale il mito è una storia sacra che avvenne *ab origine*, una narrazione esemplare di un avvenimento che ha avuto luogo in un altro tempo. La narrazione mitologica, ripetendo gli eventi primordiali avvenuti in un passato ancestrale e che ha avuto un significato drammatico e spesso doloroso per l'uomo, fonda il presente e sopravvive nella modernità degradandosi in racconto popolare, leggenda, saga, epica, ballata e soprattutto in romanzo. La letteratura, secondo Eliade, consiste in un travestimento e in una dissimulazione dell'eccezionale, del fantastico all'interno della vita quotidiana. Questo è presente tanto nelle sue autobiografie quanto nei suoi romanzi. È infatti possibile ritrovare nei romanzi di Eliade un evento spesso indecifrabile, un personaggio misterioso o una espressione enigmatica, che esprimono questa continua operazione di travestimento, di mascheramento del fantastico e dell'eccezionale nell'abituale, in ciò che consueto e quotidiano. Questo non significa che la letteratura racconti fatti storie necessariamente false, ma significa che la letteratura, non essendo separata dalla vita e rivelando dei significati irripetibili ed unici è in grado di esprimere un destino, reale o fittizio che sia. Eliade, nel tentativo dare una forma a dei destini letterari di scrittori e personaggi, lascia intendere come la letteratura sia una zona umbratile, oscura e legata al notturno dell'uomo; sebbene la discesa nel notturno sembri palesare destino di morte (così come è presente in molti suoi romanzi), in questa discesa è compresa anche la possibilità di rinascita. Nella misura in cui il destino si scontra con la volontà, altresì emerge nel notturno l'esigenza di una liberazione di sé.

Nel contributo di **Francesco Ferrari** la narrazione è esaminata soprattutto in quanto azione – o, più precisamente, pratica ermeneutica – tesa alla riconciliazione con sé stessi. Il tipo di narrazione su cui qui ci si sofferma è pertanto l'autobiografia. Grazie ad essa, attraverso l'intreccio di accadimenti contingenti e *prima facie* irrelati, prende vita un duplice processo di appropriazione e di dispiegamento dell'identità narrativa, che diventa condizione per l'accesso a un orizzonte etico e valoriale. Nel corso di un confronto serrato e dettagliato con alcuni dei più importanti pensatori del secolo scorso (Lejeune, Ricœur, Taylor e Jankélévitch) Ferrari giunge ad affermare che grazie all'autobiografia possiamo percepire le nostre vite come "un che di intero", tracciando così un arco ermeneutico in grado di condurci dal particolare all'universale.

Marco Stucchi analizza il tema della narrazione in un contesto eterogeneo, quello terapeutico, in riferimento alla produzione di Sigmund Freud. Infatti, nonostante Freud sia riconosciuto come il massimo artefice della cosiddetta "talking cure", egli dedica un'attenzione più che altro episodica ai temi del linguaggio e soprattutto della narrazione, al punto che, nei rari casi in cui accenna al tema, si limita ad assegnare alle parole un presunto "potere magico". Tuttavia, guardando a diversi luoghi del corpus freudiano, sembra che la guarigione psichica debba necessariamente passare dal racconto, da parte del paziente, di eventi passati e autobiografici. Il contributo vaglia allora alcune ipotesi, compatibili, almeno in linea di principio, con i presupposti generali del pensiero freudiano, con lo scopo di meglio inquadrare il ruolo terapeutico della narrazione. Ulteriore obiettivo del contributo è mostrare come, da questa prospettiva, la domanda sulla narrazione possa indicare una via per chiarire, o per ricomprendere, alcuni presupposti fondamentali della psicoanalisi, e segnatamente quello concernente il primato dell'infanzia quale fonte di patogenesi.

Nel suo contributo, **Leonardo Franchi** prende in esame il poema di Parmenide, uno dei primi testi del pensiero filosofico occidentale, ed uno dei testi massimamente presi in considerazione da tutti quegli studi che indagano gli elementi di continuità e rottura tra dimensione mitica e speculazione filosofica. Il contributo, tuttavia, anziché prendere in esame l'annosa questione concernente il rapporto tra μῦθος e λόγος all'interno dell'opera parmenidea, si sofferma su di un altro aspetto caratteristico di quest'opera, ossia sull'utilizzazione della narrazione, da parte di Parmenide, come necessario elemento di mediazione tra il sé stesso conoscente e l'ἐόν, uno dei principali contenuti a cui giunge il suo conoscere. Nella narrazione di Parmenide accade infatti che, affinché egli apprenda l'ἐόν, occorre un'ulteriore narrazione, quella della dea. Sembra seguire che, affinché l'ἐόν diventi un contenuto apprendibile, esso necessiti che sia narrato, e dunque la presenza di un narratore che, narrandolo, crei la condizione per la sua apprensione. Il contributo tenta di determinare il significato teorico, nonché la valenza conoscitiva, di tale operazione.

Nel suo scritto **Angela Renzi** si sofferma su di un'intersezione nel pensiero di Fichte tra la storia – intesa nella duplice accezione di storia del proprio tempo e di filosofia della storia – e la dottrina della scienza, evidenziando come essa dia un impulso fondamentale all'elaborazione del pensiero trascendentale e, viceversa, come quest'ultimo, e particolarmente l'etica, influisca sull'elaborazione di una filosofia trascendentale della storia. Nell'intento di Fichte di ripristinare l'unità del sapere con la vita, la storia si configura come narrazione in itinere e adeguata, in senso retorico, alla situazione, dove sembra possibile un'integrazione tra la filosofia pratica e l'aspirazione alla vita morale come attuazione "concretamente concreta". La connessione tra etica e storia deriva dal fatto che sono connesse alla sfera dell'agire e, conseguentemente, all'agire della libertà. Il testo, pertanto, evidenzia due aspetti della concettualizzazione fichtiana della storia: in primo luogo, il rovesciamento radicale del rapporto tra l'azione storicamente determinata dell'uomo e il fine etico quale obiettivo dell'azione storica; in secondo luogo, la contrapposizione a una visione della storia come narrazione interpretativa di mere fattualità empiriche. Il filosofo, adottando questa prospettiva e andando oltre la classica distinzione tra *Histoire* e *Geschichte*, evidenzia come la storia debba avere una dimensione etica, attraverso la quale l'uomo non è mai effettivamente singolo ma partecipe di un'unica umanità e di un'unica storia: in essa egli può e deve andare oltre il tempo della vita biologica, prolungando infinitamente la serie temporale della comune destinazione morale.

Il contributo di **Daniele Nuccilli** esplora l'interpretazione della fenomenologia come teoria estetica del filosofo tedesco Ferdinand Fellmann, concentrandosi principalmente sulla sua definizione delle storie come "forme del sapere". L'autore del contributo individua tre aspetti fondamentali che permettono di circostanziare e comprendere questa definizione. Il primo aspetto riguarda il modo in cui Fellmann comprende la fenomenologia a partire dalle sue radici storico-filosofiche: a suo modo di vedere la fenomenologia eredita alcune istanze prettamente estetiche del tardo-idealismo tedesco che preparano in qualche modo la svolta verso la narrazione e l'interesse fenomenologico per le storie di vita del secondo Novecento. Il secondo aspetto riguarda il terreno applicativo su cui si muove la concezione fellmaniana della fenomenologia e conduce al riconoscimento e alla delineazione di una dimensione mediale della coscienza dalla quale poi si possa partire per una comprensione più approfondita dei media e del loro linguaggio. Il terzo aspetto infine riguarda le storie come forma privilegiata della conoscenza e il modo in cui esse strutturano l'esperienza e il rapportarsi dell'uomo con il mondo della vita. Proponendo una nuova visione del sé e del mondo attraverso la finzione narrativa, il concetto fellmaniano di storie condensa al suo interno sia il discorso estetico sia la concezione mediale della coscienza. Inoltre, portando ad espressione ciò che Fellmann definisce come "idee concrete", le storie coniugano il vissuto individuale alle forme basilari del sapere e dell'agire umano e ciò inaugura un nuovo orizzonte di comprensione sia per la fenomenologia che per l'epistemologia contemporanea.

La necessità della narrazione filosofica come forza integrativa per una sintesi di *sapientia*/saggezza e *scientia*/scienza

Karen Joisten (traduzione italiana a cura di D. Nuccilli)

Introduzione

Al centro della presente trattazione vi sono riflessioni che si possono collocare nell'alveo della filosofia narrativa. Il termine "filosofia narrativa" non è affatto privo di problemi, quantomeno se si vuole dare credito a quegli inveterati pregiudizi che pretendono di avere l'ultima parola su cosa dovrebbe essere la filosofia: una scienza rigorosa. Una filosofia narrativa, secondo l'errata convinzione di tale opinione, sarebbe allora una filosofia che procede essa stessa in modo narrativo e che impiega narrazioni, lasciando spazio a ogni tipo di storia e *stories*, le quali possono essere anche piacevoli, ma tutt'altro che sostenibili. Ciò porterebbe con sé anche un uso del linguaggio che aprirebbe porte e cancelli ad affermazioni imprecise e che sembrerebbe rifuggire dalla dovuta esattezza concettuale. Per dirla brevemente: una filosofia che porta con sé l'aggettivo "narrativa" non è una filosofia.[1]

Cosa si tralascia seguendo una simile opinione? Da dove vengono i pregiudizi e le incomprensioni su cui essa si fonda? Guardando alla storia della filosofia, se si vuole avere una comprensione soddisfacente della filosofia stessa nella tradizione europea, essa si presenta in due vesti: come sapienza e come scienza. Queste due rappresentazioni della filosofia, la filosofia come *sapientia* e come *scientia*, portano con sé forme specifiche di conoscenza e ambiti e atteggiamenti umani diversi, ciascuno con un proprio accesso al mondo della vita. Una filosofia narrativa che innanzitutto risieda e sia saldamente radicata nella *sapientia* è in grado di fare il passo dalla *sapientia* alla *scientia*. Ciò le consente di dare ampiezza alla filosofia e di approfondire entrambe le prospettive; mentre una filosofia che si considera principalmente come *scientia* ha maggiori difficoltà teoriche a inglobare in sé l'altra metà della sfera, la *sapientia*.

Certo, questa affermazione può apparire spaesante. Proviamo a chiarirla con un esempio. Se guardiamo allo sviluppo di un essere umano a partire dalla nascita, egli diventa gradualmente in grado di conquistare ciò che lo circonda, di formare abitudini legate al contesto, di emettere suoni, di sviluppare l'immaginazione e l'intelligenza e di muovere i primi passi fisici e spirituali. Egli può dunque concretamente spostarsi in modo relativamente libero e sicuro nella prima fase della sua esistenza, per poter infine astrarre e formalizzare sempre meglio ed essere infine in grado di spaziare con il pensiero in contesti puramente mentali. Un'inversione di questo percorso di sviluppo è altrettanto impensabile rispetto a quanto appena detto riguardo la filosofia: così come non si può dire che l'uomo alla sua nascita sviluppa prima la sua capacità di astrazione attraverso l'apprendimento delle conoscenze matematiche e poi costruisce la sua sapienza/*phronesi* attraverso le esperienze raccolte, allo stesso modo non si può dire che la filosofia sorga innanzitutto come una scienza/*scientia* per poi far emergere il suo lato di conoscenza sapienziale/*sapientia*.[2]

Il primato della conoscenza scientifica, che ritroviamo indubbiamente anche nella filosofia accademica come *scientia*, era già stato evidenziato e criticato nella Krisis di Husserl (Husserl, 2015). Al più tardi a partire dall'epoca moderna, attraverso la matematizzazione del mondo della vita, esso ha portato alla rimozione della *sapientia* e delle categorie di significato, valore, attitudine e orientamento a una vita buona che le appartengono. Se si vogliono affrontare i problemi fondamentali del nostro tempo, se si vuole rispondere alle sfide della digitalizzazione, non è sufficiente, da un punto di vista filosofico, rivolgersi a essi nuovamente in modo puramente scientifico. Così facendo, la filosofia si mette al servizio dell'appagamento strumentale della volontà tecnica che mira a una funzionalizzazione senza intoppi, mentre la conoscenza metodologica, derivante principalmente dalla filosofia della scienza, si mette al servizio della funzionalità stessa, contribuendo alla sua ottimizzazione.

In questi nostri tempi è più che mai necessario sostenere una filosofia che rifletta sulla rilevanza delle sue due forme di rappresentazione e che riconosca la loro intima unità. Soprattutto tenendo conto della digitalizzazione della nostra società, è necessario definire una nuova mediazione critica tra i due tipi di filosofia e mettere a fuoco la loro dimensione peculiare e le loro interconnessioni, per poter compiere il prossimo passo verso una comprensione interdisciplinare del contributo sociale che si richiede per il benessere della comunità. Se resta obliata la comprensione della filosofia come *sapientia*, essa continuerà a svuotarsi fino a diventare solo una scienza tra le altre scienze nei circoli accademici. Una sua comprensione integrata, che unisca i suoi due lati e che non cerchi di separarli in maniera miope o di escluderne uno, ha invece gli strumenti vitali, metodici e critico-costruttivi per poter contribuire a una gestione responsabile e riflessiva delle tecnologie digitali della società.

La forma in cui la filosofia può attuare una sintesi tra *scientia* e *sapientia*, è la narrazione filosofica. In una narrazione filosofica, i due versanti sono costantemente riesplorati dal punto di vista contenutistico e sintetizzati nonostante e in considerazione della loro dissonanza e differenza. In questo modo si evita di cristallizzarsi in maniera troppo rigida sull'esistente e non si rinuncia allo stesso tempo a una lungimirante costanza. Si può essere così in grado piuttosto di fare propri e rispondere dei singoli passi attraverso processi ben ponderati.

L'uomo nella sua trama culturale di significato

Siamo abituati, seguendo una ovvietà diffusa, a fare uso degli opposti senza riflettere sulla loro intima unione. E così parliamo, ad esempio, di valori in opposizione ai fatti, di significato in opposizione alla realtà, di soggetto contro oggetto, di unico e particolare contro generale e indistinto e, cosa altrettanto importante, di sapienza contro scienza. Per quanto questo utilizzo possa essere importante per orientarci nel nostro contesto di vita, esso nasconde delle insidie. Una di queste consiste nel fatto che due "mondi" possono essere costruiti in modo artificioso e messi l'uno di fronte all'altro a posteriori. Così, le categorie di valore, significato, soggetto, unico/particolare e sapienza possono essere collocate in un mondo della vita, dell'agire e del patire, mentre le categorie di fatto, *factum*, oggetto, generale/indistinto e scienza sembrano trovare posto piuttosto in un mondo tecnico/matematizzato.[3]

Così procedendo, l'accesso tecnico-matematico al mondo con la sua propria logica di progresso illimitato e sfrenato – di pari passo con la spinta economica all'incremento – può facilmente emanciparsi dal mondo della vita, dell'azione e della passione ed esercitare ed espandere il proprio potere sulla testa delle persone e spesso anche contro di loro, seguendo, tra l'altro, le regole della loro stessa logica.[4] La relazione tra i due "mondi" subisce così uno sbilanciamento, poiché il contesto del mondo della vita viene a subordinarsi ai risultati e alle esigenze tecnico-matematiche.[5]

Se guardiamo più in profondità al significato del discorso che riguarda la narrazione filosofica, esso va di pari passo con un'interpretazione dell'uomo che afferma spontaneamente il primato del mondo della vita e, così facendo, rende possibile una riflessione su due "mondi" che si presume siano separati.

L'essere umano è stato ed è tuttora interpretato in molti modi: come essere razionale, sociale, amorevole, giocoso o addirittura ridente, per elencare almeno alcune interpretazioni classiche. In questa sede si vuole percorrere una strada diversa, una strada che conduca direttamente al neonato concreto, a colui che letteralmente giace in una culla appena dopo la sua nascita, nella sua unicità distintiva e nella sua insostituibilità, ma anche nella sua vulnerabilità, fragilità e mortalità. A causa di questo "fatto di nascita" e della "natalità", come scrive Hannah Arendt, "ogni uomo è unico e con egli viene al mondo qualcosa di nuovo nella sua unicità" (Arendt, 2017, p. 185 – traduzione leggermente modificata). Questa interpretazione porta inoltre sempre con sé il fatto umano primordiale della corporeità e il fatto originario della dipendenza dai propri simili, che permette di cogliere l'essere umano come qualcosa di totalmente relazionale.

Negli ultimi tempi, il corpo è stato tematicamente riscoperto dalla filosofia, anche a causa dell'oblio del corpo vivo [*Leibvergessenheit*] che ha accompagnato la tecnicizzazione. La distinzione del corpo vivo [*Leib*] dal corpo [*Körper*] è la caratteristica essenziale nell'approcciarsi al soggetto, poiché il corpo vivo non deve essere ridotto al corpo. Helmut Plessner, tra gli altri, ha sottolineato questa distinzione in modo sintetico ma efficace: "L'uomo è sempre allo stesso tempo un corpo vivo [...] e *ha* questo corpo vivo come questo corpo" (Plessner 2007, p. 63). Ciò significa che abbiamo accesso primario a noi stessi nella nostra viva corporeità, che la sperimentiamo e la riconosciamo nella nostra auto-riflessività. Se afferriamo il nostro corpo vivo in modo oggettivo, lo trasformiamo in un corpo. Diventa un oggetto da cui prendere le distanze e che può essere misurato, pesato e analizzato. La trasformazione in corpo è accompagnata da una standardizzazione, poiché le unità di misura con cui esso viene compreso sono create per misurare ogni corpo.

Questa interpretazione dell'essere dell'uomo come interamente corpo vivo è stata espressa sinteticamente da Friedrich Nietzsche. Nella sua celebre opera *Così parlò Zarathustra* egli afferma: "Io sono in tutto e per tutto corpo vivo" (Nietzsche, 2013, p. 54). E Martin Heidegger, che comunque non ha prestato molta attenzione al corpo vivo nei suoi scritti, dice nella sua interpretazione di Nietzsche: "Non siamo prima 'viventi' e poi abbiamo in aggiunta un apparato chiamato corpo, ma viviamo poiché viviamo il corpo (*wir leben, indem wir leiben*)" (Heidegger, 1962, p 119). Se diciamo che essere umani è essere corporei, stiamo dicendo che tutte le azioni umane sono azioni legate al corpo vivo e che l'essere umano, in senso figurato, non può "uscirne" e non può distaccarsene. Da qui, pensare, sentire, volere, sperare possono essere interpretati come accessi specifici alla schiavitù corporea e come espressioni della stessa. Esse sono modalità di accesso al nostro essere che possono essere isolate l'una dall'altra solo in astratto, ma non nel mondo della vita in cui l'essere umano si trova in quanto vivente, poiché sono intrecciate e connesse l'una all'altra.

In quanto corpo vivo, l'essere umano si moltiplica in una varietà di diverse forme espressive o vie di accesso, in cui può cogliere in modo specifico sé stesso, i suoi simili e il mondo. Il corpo vivo è quindi allo stesso tempo il *confine* e l'*orizzonte* di ogni singolo essere umano: la pelle di un essere umano lo delimita verso l'interno e verso l'esterno, lo racchiude e lo circonda e gli permette di essere presso-di-sé. Questo essere-presso-di-sé [*Bei-sich-sein*] non è, tuttavia, un vuoto, oscuro nulla senza parole, poiché, come già compreso da Platone e da Gadamer, si svolge in un discorso polifonico del sé, nel senso dell'incontro con il sé, che è mediato dalla molteplicità degli accessi (sentire, pensare, fisicità). Il corpo non è dunque solo un confine, ma anche un orizzonte che protende l'essere umano in direzione del suo "mondo" interiore ed esteriore e, per così dire, lo dirige in maniera naturale e spontanea in entrambe le direzioni. In questo modo, il corpo vivo è qualcosa di simile a un mezzo, si potrebbe anche dire a un intermediario: tra questa particolare persona e il suo ambiente e co-mondo, tra l'individuo e il contesto in cui egli è avvolto a partire dalla sua nascita.

Se finora ci siamo concentrati sull'essere umano nella sua natalità e nella sua corporeità, ora è importante richiamare l'attenzione sul fatto che, dalla nascita alla fine della sua vita esso è impigliato in un "intreccio di relazioni umane" (Arendt, 2017, p. 165). Come spiega la Arendt, in riferimento alla natalità:

> L'intreccio di relazioni umane precede ogni azione e discorso, dimodoché il discorso e l'instaurazione di un nuovo inizio mediante l'azione, ricadono sempre in un intreccio già esistente dove possono essere percepite le loro immediate conseguenze. Insieme promuovono un

nuovo processo che alla fine emerge come irripetibile storia di vita del nuovo venuto, che a sua volta influenzerà in modo unico le storie di vita di tutti gli altri con cui egli verrà in contatto (Ivi, p. 168 – traduzione leggermente modificata).

Seguendo questo pensiero, con la sua nascita l'essere umano è inserito in un contesto culturale specifico in cui troviamo già valori, norme, regole e atteggiamenti. Durante l'adolescenza e nello sviluppo della sua vita, l'essere umano può orientarsi attraverso queste linee guida morali, anzi deve farlo, poiché, dal punto di vista dello sviluppo, ha bisogno innanzitutto di sicurezza per poter completare il suo processo di autonomizzazione, come già sottolineava Piaget. In altre parole: le linee guida morali gli danno un punto d'appoggio e modellano il suo atteggiamento, permettendogli così di acquisire una relativa stabilità e sicurezza nella vita concreta. Va comunque sottolineato che queste linee guida possono essere cambiate attraverso una riflessione critica.

Se si parla dell'atteggiamento morale di una persona, è evidente, da quanto detto in precedenza, che esso si sviluppa in una comunità. Questo atteggiamento può essere descritto come il suo *ethos*, ma anche come l'*ethos* del suo sistema culturale di riferimento e di relazioni a cui appartiene. Esso permea lui e gli altri, li collega moralmente e stabilisce un'unità elementare.

Avvicinandosi a questo intreccio culturale di relazioni umane, come l'ha definito la Arendt, dalla prospettiva di Wilhelm Schapp, il padre della filosofia delle storie, si potrebbe parlare di un contesto vivente di storie in cui l'essere umano è "irretito". L'essere umano, infatti, ha sempre una molteplicità di storie ed egli è queste storie, perché l'essere irretito nelle storie costituisce l'essenza dell'essere dell'uomo: "Noi uomini siamo sempre irretiti in storie. A ogni storia appartiene un suo irretito.

Storia ed essere-irretito-in-storie [*In-Geschichten-verstrickt-sein*] si co-appartengono così strettamente che non possono essere separate l'uno dall'altra, probabilmente, nemmeno nel pensiero" (Schapp, 2017, p. 35; Cfr. Schapp, 2015, p. 12). Così, quando una persona nasce, eredita già le storie dei suoi genitori, le storie del luogo in cui vive, le storie del suo paese e della sua religione, le quali, come intelaiatura di significato, portano già in sé un *ethos* che viene spontaneamente adottato, ma che poi richiede anche di essere costantemente modificato, plasmato e rimodellato.

Se ora ci riallacciamo alle riflessioni iniziali di questo paragrafo, ci accorgiamo che la presunta separazione in un mondo dei valori, del significato, dell'unico e irripetibile ecc. e in un mondo dei fatti, del fattuale e dell'indistinto ecc. è una pura costruzione. Indipendentemente dal fatto che si interpreti il mondo della vita in cui l'uomo si trova a nascere, come intreccio di relazioni umane (Arendt) o come contesto vivente di storie (Schapp), in esso ha sempre già avuto luogo una mediazione tra approcci piuttosto discordanti.

La questione fondamentale è in che modo avviene questa sintesi e se essa ha la forza di integrare nel miglior modo possibile *sapientia* e *scientia* nella trama di senso del mondo della vita e nella sua identità narrativa. Come vedremo, la narrazione filosofica può assumersi questo compito e affrontare con competenza le sfide sempre nuove insite nel processo di tecnicizzazione.

La narrazione filosofica

Se si scruta un mappamondo e si scorre lentamente l'indice sulla sua superficie come se, così facendo, si volesse attraversare virtualmente il mondo, si evidenziano subito le sfumature di colore verde, marrone e blu che rappresentano le pianure, i monti, le valli, i laghi e i fiumi e con esse la diversità delle forme espressive della natura. Una volta assegnati i nomi dei paesi in corrispondenza di determinate aree geografiche, si possono inoltre distinguere in modo specifico le loro culture. Tali zone possono poi essere ulteriormente differenziate con l'aiuto di illustrazioni di animali, piante e abiti tipici del luogo, come avviene negli atlanti per bambini. In questo modo, osservando la nostra terra nella sua globalità, si ha subito l'impressione della unità-molteplice dei suoi fenomeni, la quale tuttavia passa rapidamente in secondo piano quando si mira alla *globalità* di ciò che emerge alla vista ruotando il mappamondo.

Se si volesse tracciare una mappa della filosofia in senso globale, un'operazione analoga sarebbe di certo tutt'altro che semplice. Si richiederebbero competenze inter- e transculturali, con l'aiuto delle quali le specificità delle prese di distanza rese possibili dalla filosofia potrebbero diventare visibili nei loro rispettivi contesti culturali. Nel contesto storico della storia degli effetti, noi europei probabilmente preferiremmo descrivere l'evolversi di una razionalità metodologicamente costituita attraverso il distacco dal Cristianesimo, con tutto ciò che questo comporta, mentre nella filosofia giapponese e cinese, dove l'unione e l'interazione con la sfera della spiritualità è più pronunciata, dovremmo sempre far riferimento alle forme di rappresentazione buddiste, confuciane e taoiste.

Utilizziamo questa analogia per avvicinarci al nostro obiettivo da una prospettiva antropologica. Come si è detto nel paragrafo precedente, l'essere umano alla sua nascita si trova già collocato in un contesto di senso nel quale cresce orientandosi e facendo propri in modo creativo valori, norme e regole in esso presenti. Se partiamo dal presupposto che gli esseri umani hanno due tipi di bisogni fondamentali, ovvero il bisogno di stabilire un legame e di sentirsi a casa e il bisogno di libertà e di muoversi liberamente nel mondo, la sfida diviene quella di far sì che vengano appagati questi due tipi di bisogni, tra i quali è presente una continua tensione.[6] Lo psichiatra e terapeuta sistemico Ernst Robert Langlotz ha descritto la cosa come segue:

> In accordo con la teoria della psicologia del profondo [...] postulo due tipi di bisogni fondamentali. Apparentemente in opposizione tra loro, essi determinano il nostro sviluppo psicologico e controllano il nostro comportamento. In primo luogo, abbiamo il bisogno fondamentale di legame e di appartenenza. Questo può essere assegnato al "sé bambino", la parte di noi che si sente piccola e vulnerabile, che dipende dall'attenzione e dalla protezione degli altri. Dall'altro lato, abbiamo il bisogno fondamentale di libertà, autodeterminazione (autonomia). Questo, può essere assegnato al "sé adulto", la parte che inizia presto a scoprire ciò che gli è proprio e a esplorare nuovi spazi: il primo "No!", la fase di sfida, il distacco nella pubertà (Langlotz, 2015, pp. 30-31).

A partire da qui, anche se a prima vista può sembrare strano, si può disegnare un primo tracciante della filosofia, la quale è rappresentata da due forme: la saggezza/*sapientia* e la scienza/*scientia*. Per dirla in modo maggiormente intuitivo: se l'uomo cresce in una specifica trama di senso in cui è inserito, le sue abitudini non sono campate in aria, come si è ipotizzato sinora, ma vengono plasmate in riferimento a modelli di orientamento già esistenti. A partire da quelli, l'uomo sviluppa la consapevolezza di ciò che deve fare e non fare, sa cosa è giusto e cosa è sbagliato. Ma non solo questo. Prima di tutto, se non si sente alienato e veramente accettato, è in grado di sentire e sperimentare un sostegno emotivo vivendo nella sicurezza e nella protezione di chi lo assiste. Se riesce, in questo modo, ad acquisire un orientamento sicuro e un'accettazione emotiva di sé, può essere soddisfatto il suo bisogno fondamentale del legame e dell'appartenenza.

Ora, mutando prospettiva, se si intende la filosofia come saggezza/*sapientia*, essa può essere intesa come un tesoro di conoscenze esperienziali che supporta le persone e le aiuta a condurre una buona vita. L'uomo è così in grado di "utilizzare" la sua (auto)conoscenza per la cura di sé e dei suoi simili. La filosofia è quindi diretta alla vita umana, all'azione e alla passione e si differenza gradualmente rispetto a questa trama di senso del mondo della vita. Se questa differenza fosse assoluta, la filosofia sarebbe "a casa" nel paese dei balocchi. Essa rappresenta invece una critica della morale, che va di pari passo con la responsabilità per gli esseri umani. La filosofia, infatti, non vuole essere una critica che si manifesta soltanto in teorie, ma intende anche attuare concretamente questa critica per aprire la strada a una vita riuscita per l'uomo singolo e per l'umanità.

Se colleghiamo quanto detto con la narrazione filosofica, essa diviene un concetto con il quale la filosofia, in quanto quintessenza della saggezza, può preservare l'identità della trama di senso propria della specificità culturale, senza chiudersi all'esperienza della differenza e senza rifiutare forme di conoscenza diverse come quelle che si hanno intendendo la filosofia come scienza. La narrazione filosofica permette l'autoriflessione, l'autocomprensione e l'autotrasformazione di questa trama di senso permettendo così di assumersi la responsabilità delle proprie azioni, della propria vita e delle proprie sofferenze. Già in queste poche frasi appare chiaro che stiamo gettando uno sguardo sull'uomo nell'intera rete di riferimenti e relazioni nel quale è collocato. Se ci addentriamo nelle profonde, dettagliate ed estremamente diversificate considerazioni di Paul Ricœur nel campo della riflessione filosofica, della narrazione e dell'identità (Ricœur 1983; 2020) notiamo che uno dei momenti fondamentali consiste nel trasferire il suo pensiero dal narratore, che egli pone al centro delle sue discussioni, alla struttura di senso del suo discorso, la quale preserva la sua identità senza chiudersi però al cambiamento, in una ricerca continua delle migliori narrazioni filosofiche possibili. Qui ci concentreremo in particolare su due elementi della teoria di Ricœur, vale a dire (1) le due forme di identità, le cosiddette "Ipse-ità" e "Idem-ità"; e (2) la "sintesi dell'eterogeneo" (Ricœur, 2020, p. 231).

Secondo Ricœur, come si può vedere dalla sua indagine multiprospettica di *Sé come un altro*, il soggetto assume due diverse forme di identità personale che egli nomina medesimezza e ipseità. Partendo dalla parola latina idem, che può essere tradotta come "medesimo", egli dispiega il tipo di identità della medesimezza nel concetto della identità-idem. Il tipo di identità della ipseità si presenta nel concetto di identità-ipse, ove la parola latina ipse può essere tradotta come "stesso". Ricœur ha esposto in modo pregnante i due tipi di identità nella sua autobiografia intellettuale, uscita in Italia con il titolo di *Riflession fatta. Autobiografia intellettuale*:

> L'identità intesa come medesimezza mi sembrava appropriata per le qualità oggettive o oggettivate del soggetto che parla e che agisce, mentre l'identità intesa come ipseità mi sembrava caratterizzare meglio un soggetto che è in grado di identificarsi come protagonista del suo discorso e della sua azione, un soggetto non sostanziale e non immutabile, ma comunque responsabile di ciò che dice e fa. (Ricœur, 2013, p. 120)

Se pensiamo al primo tipo di identità, quello dell'autostima o idem-identità, esso esprime la continuità e l'identità di una persona nel cambiamento e nella trasformazione di abitudini e condizioni. Questo permette di descrivere una persona come una sola e unica e di attribuirle un carattere costante a cui appartengono determinati atteggiamenti, caratteristiche e qualità. Una persona diviene così identificabile dall'esterno e ci si può rivolgere a lei come tale persona.

Il tipo di identità della ipseità o della identità-*ipse* si riferisce al rapporto che una persona può avere con sé stessa. Interviene così una auto-riflessività che dà alla persona la possibilità di far valere alcuni obblighi, che Ricœur spiega a partire dall'analisi della capacità di fare promesse (vedi Ricœur, 2005). L'identità-ipse apre così alla possibilità di assumersi le proprie responsabilità, sia per il passato che per il futuro. L'uomo è quindi l'autore delle sue azioni concrete, dei suoi obiettivi e delle sue iniziative nel mondo, le quali, come la dignità umana e l'autonomia, egli possiede originariamente e inalienabilmente. L'autore non può essere sostituito da nessuno, a meno che l'uomo non venga privato della sua libertà. In questo contesto, Ricœur sviluppa il suo concetto di identità narrativa. In essa, secondo Ricœur, è possibile integrare entrambi i tipi di identità, nella misura in cui la "natura dell'identità narrativa" si dispiega nella "dialettica di medesimezza e ipseità" (Ricœur, 2020, p. 231).

Consideriamo ora un ulteriore tassello della teoria, ovvero la "sintesi dell'eterogeneo" (ivi, p. 233). Come ci possiamo approcciare a esso? Ricœur ne approfondisce il significato nuovamente in *Sé come un altro* attingendo alle sue stesse osservazioni sull'identità di *Tempo e racconto*, le quali si muovono "sul piano della composizione di una favola". Egli in maniera cogente scrive:

> Questa [l'identità] viene caratterizzata, in termini dinamici, attraverso il concorso di un'esigenza di concordanza e dell'ammissione di discordanze che, fino alla fine del racconto, mettono in pericolo questa identità. Per concordanza intendo il principio di ordine che presiede a quella che Aristotele chiama "la composizione dei casi". Per discordanza intendo i rovesci della fortuna che fanno dell'intreccio una trasformazione regolata che va da una situazione iniziale

fino a una situazione terminale. Applico il termine di *configurazione* a quest'arte della composizione, che fa da mediazione fra concordanza e discordanza. (*Ibidem*)

Per evitare equivoci sin dall'inizio, si può a questo punto richiamare l'attenzione sul fatto che nei punti in cui Ricœur, facendo ricorso ad Aristotele, parla di "favola", nel nostro discorso si parla di *narrazione*. Questa narrazione, tuttavia, non è una narrazione storica o di finzione, ma una narrazione *filosofica* in cui la richiesta di concordanza di fronte alle discordanze sempre presenti viene adottata in un'autoriflessione critica piena di auto-responsabilizzazione della narrazione per poter garantire e assicurare l'identità coerente di una struttura culturale di significato di fronte alle nuove sfide che la attendono. Il rapporto di tensione tra ciò che, in riferimento alla favola per Ricœur – e in riferimento alla narrazione filosofica per noi – può essere definito con i concetti di concordanza e discordanza è strutturalmente lo stesso. Così come in una favola si deve creare una configurazione credibile per essere coerente e comprensibile nella logica interna del suo "principio d'ordine", allo stesso modo anche in una narrazione filosofica è necessario intrecciare e tessere fili d'azione l'uno nell'altro e l'uno con l'altro nell'esame critico delle prospettive di rilievo e delle buone ragioni, in modo da poter evidenziare "le cose possibili secondo verosimiglianza o necessità" (Aristotele 2010, p. 10). Se si opera così, le discordanze possono essere configurate nel loro carattere oppositivo in maniera relativa e non contraddittoria, dimodoché abbia luogo una mediazione nel senso della configurazione menzionata da Ricœur.

Il significato dell'espressione "sintesi dell'eterogeneo" può essere messo in rilievo a partire da questo sfondo.

Come scrive Ricœur, esso definisce la "concordanza discordante caratteristica di ogni composizione narrativa" (Ricœur, 2020, p. 233)

Questa definizione esprime in forma condensata quanto già detto in precedenza. Le favole e le narrazioni, come la narrazione filosofica, si riferiscono a chi agisce e a chi patisce l'azione (ivi, p. 237). Essi sono – e qui mi allontano di nuovo linguisticamente e contenutisticamente da Ricœur – irretiti in una trama di senso culturalmente modellata, nella quale si inseriscono permanentemente nuovi fili di azione ed eventi, nuove intenzioni, obiettivi e interessi, nuove tecnologie con i loro effetti e che operano come discordanze. Questi devono e dovranno essere sintetizzati per non mettere in pericolo l'identità narrativa della narrazione filosofica.

Senza voler mettere in discussione l'autorialità e l'identità narrativa dei singoli esseri umani, si può rivolgere l'attenzione anche all'autorialità e all'identità narrativa della trama di senso di cui la narrazione filosofica ha bisogno come forza integrativa di sintesi per non subire una perdita di identità. Il carattere della trama di senso, la sua autosufficienza, si conserva quando il potere di sintesi è filosoficamente all'opera per mediare i due poli dell'identità, in modo tale che la stessità non sia privata del suo dispiegamento. La trama di senso si assume quindi la sua responsabilità nei confronti del passato, ma anche nei confronti di tutti gli sviluppi e le sfide future che deve affrontare. Nella narrazione filosofica, sia la filosofia come *sapientia* che la filosofia come *scientia* possono quindi operare nella formazione dell'identità, mediando l'una con l'altra tra concordanza e discordanza e cercando una sintesi dell'eterogeneo all'interno della trama di senso di cui sono intessute.

Riflessioni conclusive. La narrazione filosofica e il suo *pathos*

Se finora abbiamo affrontato la narrazione filosofica dal punto di vista della sua struttura interna, ora è necessario affrontare l'effetto, il suo *pathos*, che è inseparabile dalla sua intenzione, e chiarire maggiormente l'autorialità di cui abbiamo parlato.

La narrazione filosofica ha un orientamento etico. È inestricabilmente legata a un'etica che si radica nell'etica narrativa e che in quanto tecnoetica assurge al rango di meta-tecnoetica, la quale non è da confondere con un'etica classica della tecnologia.[7] Se si intende l'etica come una riflessione critica dei contesti morali culturalmente specifici con i loro valori, le loro norme, le loro regole, i loro ideali, ecc., l'etica narrativa nell'ambito della meta-tecnoetica si propone di prendere sul serio il fatto che questi contesti sono sempre modellati narrativamente e che essi constano di costrutti narrativi. In quanto etica *narrativa* essa ha il compito di districare le spiegazioni nel loro contenuto semantico e nelle valutazioni che le accompagnano ed esaminarle criticamente per verificarne la sostenibilità e la rilevanza e per affrontare in modo appropriato i rischi e gli eventi tecnico-tecnologici. Un semplice esempio può illustrare come anche una singola parola porti con sé un contenuto semantico che trascina con sé un intero orizzonte esplicativo: la parola onda di immigrati [*Flüchtlingswelle*]. Come dovremmo intendere questa parola? Quale connotazione ha? Se si chiede a conoscenti o amici il significato e l'effetto che la parola ha su di loro, essa viene associata a una minaccia. Si ha l'idea di un'onda che si abbatte con forza su di noi, che ci troviamo su sponde sicure, e che ci trascina con sé. In questo modo ci sentiamo impotenti, in balia, perduti. Gli immigrati vengono così trasformati subdolamente in persone che ci minacciano e da cui non possiamo metterci in salvo. Essi ci mettono in grave pericolo, un pericolo da cui dobbiamo fuggire il prima possibile. In questo modo, i rifugiati si trasformano in carnefici e noi in vittime indifese.[8]

Queste poche frasi servono a delineare le parole fondamentali che guidano l'etica narrativa, ovvero *ethos*, *logos* e *pathos* (Joisten, 2011; 2016) In questa sede ci concentreremo su alcune osservazioni sul *pathos*. Nel caso della parola chiave pathos, la domanda ermeneutica fondamentale è se e in che misura l'effetto di una trama narrativa che è accompagnata da un appello etico sia commisurata sui propri destinatari. Di conseguenza, si tratta di esaminare criticamente l'appropriatezza di un effetto nel contesto dell'adeguatezza a uno stato di cose. Ciò diviene così importante perché nell'accoglienza le persone sono mosse contemporaneamente dal punto di vista emotivo e intellettuale e fanno riferimento a tutte le dimensioni della loro corporeità.

Una narrazione filosofica come rappresentazione di una discordante concordanza di elementi che riguardano la *sapientia* e di elementi che riguardano la *scientia* porta con sé questo atteggiamento autocritico, poiché invita la filosofia e tutti coloro che la co-scrivono non solo a esaminare in modo autoriflessivo le singole parti che vi si configurano e ad assumersene la responsabilità, ma anche a mettere il *pathos* di fronte alla prova della propria idoneità. In questo modo, essa può affrontare il difficile compito di essere sempre una narrazione nuova e diversa per una vita riuscita dell'uomo e dell'umanità, senza rinunciare a essere vicina all'uomo. Se vogliamo orientarci nella vita, non bastano norme e regole astratte. Piuttosto, ciò che serve – soprattutto in vista delle enormi sfide che la digitalizzazione comporta – è quella forma di narrazione filosofica che vuole rivolgersi e toccare le persone: "Le norme e le linee guida sono mere astrazioni, estratte da modelli narrativi concreti di vita e successivamente utilizzate per guidare la vita attiva e le sue storie. Queste astrazioni ci riguardano davvero solo nella misura in cui diventano parte di storie che toccano la nostra esistenza storica" (Kemp, 1992, p. 79).

In questo contesto, diventa chiaro che, da un lato, abbiamo bisogno di una narrazione filosofica "per esprimere il significato della tecnologia per la società e l'individuo" (ivi, pp. 70-71), dall'altro lato, essa si deve iscrivere e configurare in un processo permanente di auto-riflessione critica, auto-esame e auto-responsabilità, che sia in grado di porci nella condizione di cambiare e diventare altri di fronte a nuove intuizioni e conoscenze. L'autorialità non è limitata a un singolo individuo, ma è di tutti coloro che partecipano e influenzano la formazione di un particolare settore pratico. Nel contesto accademico, si tratta di autori provenienti dalle scienze sociali e dalle scienze naturali e tecniche, ad esempio, quando collaborano alla progettazione, allo sviluppo e all'applicazione di una tecnologia digitale. La filosofia ha il compito critico di ritornare agli aspetti immanenti di *scientia* e *sapientia*, poiché è in grado di assumere una funzione integrativa adottando e riconoscendo la sua intrinseca concordanza discordante.

Gettando uno sguardo d'insieme, la necessità di una narrazione filosofica dipende dall'efficacia del suo potere integrativo, che le viene concesso o sottratto in un determinato contesto culturale. Una narrazione filosofica riesce a integrare le conoscenze scientifiche tecnico-tecnologiche sulla base di relazioni, fatti, circostanze, ecc. mediandole con le conoscenze sapienziali e cercando una sintesi dell'eterogeneo. Allo stesso tempo, essa porta con sé l'affermazione che la responsabilità di una tale narrazione è nelle mani di ciascun individuo, ma anche in quelle della società. Perché la persona che sta dietro a una particolare narrazione raffigura anche la sua immagine di essere umano e di come dovrebbe essere il vivere degli uni con gli altri. Essa dipinge inoltre la sua immagine di agire "buono" con la tecnologia e le nuove tecnologie, che egli vuole difendere volontariamente e consapevolmente.

NOTE

[1] Ulteriori precisazioni si trovano nell'introduzione *Möglichkeiten und Grenzen einer narrativen Ethik. Grundlagen, Grundpositionen, Anwendungen* in K. Joisten (a cura di), *Narrative Ethik. Das Gute und das Böse erzählen*, Akademie, Berlin, 2007, pp. 9-21.

[2] Anche per il fenomenologo e discepolo di Husserl Wilhelm Schapp, l'accesso ai "mondi positivi" (i mondi della scienza) è possibile solo attraverso le storie. Egli discute questo approccio in dettaglio nel suo libro: *Philosophie der Geschichten*, a cura di K. Joisten-J. Schapp 3. edizione riveduta, Klostermann, Frankfurt a. M. 2015.

[3] Hilary Putnam ha elaborato e discusso in maniera chiara l'opposizione insita nella "dicotomia" fatti-valori: "La questione dei fatti e dei valori, invece, è una questione di decisione che ci sollecita. Ogni persona pensante deve avere un'opinione reale al riguardo (che può coincidere o meno con la sua opinione nozionistica). Se la questione dei fatti e dei valori è una questione decisionale che le persone pensanti non possono evitare, allora vi è una risposta specifica a questa domanda – vale a dire, la risposta che i fatti e i valori formano regni completamente separati, che la dicotomia 'dichiarazione di fatto o giudizio di valore' è assoluta e essa che ha assunto lo status di istituzione culturale" (Putnam 1994, p. 173).

[4] In questa sede non è possibile discutere in dettaglio alcune posizioni filosofiche che hanno interpretato questo processo in maniera diversificata e sottile. Si pensi, ad esempio, alla prospettiva fenomenologica, che potrebbe essere riassunta con le parole chiave *Lebensweltvergessenheit* (oblio del mondo della vita) (Edmund Husserl), *Geschichtenvergessenheit* (oblio delle storie) (Wilhelm Schapp), *Seinsvergessenheit* (oblio dell'essere) (Martin Heidegger). E si pensi alla prospettiva della teoria critica, in cui sono indispensabili le riflessioni di Max Horkheimer, Theodor Adorno e, nel loro stesso ambito, di Walter Benjamin.

[5] A questo punto va sollevata un'obiezione a quanto detto: non è certo sufficiente parlare di "mondi", in quanto in questo modo la contrapposizione viene già tematizzata in una forma linguistica limitante. Nel corso delle spiegazioni, parleremo quindi più propriamente di vie prioritarie d'accesso nella rete di significato in cui l'essere umano è avvolto dalla nascita. Abbiamo tuttavia voluto sottolineare esplicitamente la distanza e la separazione dei due accessi ricorrendo alla parola "mondo" o al plurale "mondi".

[6] Ho approfondito l'interpretazione dell'essere umano in chiave filosofica nel mio libro *Philosophie der Heimat – Heimat der Philosophie* (2003) e l'ho descritto come strutturalmente via-da-casa (Heim-weg).

[7] Purtroppo, per non sconfinare dallo scopo delle attuali considerazioni, quanto detto deve rimanere tetico. Se si traduce la parola tecnoetica in inglese, diventa technoethics. Per non fuorviare il concetto originale di tecnoetica, il termine esatto è TEDS. Ulteriori chiarimenti, elaborazioni e approfondimenti si trovano nelle mie pubblicazioni: *Tecnoethics to preserve democracy. Digital Future Society* (2020). https://digitalfuturesociety.com/qanda/karen-joisten-tecnoetica-para-salvaguardar-la-democracia/. Il libro *Technoethik für neue digitale Systeme* (*TEDS*). *Eine Einführung* [*Tecnoetica per un nuovo sistema digitale. Un'introduzione*] verrà dato alle stampe quest'anno per i tipi di Springer. Né abbiamo modo qui di occuparci di come la tecnoetica abbia il suo baricentro nella conquista di un'immagine dell'uomo che sia legata a un *ethos*.

[8] Un'inversione nella valutazione che può avere luogo ponendosi la domanda che segue, mostra l'atteggiamento difensivo nei confronti dei rifugiati che si accompagna alla sola parola onda di immigrati: potremmo intendere, ad esempio, per onda di immigrati un'onda che viene verso di noi, che stiamo nuotando nella nostra bella e limpida acqua del mare, la stessa acqua, che ci raccoglie e ci porta a riva insieme ai rifugiati? La parola "ondata di immigrati" è stata e viene concepita in questo orizzonte? La mia impressione è che sia associata a quanto riportato nel testo sopra e che quindi eserciti su di noi un effetto di cui spesso non siamo nemmeno consapevoli. Avremmo potuto parlare anche di persone sfuggite alle dittature militari, o dei torturati, dei maltrattati e degli esiliati che si sono salvati per miracolo prima di giungere a chiederci protezione, o di chi cerca aiuto in paesi stranieri dove non ci sono abbastanza risorse per sopravvivere e i bambini riescono a malapena a vivere. A questo punto potremmo rifarci a Ludwig Wittgenstein, il quale ha detto chiaramente che i limiti del nostro linguaggio sono i limiti del nostro mondo.

BIBLIOGRAFIA

Arendt H., *Vita activa. La condizione umana*, Bompiani, Milano, 2017.

Aristotele, *Poetica*, Carocci, Roma, 2010.

Husserl E., *La crisi delle scienze europee e la fenomenologia trascendentale*, Il Saggiatore, Milano, 2015.

Heidegger M., *Nietzsche*, Bd. 1, Neske, Pfullingen, 1962.

Joisten K., *Möglichkeiten und Grenzen einer narrativen Ethik. Grundlagen, Grundpositionen, Anwendungen* in K. Joisten (a cura di), *Narrative Ethik. Das Gute und das Böse erzählen*, Akademie, Berlin, 2007, pp. 9-21.

Joisten K., *Narrative Ethik. Lesarten, Dimensionen und Anwendungen in Metapher – Narration – Mimesis – Doxologie*, a cura di v. U. Volp-F. W. Horn-R. Zimmermann, Mohr Siebeck, Tübingen, 2016, pp. 105-121.

Joisten K., *Neues Testament und Politische Theorie. Interdisziplinäre Beiträge zur Zukunft des Politischen*, a cura di v. Eckhart Reinmuth, Kohlhammer Stuttgart, 2011, pp. 45-60.

Joisten K., *Philosophie der Heimat – Heimat der Philosophie*, Akademie Verlag, Berlin, 2003.

Joisten K., *Tecnoethics to preserve democracy. Digital Future Society* (2020). https://digitalfuturesociety.com/qanda/karen-joisten-tecnoetica-para-salvaguardar-la-democracia/

Kemp P., *Das Unersetzliche. Eine Technologie-Ethik. Aus dem Dänischen von Heinz Kulas*, Klett, Berlin, 1992.

Langlotz E. R., *Symbiose in Systemaufstellungen. Mehr Autonomie durch Selbst-Integration*, Springer, Wiesbaden, 2015.

Nietzsche F., *Così parlò Zarathustra. Un libro per tutti e per nessuno*, Mondadori, Milano, 2013.

Plessner H., *Il riso e il pianto. Una ricerca sui limiti del comportamento umano*, Bompiani, Milano, 2007.

PUTNAM H., *Ragione verità e storia*, Il Saggiatore, Milano, 1994.

RICŒUR P., *Percorsi del riconoscimento*, Raffaello Cortina, Roma, 2005

RICŒUR P., *Riflession fatta. Autobiografia intellettuale*, Jaca Book, Milano, 2013.

RICŒUR P., *Sé come un altro*, Jaca Book, Milano, 2020.

RICŒUR P., *Tempo e racconto*, Jaca Book, Milano, 1986.

SCHAPP W., *Philosophie der Geschichten*, a cura di K. Joisten-J. Schapp 3. edizione riveduta, Klostermann, Frankfurt a. M., 2015.

SCHAPP W., *Reti di storie. L'essere dell'uomo e della cosa*, Mimesis, Milano, 2017.

La narrazione nella fenomenologia delle scienze sociali: Schütz e Ortega y Gasset

Gianfranco Pecchinenda – Luca Bifulco

Introduzione

La tradizione delle scienze sociali è stata caratterizzata pressoché dai suoi esordi da un robusto approccio fenomenologico. Questa prospettiva, di derivazione filosofica, analizza i fenomeni a partire dal modo in cui gli attori sociali percepiscono la realtà, ed esamina il modo in cui le persone creano il loro mondo, la loro realtà quotidiana, che viene poi strutturata sulla base di significati costruiti nel tempo e dati per scontati.

In ossequio all'orientamento fenomenologico, quindi, le scienze sociali si pongono il compito di descrivere il mondo delle esperienze concrete degli individui – dove, per altro, ogni percezione è legata a concetti – e comprendere come la realtà quotidiana sia socialmente condivisa.

La fenomenologia, nella tradizione sociologica, è certamente debitrice delle formulazioni di Edmund Husserl. Il più importante precursore della fenomenologia sociologica è, però, Alfred Schütz, nato a Vienna nel 1899 e iniziatore del paradigma fenomenologico nelle scienze sociali, portato avanti fino alla sua morte negli Stati Uniti nel 1959. Un precursore meno riconosciuto, ma non meno importante, di questo filone sociologico è anche il pensatore spagnolo José Ortega y Gasset, nato nel 1883 e morto nel 1955. Il suo pensiero filosofico rappresenta un punto cardine della riflessione fenomenologica nell'ambito delle scienze sociali, nonostante le sue idee sociologicamente eterodosse. Questi due grandi intellettuali si sono confrontati, esplicitamente e implicitamente, proprio con la struttura del pensiero di Husserl, a volte abbracciando e a volte anche criticando le sue idee.

Questo saggio si propone di illustrare la rilevanza di Schütz e Ortega y Gasset nell'approccio fenomenologico delle scienze sociali, chiarendo al contempo la coerenza dell'eredità di Husserl.

Il lascito di Alfred Schütz per l'approccio fenomenologico nelle scienze sociali

La sociologia fenomenologica di Schütz ha introdotto alcune idee husserliane nelle scienze sociali, cercando allo stesso tempo di superare alcune formulazioni meno convincenti del filosofo tedesco.

La costruzione dei significati è una questione fondamentale nella teoria di Schütz, all'interno di un approccio sociologico che cerca di indagare le caratteristiche della vita quotidiana, cioè la struttura centrale dell'esperienza basata sull'atteggiamento naturale degli individui e sui meccanismi del senso comune.

Questa fenomenologia degli atteggiamenti naturali affonda le sue radici nei fondamenti del pensiero di Husserl, pur superando alcuni eccessi trascendentali del suo orientamento (Ruggerone, 1999). Il metodo dell'*epochè* husserliano, che isola come una parentesi il problema ontologico dell'esistenza e mette sotto i riflettori i significati della coscienza del soggetto, chiarisce infatti come la costruzione del significato sia centrale nell'analisi fenomenologica e nel suo studio dell'esperienza soggettiva del mondo. Schütz identifica l'atteggiamento naturale come un atteggiamento che evita di dubitare che la realtà possa essere in qualche modo diversa da come appare, piuttosto che di dubitare dell'esistenza della realtà in quanto tale. Nondimeno, il problema del senso e della coscienza come fulcro della costruzione del significato rimane fenomenologicamente essenziale.

Sulla scia delle intuizioni di Husserl, per Schütz il significato è il prodotto della coscienza individuale e allo stesso tempo una realtà autonoma, comune a tutti gli individui. Esiste una relazione circolare tra il significato soggettivo e quello oggettivo. La realtà è legata ai significati che le attribuiamo, anche se i nostri significati sono costruiti su concetti socialmente costruiti.

In questa prospettiva resta importante capire come si strutturano la coscienza, i significati e l'atteggiamento naturale nella vita quotidiana.

Ciò che per Bergson è il tempo (un flusso indistinto nella durata), per Husserl è la coscienza quotidiana: un flusso di momenti vissuti in un amalgama senza confini. Questo flusso intenzionale, sottolinea Schütz, caratterizza l'esperienza della vita quotidiana, unitaria e indivisibile, sulla quale l'individuo può ancora riflettere se si distacca e guarda ai momenti come unità discrete (Schütz, 2018).

La vita quotidiana è quindi un flusso incessante e intrecciato di azioni a cui gli individui non prestano attenzione. Diamo per scontato ciò che facciamo e ciò che fanno gli altri, come un assunto normale e automatico che non comporta continue domande e ponderazioni. Il significato della maggior parte delle nostre azioni e di quelle degli altri è essenzialmente ovvio e solidamente stabilito.

Nei termini di Schütz, in qualche modo mutuati da Husserl, c'è intenzionalità ma non riflessività. Il significato, nel flusso costante dell'esperienza quotidiana, è nascosto. Per prenderne coscienza bisogna uscire dalla continuità del tempo vissuto, prendere le distanze dalla situazione e prestare un'attenzione più riflessiva. In questo modo la coscienza è in grado di ispezionare e riflettere scomponendo la durata del tempo (Schütz 2018).

Nel pensiero di Husserl, la conoscenza si basa su due domini, uno pre-predicativo – o pre-categoriale – e un altro predicativo – o categorico. Sulla prima forma di conoscenza si può costruire la seconda. La coscienza è intenzionale perché implica l'andare oltre il sé e verso l'oggetto, che è altro da sé. La coscienza, quindi, non può essere vuota, ma sempre fondata su qualcosa, così come un oggetto è sempre connesso all'esperienza attraverso la quale il soggetto si relaziona con esso e lo rende significativo.

Per Husserl esistono due tipi di intenzionalità. Una è l'intenzionalità longitudinale, che si relaziona con flussi di esperienze continue, intrecciate in un presente continuo. L'altra è l'intenzionalità trasversale, che invece costruisce significati discreti, per cui l'esperienza vissuta in modo spontaneo e vago acquisisce cornici di significato circoscritte e solide. Sull'esperienza non riflessa, su cui gli individui non si soffermano e di cui non si ha una chiara conoscenza nel flusso di coscienza, si può costruire la riflessione. La riflessione dà significato a porzioni di esperienza, delimitandole e differenziandole dal resto. Il significato è sempre retrospettivo, scollegato dal momento. Questo senso soggettivo di tutte le esperienze passate si deposita all'interno del sé e diventa l'idea significativa del nostro senso del sé, in definitiva la nostra identità profonda.

La nostra credenza nella realtà è strutturata per Schütz in "province finite di significato" (Schütz 1962-1964-1966). All'interno di esse l'esperienza è coerente, sempre reale, in modo diverso a seconda della provincia. I sogni, la vita quotidiana, le scene dei film sono tutte province finite di significato, che presuppongono esperienze qualitativamente diverse, ma che il soggetto considera, a suo modo, reali.

La provincia finita di significato più rilevante è la dimensione della vita quotidiana. Secondo Schütz siamo sempre in questo mondo, anche quando sogniamo, poiché esso limita concretamente le nostre azioni, così come le nostre azioni possono modificarlo concretamente.

La realtà è incastonata nel senso comune, dal momento che l'esistenza in questo mondo è data per scontata e questo mondo è automaticamente e indiscutibilmente considerato completamente reale. Si tratta di un tipo di epochè caratterizzante. In questo mondo il soggetto vive secondo il proprio io e i propri sistemi di rilevanza, ed è qui l'intersoggettività e la reciprocità delle aspettative costruiscono la vita sociale.

Il mondo della vita quotidiana, secondo la formulazione che Schütz prende in prestito da Husserl, è ovvio. Nel presente vissuto, che non implica alcun processo di riflessione, ci sono tre aspetti che ogni individuo assume per buoni: primo, la sua azione ha un significato; secondo, gli altri attribuiscono lo stesso significato alla mia realtà e alle mie azioni; terzo, questo significato, legato all'intenzionalità, è corretto. Nel mondo della vita quotidiana tutti questi aspetti sono dati per scontati nel flusso vitale e non costituiscono aree problematiche nella nostra vita. Diventano problematici quando ci dotiamo di un approccio riflessivo e iniziamo a riflettere sui dati scontati, che perdono la loro naturalezza e sono messi in dubbio.

Il soggetto è per Schütz la fonte della realtà. La convinzione dell'esistenza della realtà si basa sulla sua attenzione e sulla circostanza fondamentale che l'esperienza non venga contraddetta.

Tuttavia, se il mondo è sociale, significa che ha bisogno di una forma di intersoggettività capace di garantire che ogni individuo non viva in isolamento. Ora, secondo Husserl l'atteggiamento naturale di ogni individuo si basa su due idee presunte e non problematiche: gli oggetti del mondo esistono davvero e questo mondo è sociale, abitato da persone che condividono la proprietà di avere coscienze e capacità percettive simili. Il riconoscimento delle caratteristiche degli altri come simili a quelle del soggetto, in primo luogo l'esperienza corporea, è alla base dell'idea di intersoggettività di Husserl, che tuttavia è qualcosa di sostanzialmente radicato nell'io e nella sua percezione.

Il mondo di Schütz è, invece, un mondo più pratico, in cui i soggetti agiscono senza pensare che possa essere diverso da quello che appare nella vita quotidiana, e che ogni individuo identifica immediatamente come intersoggettivo e comune, nella sua praticità, non nella sfera trascendentale dell'io. Questo mondo è continuamente costruito socialmente dalle persone con le loro azioni.

Il mondo della vita di Schütz è in prima istanza quello in cui le persone interagiscono e abitano la stessa dimensione spazio-temporale. Qui ognuno di solito interagisce con gli altri in modo naturale, intenzionale ma non riflessivo. Le relazioni della vita quotidiana sono destinate a fluire senza essere messe in discussione in tutte le loro sfaccettature. In questa realtà si può dare forma all'orientamento nei confronti dell'altro e a un "noi comune".

Immaginiamo di essere in aula mentre il professore sta parlando e di alzare la mano per fare una domanda: il professore deve capire il mio gesto e attribuirgli lo stesso significato. Ora, egli interrompe la sua spiegazione e mi permette di fare la mia domanda. Eppure, non conosce il mio mondo soggettivo, ignora molti dei miei significati e della mia coscienza. Non sa perché voglio laurearmi o cosa faccio nella vita. Se riesce a capire il mio gesto, afferma Schütz, è perché esiste un "noi comune" e un mondo vitale in cui ognuno è in grado di osservare le esperienze dei suoi contemporanei. Il professore capisce le mie intenzioni in quella parte del mio proposito d'azione che riconosce come tipica, perché è grosso modo così che ogni studente richiama l'attenzione del professore.

Questa parte di significato condiviso è ciò che possiamo identificare come senso comune. È oggettivo e distaccato dai soggetti, quindi indipendente. Si forma quando il senso soggettivo delle varie esperienze di coscienza si ripete nel tempo, si sedimenta e diventa indipendente dal tempo presente (Schütz, 2018).

Schütz riprende esplicitamente questa idea di Husserl, che ragiona sul modo in cui il significato si materializza a partire dal flusso continuo della coscienza. Egli afferma che nella vita quotidiana si forma una comprensione diretta, anche se approssimativa, dei significati soggettivi dell'altro, secondo modalità simili al *Verstehen* weberiano. Innanzitutto, perché condividiamo un presente vivido e una sintonizzazione reciproca. Ciò è dovuto alla reciprocità delle aspettative, soprattutto in vista di scopi pratici, e a un patrimonio comune di conoscenze legate al gruppo di appartenenza. La condivisione si basa su fondamenti concreti, su schemi tipici e sulla necessità di avversare ciò che mette in dubbio l'idea che il mondo sia basato su significati condivisi.

Così, partendo da questo orientamento di senso comune, il professore del nostro esempio può comprendere il mio gesto e attribuirgli un significato, che nella relazione con gli altri diventa un senso oggettivo. È questa un'azione riflessiva. Se il senso soggettivo è inaccessibile, non significa infatti che non ci possa essere un qualche tipo di comprensione. L'esperienza degli altri, anche se irraggiungibile, può essere intuita. Questa comprensione, a differenza della riflessività applicata a sé stessi, avviene contemporaneamente, mentre l'azione si svolge.

Considerando, invece, in modo riflessivo il gesto tipico che uno studente usa per fare una domanda durante una lezione, si può comprendere il senso comune tipico. Secondo Schütz, le tipizzazioni, che sono il risultato di ripetizioni e sedimentazioni di porzioni di significato, sono fondamentali per la vita sociale (Schütz, 2018).

La vita sociale è, infatti, caratterizzata da relazioni tra contemporanei che non si conoscono e che possono regolare le loro interazioni grazie a schemi tipizzati e astratti. Questi schemi non possono essere troppo distanti dall'esperienza soggettiva, perché altrimenti non potrebbero guidare la comprensione della realtà.

L'individuo sceglie ogni volta le conoscenze e gli schemi di cui ha bisogno per interpretare la realtà, in base al suo sistema di rilevanza. Ad esempio, se il mio medico è un cattolico, un buon giocatore di scacchi e il mio vicino di casa, in caso di malattia gli chiederò consiglio non perché è abile con gli scacchi. A seconda dei bisogni, l'aspetto più rilevante della relazione porta a scegliere una tipizzazione piuttosto che un'altra.

Allo stesso modo, ci sono molte modalità di relazione attraverso le quali un'esperienza può stabilirsi. Schütz ritiene che il sistema di rilevanza sia una guida che orienta l'attività di selezione del soggetto. Questo sistema varia durante la vita di un soggetto, in base alle sue esperienze e alla sua biografia. D'altronde, le traiettorie di vita sono uniche, così come unico è il sistema di rilevanza.

La prospettiva fenomenologica di Ortega y Gasset

Ortega y Gasset è in genere ricordato come un pensatore aristocratico ostile al processo di democratizzazione, un nostalgico incapace di vedere gli aspetti potenzialmente progressisti dell'ingresso delle masse nell'arena politica.

Egli è, però, anche autore di alcuni significativi contributi alla teoria sociologica, e in particolare alla sociologia della conoscenza fenomenologica, cioè la disciplina che analizza le complesse relazioni tra la produzione culturale di pensieri, idee e teorie più o meno strutturate, e il contesto storico-sociale, cioè l'ambiente in cui questa produzione ha luogo.

Il rapporto tra il pensatore spagnolo e la fenomenologia è complicato, a volte controverso. Uno dei contributi più importanti della fenomenologia alla teoria sociologica riguarda l'identificazione e l'analisi di una serie di processi collettivi che incanalano l'esperienza in strutture relativamente stabili e prevedibili. José Ortega y Gasset ha dedicato pagine memorabili alla formazione di queste strutture, anche se talvolta sono state presentate in modo frammentario e non sistematico, oscillando dalle pagine sull'organizzazione gestaltica della percezione a quelle sul carattere intenzionale, fenomenico e temporale dell'esperienza umana.

Una delle frasi più emblematiche e famose di Ortega y Gasset è: "Yo soy yo, y mi circunstancia" (Ortega y Gasset, 1914). Con questa espressione il pensatore spagnolo intendeva innanzitutto evidenziare il fatto che nessuna definizione del concetto di identità (del Sé o dell'Io) potrebbe essere spiegata senza considerare, allo stesso tempo, la sua inestricabile relazione con la circostanza a cui appartiene. La "circostanza", nei termini di Ortega, è esplicitamente tutto ciò che il nostro Io non è in grado di controllare con la sua singola volontà, come il sesso, l'età, la classe sociale o le istituzioni come, ad esempio, la famiglia. Queste "circostanze" costituiscono, tra l'altro, delle vere e proprie strutture, ovvero dei sistemi più o meno stabili di relazioni con altri individui. A loro volta, questi individui sono portatori di strutture normative e cognitive in grado di guidare in modo determinato il loro modo di sentire, pensare e agire.

I fatti sociali non sono, secondo Ortega y Gasset, oggetti o "cose", ma processi. Per questo motivo, egli elabora una serie di riflessioni dettagliate sul rapporto tra credenze, concetti e strutture.

Fin dalle prime fasi della loro esistenza – egli afferma – gli esseri umani interagiscono necessariamente con altri esseri umani, che hanno già un repertorio di idee sulla realtà basato su credenze collettive saldamente istituzionalizzate. L'immaginario collettivo, in questo senso, fa parte delle nostre circostanze, guidando sistematicamente il pensiero e la condotta di tutti i membri della società e portandoli inevitabilmente a interiorizzare le categorie del loro ambiente culturale con tutti i suoi modelli dominanti.

Come scrive Luciano Pellicani,

> la *Weltanschauung* socializzata si confonde con il mondo, così che l'individuo non riesce a distinguere ciò che le cose sono da ciò che appaiono, attraverso il filtro delle categorie che ha assorbito durante il processo di socializzazione primaria. Questo implica evidentemente che una persona non potrà mai avere un contatto diretto con la realtà, ma al contrario: ogni rapporto con il mondo è sempre mediato dalla struttura simbolica che lo avvolge fin dalla nascita. Tra l'io e la realtà – sempre e necessariamente – c'è tutto un universo di simboli che svolge la funzione fondamentale di mappa cognitiva, valutativa e affettiva. Certo, l'universo simbolico è ciò che rende ciechi e sordi di fronte a certi aspetti del mondo, ma è anche il filtro che permette alla circostanza di apparire all'io come una struttura dotata di senso, con il suo ordine interno, i suoi significati e i suoi valori immanenti (...). Il fenomeno fondamentale della vita umana, sia individuale che collettiva, è il sistema di quei particolari simboli che sono le credenze" (Pellicani, 1979, 43).

L'eredità di Husserl nell'approccio fenomenologico di Ortega y Gasset può essere vista nella relazione tra l'*eidos* husserliano e il concetto di Ortega (Sini, 2012). Uno degli esempi più classici che derivano dalla fenomenologia per spiegare la complessa relazione percettiva dell'essere umano con il mondo esterno è quello proposto da Husserl a proposito del suono: per Husserl, il suono può essere un ottimo esempio di fatto percettivo, poiché un suono è tale perché si preme un tasto di un pianoforte. Non un altro tasto e non un altro strumento. Questa prima spiegazione sembra chiarire sufficientemente l'origine e la natura del fatto individuale percepito: c'è una causa immediata, il tasto premuto, e una caratteristica accidentale, poiché avrei potuto scegliere un altro tasto, e allora avrei avuto un fatto percettivo diverso, un'altra singolarità. Tuttavia, se cerchiamo di mettere in relazione l'individualità del fatto percettivo con la sua causa immediata e con la natura accidentale della scelta, rimane inesplorato un altro aspetto fondamentale del fatto concreto della percezione: un suono si riferisce necessariamente a un "universale", nominato dal predicato "suono". Diciamo "questo è un suono" per riferirci all'esperienza appena citata. Ci riferiamo a uno dei possibili esempi individuali di un'essenza universalmente nota come "suono". Si tratta di una tipica manifestazione dell'*eidos* husserliano, elemento essenziale per comprendere meglio l'importanza – e l'efficacia teorica – di quello che Ortega definirà come concetto.

Non potremmo dire, ad esempio, "questo è il suono"; dobbiamo proprio dire "un suono", perché solo così possiamo indicare che il contenuto della nostra attenzione percettiva è un qui individuale, un contenuto accidentale che potrebbe anche cambiare, mentre la caratteristica universale "suono" rimane e si conserva. Immaginare o percepire il "suono" non è possibile senza immaginare o percepire un "suono". Quest'ultimo fenomeno è legato al fatto che un predicato è una mera astrazione, che implica la capacità di generalizzazione.

Secondo Husserl l'individuo "questo" è sempre caratterizzato come un'essenza; è infatti l'incarnazione di un'essenza e nessuna individualità potrebbe essere percepita se non fosse connessa con l'essenza che l'individualità rappresenta da un punto di vista particolare e accidentale o, meglio, da una prospettiva particolare. In altre parole, una visione essenziale si basa sempre su una visione individuale e nessuna visione individuale sarebbe possibile senza una concezione correlata.

Per comprendere la posizione di Ortega rispetto a questo tema fondamentale della fenomenologia husserliana dobbiamo innanzitutto riconoscere, secondo il pensatore spagnolo, i due tipi fondamentali di esseri umani: quelli meditativi e quelli sensuali (Ortega y Gasset, 1914). Per i sensuali il mondo è un riverbero di superficie, mentre i meditativi vivono nella dimensione della profondità. Quindi, mentre per i sensuali gli organi di percezione sono la retina, il palato e i polpastrelli, per i meditativi l'organo fondamentale è il concetto.

I limiti di una cosa e la sua sostanza reale non significano altro che la relazione tra un oggetto e gli altri. Il concetto esprime il luogo ideale, il vuoto ideale che corrisponde a tutto nel sistema della realtà. Senza il concetto non sapremmo dove inizia e dove finisce una cosa; vale a dire che le cose, come le impressioni, sono fugaci, sfuggono dalle nostre mani, non le possediamo. Il concetto, collegandole tra loro, le fissa: ora sono come prigioniere.

Il concetto non restituirà mai ciò che l'impressione può restituire: la carne delle cose. E l'impressione non restituirà mai ciò che il concetto ci fornisce, cioè la forma, il significato fisico e morale delle cose. Il concetto, secondo Ortega y Gasset, è l'organo con cui catturiamo le cose. Solo attraverso il concetto abbiamo una visione completa. Le sensazioni ci danno solo la sostanza malleabile di ogni oggetto, l'impressione delle cose, non le cose stesse. Solo quando pensiamo a qualcosa abbiamo potere su di essa. E solo dopo aver presentato le cose elementari possiamo avvicinarci a quelle più complesse.

Il concetto, in un certo senso, è la narrazione. La narrazione impone ordine al caos della percezione: in questo senso crea la realtà.

Gli esseri umani hanno almeno due capacità evolutive: il riconoscimento di schemi, cioè la predisposizione a riconoscere modelli regolari di eventi ripetuti, e la predisposizione alla narrazione.

Il riconoscimento dei modelli è alla base di ogni forma di conoscenza e comprensione. Senza la capacità di cogliere le somiglianze e le differenze tra i vari oggetti, animali ed esseri umani, non ci sarebbe la possibilità di vedere un ordine, né di trovare riferimenti stabili e orientamenti ripetibili all'azione. Come specie, ci siamo evoluti grazie allo sviluppo di una particolare predisposizione a elaborare schemi e a costruire strutture più o meno stabili di orientamento narrativo all'azione. Ortega y Gasset propone così uno dei suoi contributi più lucidi all'analisi fenomenologica del comportamento collettivo. L'elemento più innovativo di questa riflessione riguarda il concetto di struttura (*Ibidem*).

Secondo lui la struttura è una realtà particolare, una sorta di "cosa di secondo grado", che emerge aggiungendo ai singoli elementi qualcos'altro, qualcosa di diverso, cioè l'ordine. Questo tipo di realtà ha un valore e un significato diverso e la relazione tra le cose forma la struttura. La struttura, a suo avviso, è una realtà che comprende elementi, ma secondo un certo ordine, una certa disposizione o relazione.

La conseguenza è che la cosa, individualmente, ha una realtà molto povera e solitaria. Le realtà effettive sono strutture in cui gli elementi materiali sono superati – attraverso un incessante processo dialettico – da ordini o disposizioni di diverso valore o significato. Il concetto non può essere considerato una sorta di cosa nuova e sottile destinata a sostituire le cose materiali. Non può sostituire l'intuizione o l'impressione sensoriale. La ragione non può e non deve aspirare a sostituire la vita, anche perché conserva solo lo schema, la forma della cosa.

Esiste una sorta di gerarchia nei livelli di realtà; al primo livello, violento, ci sono colori, suoni, piaceri e dolori. Queste sensazioni, che ricadono su di noi, non richiedono la nostra attività, ma, al contrario, sono manifestazioni che implicano il nostro comportamento passivo. Successivamente emergono altri livelli di realtà, ogni volta più profondi e suggestivi. Le realtà superiori ci collocano nel livello successivo, che desideriamo e affrontiamo intensamente.

La dimensione della profondità spaziale, temporale, visiva o uditiva si presenta – nella teoria di Ortega – sempre in superficie. Questa superficie possiede rigorosamente due valori: uno, quando la consideriamo per quello che è materialmente; l'altro, quando la vediamo nella sua seconda vita virtuale. Nel secondo caso la superficie, senza smettere di essere tale, si espande in un senso profondo, che chiamiamo scorcio, prospettiva. La prospettiva è l'organo della profondità visiva; è un caso estremo, in cui la semplice visione si fonde in un atto puramente intellettuale.

Gli esseri umani – afferma Ortega y Gasset – si trovano improvvisamente immersi nella loro vita, indipendentemente dalla loro volontà o dalla loro possibile scelta. L'ambiente in cui viviamo sarà sempre questo mondo attuale, una realtà inevitabile e inesorabile che ci viene imposta e che ci costringe a regolarci per sopravvivere e poi vivere e avere successo. Questo mondo, la realtà in cui viviamo ogni giorno, fa ancora parte di ciò che Ortega chiama la circostanza: la vita significa che dobbiamo conformarci, che ci piaccia o no, alle circostanze specifiche. È difficile non notare la grande somiglianza di questo approccio con quello nietzschiano – la vita è prospettiva – o con quello husserliano-schütziano – le province finite di significato.

Il punto essenziale è che la vita non è statica e predefinita. Fa parte di un processo, è qualcosa che deve essere portato a termine. Il problema fondamentale è che non sappiamo in anticipo cosa fare. Se lo sapessimo, vivere sarebbe meno doloroso. La vita implica "perplessità" e la necessità di scegliere continuamente le nostre azioni. Siamo quindi costretti a capire per sopportare la carica della circostanza. Essendo imprigionato in questa realtà circostanziale, l'essere umano è indispensabilmente costretto a fare qualcosa, è costretto ad agire.

Poiché l'individuo è prigioniero delle proprie circostanze in un mondo che non ha potuto scegliere – lo chiamiamo realtà – è anche costretto a trascenderlo. La pittura, la poesia, il teatro, la letteratura e tutte le forme d'arte, così come la religione, la scienza stessa, l'intelligenza creativa connessa a ogni innovazione tecnologica sarebbero, in questa prospettiva, manifestazioni della stessa necessità antropologica.

La narrazione, nel pensiero di Ortega, è anche un modo per comprendere la realtà, in qualche modo per definirla. È uno strano modo di conoscere attraverso l'analisi di ciò che è concretamente la nostra vita. Qui la ragione consiste in una narrazione chiarificatrice. Per comprendere sia l'individuo umano che il mondo collettivo è essenziale raccontare una storia. Una persona, un gruppo fa qualcosa, e lo fa perché prima ha fatto qualcos'altro, per esempio. Gli schemi di una storia rendono la vita più chiara.

Questa idea di "razionalità narrativa" è la costruzione del senso della realtà, che concorda con l'approccio della fenomenologia sociologica. Se è vero che è solo grazie alle storie e alle narrazioni che possiamo dedurre le cose più essenziali che caratterizzano il comportamento umano, è sulla base di questa capacità di dare senso che si possono costruire istituzioni sociali, ruoli, *status*.

Osservazioni conclusive

La sociologia fenomenologica è oggi una tradizione teorica accreditata grazie all'importanza del lavoro di precursori come Alfred Schütz, che ha portato molte idee di Husserl nelle scienze sociali, e di pensatori come Ortega y Gasset, che ha fornito spunti per la costruzione di una sociologia fenomenologica della conoscenza, indicando la strada per comprendere il valore dell'approccio narrativo nell'analisi sociologica.

Non è un caso che Peter Berger e Thomas Luckmann, che hanno un ruolo ineludibile nella formulazione della scuola fenomenologica in sociologia, colleghino esplicitamente il loro lavoro alle idee di Schütz e Husserl (Berger-Luckmann, 1997). Sulle spalle di questi due giganti è stato possibile costruire la loro teoria della "costruzione sociale della realtà", spiegando il processo attraverso il quale gli individui creano continuamente, attraverso le loro azioni e interazioni, la realtà, che è allo stesso tempo concreta e piena di significati condivisi.

Allo stesso modo, non a caso, Ortega y Gasset è un intellettuale capace di collegare il pensiero sociologico con autori fondamentali, come Wilhelm Schapp – seguace di Husserl – e Paul Ricœur, che individuano nella "costituzione narrativa" un tratto essenziale della costruzione dell'identità umana e della socialità (Ricœur, 1991; Schapp, 2017).

BIBLIOGRAFIA

Berger P. L., Luckmann, T., *La realtà come costruzione sociale*, Bologna, il Mulino, 1997.

Ortega y Gasset J., *Meditaciones del Quijote*, Madrid, Recidencia de Estudiantes, 1914.

Pellicani L., *Introduzione*, in J. Ortega y Gasset, *Scritti Politici*, Torino, Utet, 1979, pp. 42-44.

Ricœur P., *Temps et Récit*, Paris, Seuil, 1991.

Ruggerone L., *Da Husserl a Schütz: la fenomenologia e le scienze sociali*, in «Studi di Sociologia», 37 (1999), 2, pp. 167-191.

Schapp W., *Reti di Storie. L'essere dell'uomo e della cosa*, Milano, Mimesis, 2017.

Schütz A., *La fenomenologia del mondo sociale*, Milano, Meltemi, 2018.

Schütz A., *Collected papers*, L'Aia, Martinus Nijoff, 1962, 1964, 1966.

Sini C., *Introduzione alla fenomenologia*, Milano, ShaKe, 2012.

Irretimento e narrazione

Jan Schapp (traduzione dal tedesco a cura di D. Nuccilli)[9]

Problema

A partire dagli anni Settanta del secolo scorso *Evento e Narrazione* [*Ereignis und Erzählung*] (questo il titolo del quinto volume della collana *Poetik und Hermeneutik* ['Poetica ed Ermeneutica']) sono divenuti oggetto essenziale di indagine per l'ermeneutica. Anche l'ottavo volume di questa collana intitolato *Identität* ['Identità'] del 1979 si occupava di indagare il tema sotto una ulteriore prospettiva. Nello spazio di queste indagini gli autori si rivolgono anche alla filosofia delle storie di Wilhelm Schapp[10], venuto a mancare nel 1965. Non si può tuttavia affermare che il confronto con la filosofia delle storie assuma un ruolo centrale nei suddetti volumi. Esso si configura, piuttosto, come il confronto con un autore che, in un certo senso, ha già detto qualcosa su questi argomenti molto tempo fa. Tra il 1983 e il 1985 Paul Ricœur presentò al pubblicò la trilogia Tempo e racconto, la quale, invece, si concentrava in maniera straordinaria su questi temi. Ricœur mette in evidenza in un passo decisivo la sua diversa posizione rispetto a W. Schapp (Ricœur, 1983, p. 122-123); non si può dire però che non ci siano punti in comune. Ciò viene mostrato da Jean Greisch in un saggio uscito originariamente sugli "Études Phénoménologiques" (Greisch, 1990) e successivamente incluso come postfazione nella sua traduzione francese di Reti di storie (Greisch, 1992). Nel 2001 la stessa trattazione comparve in una versione rielaborata come quarto capitolo nel libro di Greisch *Paul Ricœur. L'itinérance du sens*. Nel 2002 Stefanie Haas ha dedicato al confronto tra Wilhelm Schapp e Ricœur una monografia dal titolo *Kein Selbst ohne Geschichten* ['Nessun sé senza le storie']. Dopo il breve accenno di Ricœur, il saggio di Greisch e la monografia di Haas rappresentano gli unici confronti dettagliati con il tema.

Per ciò che concerne la filosofia delle storie si tratta qui, perlomeno in gran parte, del rapporto tra l'esser-irretito in storie e la narrazione delle storie. Questa è anche la prospettiva in cui si colloca l'accenno di Ricœur a Schapp. Ci sono molti motivi, dunque, che mi spingono ad affrontare qui questo argomento. Mi sembra innanzitutto che il rapporto tra irretimento e narrazione nella filosofia delle storie di Wilhelm Schapp possa essere elaborato più a fondo di quanto non sia stato fatto finora. Posso naturalmente attingere al lavoro preparatorio che è già stato fatto. In questo caso, è importante per me chiarire le possibilità di un collegamento con i moderni studi culturali sulla memoria, per come viene presentato, ad esempio, nel volume collettaneo *Erinnerung, Gedächtnis, Wissen* ['Ricordo, memoria, sapere'] (Oesterle, 2005). La particolarità del modo di filosofare di Wilhelm Schapp mi sembra abbia a lungo ostacolato i ricercatori che si occupano di memoria ad approfondire la filosofia delle storie. Attraverso la narrazione, la filosofia delle storie si è potuta tradurre in una forma accessibile, anche se ne è stato colto soltanto un aspetto. Ciò che ha reso difficile l'accesso alla filosofia delle storie, in effetti, è la formula schappiana dell'esser-irretiti. In quel punto una massa di pensieri si raggrumava attorno ad altre grandi correnti, fatta eccezione per rari casi, oltre a Ricœur, Greisch e Haas. La natura stessa della filosofia delle storie esclude che si possa trattare sistematicamente il problema, poiché l'autore stesso si è costantemente espresso contro qualsivoglia tentativo di sistematizzazione. Se in quanto segue avremo lasciato che le cose parlino da sé o avremo piuttosto approntato la ricerca in maniera sistematica, è una cosa che soltanto il lettore potrà giudicare.

Irretimento e narrazione nella filosofia delle storie

Wilhelm Schapp non mette mai chiaramente in contrapposizione sistematica l'esser-irretito in storie e la narrazione delle storie. Di narrazione di storie egli parla sotto molteplici punti di vista sempre per lo più cercando di offrire ulteriori chiarimenti sull'esser-irretito. Così *Reti di storie* comincia subito con il notare che "se pensiamo a Omero, la Bibbia, Dante, Cervantes, Swift, Shakespeare, Goethe, Dostoevskij s'illumina davanti a noi una serie infinita di storie nelle quali gli esseri umani sono irretiti" (Schapp, 2017, p. 36) e che anche "le opere degli storiografi – da Erodoto fino a Mommsen – e i racconti di vita sono ricolmi di storie le quali, per contenuto e costruzione, a stento possono essere distinte da quelle dei poeti (*Ibidem* – traduzione leggermente modificata). Schapp poi chiarisce subito che "in tali storie siamo sempre irretiti noi, i nostri vicini, i nostri amici, i nostri conoscenti, ogni singolo" (*Ibidem*). A quanto pare, attraverso le storie dei poeti e degli storici, posso capire che anch'io sono irretito in tali storie, vale a dire in storie simili o corrispondenti. In un passo successivo egli parla di storie libresche che risultano interessanti solo se riescono a preparare in qualche modo il terreno per il lettore o per l'ascoltatore (cfr. ivi, p. 142). Egli può essere da esse rapito solo se in qualche modo lo riguardano. In *Philosophie der Geschichten* ['Filosofia delle storie'] viene detto che le storie a noi estranee [*Fremdgeschichten*] in cui viene narrato di un eroe o di un incendio ci toccano solo se, a modo loro, divengono storie a noi proprie o nostre, nel senso che sarebbero potute accadere a noi come accadono agli eroi delle storie (Schapp 2015, p. 26).

Le storie possono essere anche raccontate a qualcuno che può poi dare un seguito alla storia. In questa direzione W. Schapp cita il giudice, l'avvocato, il medico, il parroco, ma anche il funzionario pubblico, che devono lavorare a casi con delle storie. L'*intentio* della prosecuzione di ciò che può essere narrato conduce a un co-irretimento nelle storie di queste figure. Nella loro prospettiva si tratta di storie estranee [Fremdgeschichten] che, attraverso il co-irretimento, si mettono sulla strada per diventare loro storie proprie [Eigengeschichten]. In questa prospettiva, tuttavia, sono ancora gli altri a narrare queste storie, di sé stessi o, nel caso di un reportage, di altri.

Il paragrafo, più volte citato, *La storia sta per l'uomo* (Schapp, 2017, p. 127), si rifà tuttavia a un altro contesto. Il sé di un essere umano non ci si schiude a partire da impressioni esterne che noi possiamo ricevere da lui/lei ma, piuttosto, attraverso le storie che di lui/lei vengono narrate. In questo caso non è l'essere umano a narrare le storie ma le storie si narrano attraverso di lui/lei e in qualche modo esse lo/la travalicano. Una cosa simile si può dire ad esempio della storia che finisce sul tavolo di un giudice, ma anche della storia di Alessandro Magno che svuota un calice pieno d'acqua nella sabbia rovente raccontata da Plutarco. Il tema sembra essere il rapporto del poeta con i suoi eroi e, d'altra parte, anche la denuncia penale presentata al giudice fa parte del medesimo contesto. Anche in questo caso si parla di storie che possono irretire un ascoltatore, che si tratti dell'intenzione di continuare la storia che gli è stata presentata, come nella denuncia penale, oppure della storia del libro di Plutarco che riporta l'esempio eroico di Alessandro.

Ciò che in *Reti di storie* Schapp descrive come storie libresche assume una nuova dimensione in 'Filosofia delle storie'. Le narrazioni di Omero, della Bhagavadgītā o della Bibbia fondano e costituiscono ciò che egli definisce mondi positivi [*positive Welten*], nei quali il singolo è co-irretito attraverso quelle narrazioni. Qui il co-irretimento come cassa di risonanza di una storia libresca viene ampliato e approfondito e assume un significato esistenziale per l'irretito. Schapp al riguardo afferma:

> non si diventa cristiani o aderenti al cristianesimo o a una chiesa credendo alle storie della Bibbia o essendo convinti della loro verità, ma solo sentendosi, e rimanendo realmente e propriamente invischiati in queste storie in quanto storie più proprie (Schapp, 2015, p. 27).

Ciò che innanzitutto il carattere del co-irretimento sembra possedere è dunque l'irretimento proprio, dacché il co-irretimento è sempre anche un auto-irretimento nel quale deve essere solo portato in superficie il fatto che sia coinvolto qualcun altro nel proprio irretimento.

A prima vista, le narrazioni di storie in W. Schapp sembrano quindi narrazioni di altri, in cui l'io-irretito è più o meno tirato dentro. Se si cambia prospettiva, allora, è anche l'io irretito a narrare queste storie a un altro per darvi un seguito, come il cliente che racconta una storia al suo avvocato. In ciò sono incluse le storie libresche, le storie dei poeti e degli storici, e poi, ancora, le storie dei grandi fondatori delle religioni, che narrano di sé o di cui altri narrano, senza che vi sia bisogno di distinguere tra un carattere letterario e uno non letterario delle storie. Le narrazioni che egli prende in considerazione le considera dunque completamente dalla prospettiva dell'esser-irretito in storie proprie. Una teoria narratologica in cui vengono presi in considerazione e distinti i diversi tipi di narrazione non è dunque nelle sue intenzioni. Facendo riferimento alla celebre e più volte utilizzata distinzione tra esser-irretito nella storia e comparire nella storia si potrebbe dire che le narrazioni compaiono nelle storie in cui sono irretito. Comparendo nelle storie certificano allo stesso tempo non solo l'essere delle storie ma, oltre di esso, l'essere dell'irretimento in storie.

Tuttavia, con questo comparire delle storie narrate nelle storie in cui sono irretito non ci si dischiude ancora l'intera portata del tema che stiamo trattando. In *Filosofia delle storie* W. Schapp interroga il rapporto tra l'universo delle storie e la poesia, o meglio, l'universo della poesia. Le storie del sogno e le storie dell'ebrezza sono maggiormente vicine alla poesia rispetto alle storie della veglia. Può esserci stato un universo di storie senza poeti ma mai uno senza poesia. La poesia appartiene originariamente alle storie in cui l'umanità – forse qui è meglio utilizzare questo termine piuttosto che quello di uomo utilizzato da W. Schapp – è irretita. Prima che ci fossero poeti in senso stretto, c'erano fiabe, saghe, miti, parabole. Egli nomina queste narrazioni per farle risaltare dalle storie ed evita di stabilire confini netti tra poesia, sapienza, filosofia e religione. La fiaba è nel grande essere così come la sera e il fuoco del focolare (cfr. W. Schapp, 2015, pp. 10-12).

Ora, per ciò che riguarda l'esser-irretito, a ogni storia appartiene un irretito. Secondo W. Schapp "Storia e essere-irretito-in-storie [*In-Geschichte-verstrickt-sein*] si co-appartengono così strettamente che non possono essere separate l'uno dall'altra, probabilmente, nemmeno nel pensiero" (Schapp, 2017, p. 36). In una storia è irretito colui a cui la storia accade. W. Schapp distingue tra "irretimento proprio" e "irretimento altrui". L'altrui-irretimento è l'irretimento proprio di qualcun altro (Ivi, p. 145). W. Schapp sviluppa la sua filosofia delle storie a partire dall'irretimento proprio, su cui concentra tutto il suo interesse. Egli distingue l'irretimento dell'io [*Ich-Verstrickung*], il co-irretimento [*Mitverstrickung*] e l'irretimento del noi [*Wir-Verstrickung*], l'espressione irretimento, sembra adattarsi in un primo momento solo alle storie più serie o a quelle molto tristi o comunque alle storie importanti, e meno alle storie più superficiali, a quelle idilliache o comunque felici. Tuttavia, W. Schapp usa il termine in un senso onnicomprensivo (cfr. Ivi. p. 146). Per l'esser-irretito in storie è indifferente se è l'irretito a raccontare la storia o qualcun altro a raccontarla a lui. In ogni caso queste narrazioni, come abbiamo visto, compaiono in storie in cui qualcuno è irretito e ciò riguarda anche il rapporto tra mondo e poesia. Ci sono storie celate che aspettano ancora di essere scoperte dall'irretito (cfr. Ivi, p. 148) e ci sono storie da cui fuggiamo, e la fuga dal mondo in tutte le sue sfumature, è anche parte delle storie. L'irretimento in storie fonda dunque un mondo di storie. Non è corretto dunque concludere che solo ciò che viene narrato è una storia. Lasciamo per il momento ancora indeciso se la storia presupponga o meno la sua narrabilità.

Gli "stati di cose" [*Sachverhalte*] non rappresentano per W. Schapp alcuna storia. Egli li intende più come pezzi di ciò che poi avrebbe nominato mondo particolare dell'occidente [*Sonderwelt des Abendlandes*]. Il contrasto in cui egli si trova con la tradizione consiste nel fatto che egli parte dalle storie e dall'esser-irretito in storie mentre la tradizione prende le mosse dagli atti cognitivi, dall'intuizione, dal pensiero, dal ricordo, dalla memoria (cfr. Schapp, 2012, p. 166). La memoria si trova inserita negli atti spirituali con i quali la tradizione, vale a dire la filosofia e la scienza, fonda il mondo particolare dell'occidente. W. Schapp sembra dunque lasciar intendere che non vi possa essere una stretta relazione tra la memoria e le storie o le narrazioni e che piuttosto il narratore di una storia vada inteso come colui che ricorda a sé stesso e agli altri la storia passata. Anche questa è, ovviamente, comunque una semplificazione, perché si correrebbe il rischio di oggettivare la storia e la sua narrazione. Nella memoria e nella narrazione non fa che perpetrarsi la storia che viene ricordata e narrata. In questo modo la memoria non può uscire dalla storia, per darle una nuova esistenza, per così dire, come narrazione. La pretesa di oggettivare un evento, che è sempre già insita nella memoria intesa come un atto mentale, contraddice il senso della storia nella narrazione.

Il parlare silenzioso e il parlare ad alta voce

Si può provare ad approcciare il tema del rapporto tra irretimento e narrazione a partire dalla dottrina schappiana del parlare silenzioso o sottovoce.

Prima di intraprendere questo tentativo, dobbiamo però ancora operare alcune notazioni che riguardano il rapporto tra le storie attuali e le storie passate nella filosofia delle storie. Le storie passate, quelle che sembrano essere giunte a conclusione, possono divenire nuovamente molto attuali a causa di particolari sviluppi. W. Schapp afferma dunque che la conclusione è sempre qualcosa di provvisorio e che forse non si può mai dire che una storia sia giunta a una conclusione, e quando ciò viene detto può significare le cose più disparate (cfr. W. Schapp, 2017, p. 148). Egli evita anche di parlare di storie trascorse in cui si è stati irretiti, poiché si è sempre attualmente irretiti anche nelle storie passate (*Ibidem*). Se apparentemente si può dire che le storie passate si estendono fino a oggi, così che io ne sia ancora irretito, con maggiore evidenza ciò si può dire per le storie attuali, che si proiettano dal presente fino al passato. Inoltre, essendo fondamentalmente irretito anche nelle storie future di cui ancora non sono a conoscenza, nel mondo delle storie passato e futuro si trasmutano nel presente, il presente si espande all'infinito a scapito del passato e del futuro (Ivi, p. 149).

Con il parlare silenzioso, che in Schapp diviene anche poi parlare tra sé e sé l'irretito nelle storie raccoglie in sé il passato, il presente e anche il futuro. W. Schapp si lascia istruire dai poeti su come il parlare ad alta voce venga preparato dal parlare silenzioso. Come esempio egli cita l'*Elettra* di Sofocle e l'*Ifigenia in Tauride*. Quasi tutte le parole che sentiamo pronunciare da Elettra o Ifigenia sono state meditate e rimuginate per molti, molti anni dalle due eroine, in giorni difficili e notti insonni. Il parlare silenzioso ha accompagnato per tutti questi lunghi anni, di notte e di giorno, la storia, continuamente ripensata dagli inizi al futuro più lontano, nel giorno della vendetta e del trionfo e forse anche nelle nuvole che riappaiono dietro il trionfo. Il parlare a voce alta di queste eroine può essere forse comparato solo con l'incresparsi delle onde sul mare dal parlare silenzioso interiore. Esso è in qualche modo guidato da questo parlare silenzioso, non è solo un'ispirazione del momento, ma si radica in ciò che è detto silenziosamente molte volte e molto spesso. Questo parlare forte, tuttavia, non solo ha una relazione con il parlare sottovoce più o meno distante nel tempo, ma è anche trasportato da questo parlare sottovoce, che è come un cane da caccia che precede il suo padrone. Per i personaggi e probabilmente anche per il poeta, l'improvvisazione si limita a brevi momenti e anche in questo caso è necessario verificare se si tratta di vere e proprie improvvisazioni o se sono state preparate da tempo, come le parole di Tasso o di Antonio, che suonano come improvvisazioni e che pure nascono da un contrasto secolare nel discorso silenzioso da cui attendono da tempo di venire fuori. Parlare ad alta voce non è solo una continuazione, una ripetizione o una ripetizione del parlare sottovoce. Poiché parlando ad alta voce è come se perdessimo il nostro potere su qualcosa. Secondo W. Schapp, ciò che si mostra qui in relazione al dramma si può applicare a tutte le storie, in qualsiasi veste esse si presentino (W. Schapp, 2015, pp. 267 ss).

W. Schapp definisce dunque il parlare silenzioso come il vero parlare. Esso porta con sé costanti ronzii e fermento nella testa dell'irretito. Le parole non hanno alcuna esistenza nei libri, ma esistono solo attraverso il ronzio nelle teste delle persone (Ivi, pp. 271 ss).

In un certo senso mi sembra che qui W. Schapp cerchi di rispondere alla domanda di cosa costituisca il contesto di senso o l'unità di una storia. Così facendo egli illumina lo spazio interno della storia senza lasciare che l'irretito si liberi del suo irretimento. Non parte comunque da una teoria dell'azione, anche se non si può negare che esistano certe connessioni tra il discorso silenzioso e la motivazione e il discorso ad alta voce e l'azione. Ciò rimane però solo accennato.

Per il parlare sottovoce è essenziale il fatto che, da un lato, accompagni l'irretito per l'intera storia, anche durante il discorso ad alta voce, e che, dall'altro lato, prepari con largo anticipo il campo per il parlare ad alta voce. L'immagine del parlare ad alta voce come della cresta di un'onda sul mare del parlare sottovoce descrive efficacemente la duplice dimensione del parlare.

L'indagine di W. Schapp giunge dunque presto a interrogarsi sul rapporto tra le storie e il parlare e il linguaggio. Egli rimane scettico sul fatto che si possa trovare qualcosa come le parole o le proposizioni nel parlare silenzioso (Ivi, p. 272). Una chiave di lettura per comprendere la nostra problematica riguardo al rapporto tra irretimento e narrazione mi sembra dunque essere l'osservazione di W. Schapp che vivere le storie e parlare silenziosamente siano da sempre una e un'unica cosa (Ivi, pp. 282). In questa direzione si muove dunque anche l'osservazione che tra la storia vissuta e la storia narrata non possa essere fatta alcuna distinzione poiché le storie narrate vengono anche convissute e in una indivisibile connessione con le storie vissute (Ivi, p. 283). Anche una netta divisione tra il parlare sottovoce e il parlare ad alta voce risulterebbe dunque artificiosa.

La possibilità di comprensione data attraverso il parlare (ad alta voce) dipende dalle storie comuni, dalle storie dei morti e dei viventi, che W. Schapp preferisce definire comunità degli antenati e dei discendenti (Ivi, pp. 276 ss.). Il miracolo della parola e del linguaggio sta nella possibilità di comprensione e quindi, più precisamente, nella ricettività dell'uditore o del lettore. Ciò si spiega con il fatto che entrambe le parti sono coinvolte in una storia comune e che sono collocati in questa storia in un tempo originario e primitivo (Ivi, p. 277).

A questo egli collega alcune riflessioni su come le parole si riferiscono a serie, per esempio la parola "nave", si riferisce alla serie di navi dalla piroga al transatlantico, e che le parole sono in questo modo come dei titoli che campeggiano sulle storie.

A questo punto potrebbe essere d'aiuto un paragone con *Tempo e racconto* di Ricœur. Prendiamo ad esempio la dottrina ricœuriana del rapporto tra *mimesis* I, *mimesis* II e *mimesis* III (Ricœur, 1983, pp. 91 ss.; vedi Haas, 2002, p. 66-74). Secondo Ricœur i frammenti di senso del vivere (*mimesis* I) trovano il loro ordine attraverso un atto creativo del racconto (*mimesis* II), che poi attraverso il lettore e l'uditore opera in maniera fondamentale sui frammenti di senso della vita (*mimesis* III). Ciò significa che solo la poesia è in grado di fare della vita una narrazione e, come si potrebbe aggiungere, di fare una storia. La vita guida la produzione di significato nella narrazione poetica, che a sua volta si ripercuote nella vita. Nel caso di W. Schapp, la storia stessa è la "produttrice di significato" della sua storia, se vogliamo usare questa insidiosa espressione. Una certa giustificazione per questo modo di parlare può derivare dall'espressione di Wilhelm Schapp "storia sempre ripensata" (W. Schapp, 2015, p. 270). L'irretito non ha bisogno di un poeta per questo, è in una certa misura il proprio poeta della storia di fronte al suo irretimento[11]. Ciò non significa che i poeti non possano essere d'aiuto con le loro poesie. Ma possono esserlo solo poiché le loro poesie sono espressione del loro proprio irretimento. Il poeta e l'irretito sono, in un certo senso, fratelli, anche se l'uno più anziano e l'altro più giovane. Questo si potrebbe dire attraverso la comunanza tra le storie, che è la base di ogni comprensione attraverso la parola.

Verremmo fraintesi, se si intendesse questa "produzione di significato" attraverso il parlare sottovoce, e la preparazione per il parlare ad alta voce che questo comporta, in termini di disponibilità della storia per gli irretiti e quindi come possibilità per gli irretiti di uscire dall'irretimento. L'irretimento non è qualcosa di "disponibile", e tuttavia la persona irretita è in grado di lavorare sul suo significato. È in questo modo che la storia si mette sulla via della narrabilità. Non tutte le storie vengono narrate ma la maggior parte di esse appaiono come narrabili. In questo contesto, tuttavia, non si può negare che esistano diversi tipi di narrazione e che ognuno di essi cominci già con tipi molto diversi del parlare sottovoce con i quali gli irretiti accompagnano la loro storia. Non a caso W. Schapp sceglie Elettra e Ifigenia come esempi del parlare sottovoce, poiché esso è accompagnato dai più grandi poeti del mondo. Egli sembra qui adottare una prospettiva simile a quella di Ricœur, e afferma che quanto detto per Elettra e Ifigenia vale per ogni storia, in qualsiasi veste essa si presenti. Egli cita subito anche gli esempi di Ettore e delle orazioni funebri di Andromaca ed Elena (Ivi, p. 271).

Qui vale la pena di evidenziare un altro punto del rapporto tra Schapp e Ricœur. Ricœur associa Agostino ad Aristotele poiché egli pone in relazione passato, presente e futuro. L'imitazione produttiva insita nella narrazione si relaziona con il passato e ha un effetto sul futuro, e può essere quindi concepita fondamentalmente come il presente che va oltre il tempo. In ciò è insita anche una teoria della connessione tra memoria, attenzione e aspettativa nel senso di Agostino. Il poeta collega i diversi tempi. Nel parlare sottovoce di W. Schapp la storia passata è altrettanto presente della storia futura senza che questo processo sembri controllato dalla memoria. Ciò che riguarda l'imitazione con un arco verso il passato e uno verso il futuro, è il processo che accompagna l'irretito a confrontarsi con l'irretimento, e anche con gli orizzonti passati e futuri. Il successivo parlare ad alta voce non è quindi controllato dalla memoria, ma influenzato da questo processo.

Co-irretimento in un mondo positivo

Le storie degli io-irretiti sono collocate in un mondo positivo, nel quale, secondo W. Schapp l'io-irretito è anche co-irretito. Questo co-irretimento nel mondo positivo si mostra innanzitutto come co-irretimento nelle storie fondanti. Poiché queste sono perlopiù trasmesse in forma letteraria si tratta dunque essere co-irretiti nelle storie narrate. Per l'uomo moderno della civiltà occidentale la storia fondante è la storia del Cristianesimo. Questo grande orizzonte dell'irretimento dell'io moderno getta nuova luce sulla proposta di Ricœur. Ciò vale in particolare se non si ignora il riferimento all'eternità presente nella dottrina del tempo di Agostino, nella cui tradizione, come abbiamo visto, si colloca anche Ricœur.

Il pensiero del co-irretimento dell'uomo moderno occidentale nel mondo positivo del Cristianesimo conduce immediatamente alla domanda se esso rappresenti ancora in modo appropriato il mondo occidentale. Per come la intende Schapp, la questione riguarda il rapporto tra il mondo positivo del cristianesimo e il mondo particolare dell'occidente, problema che egli ha cercato di affrontare sotto vari aspetti nella sua trilogia di opere riguardanti la filosofia delle storie, e in ultimo in *Metaphysik der Naturwissenschaft* (1965)[12].

W. Schapp in quest'opera, parte dal presupposto che noi viviamo anche oggi nel mondo positivo del Cristianesimo. Ai mondi degli atei e dei nichilisti egli dedica solo un paio di brevi riflessioni, poiché per lui essi ricoprono un ruolo marginale. Senza una dottrina divina alla base l'ateismo per lui non ha alcun senso (cfr. W. Schapp, 2009, p. 111) mentre riguardo al nichilismo egli fa notare che anch'esso può divenire una storia universale (W. Schapp, 2015, p. 185). Per ciò che riguarda la questione interna al mondo positivo del Cristianesimo decisivo rimane il mondo dello stato-di-cose che egli identifica come mondo particolare dell'occidente. Esso ha condotto, sin dal Rinascimento, ma W. Schapp sostiene già con Dante, a una progressiva perdita della fede. Da quando non possiamo più credere di essere in possesso del "vero anello", cioè a partire dall'illuminismo e dal post-illuminismo, abbiamo perso la nostra casa, la nostra fattoria e la nostra patria e vaghiamo inquieti per il mondo. Se questa osservazione di Wilhelm Schapp ci autorizzi a descrivere il mondo positivo di oggi come un mondo senza dimora e inquieto di fronte al ritiro del Cristianesimo dal mondo speciale dell'occidente è una questione che dobbiamo qui lasciare aperta. In ogni caso, le osservazioni che seguono e la prospettiva che verrà affrontata successivamente nel paragrafo 5 ci sembrano importanti in relazione a questo contesto.

Essendo un mondo di stati-di-cose il mondo particolare dell'occidente non è un mondo di storie e dunque non è un mondo positivo per come lo intende W. Schapp. Non si può dunque essere irretiti in questo mondo. D'altra parte, il mondo particolare dell'Occidente nell'ambito dell'Ovest sta sempre più soppiantando il mondo positivo del cristianesimo in cui è possibile l'irretimento. Come risolve Schapp questa tensione? Il mondo particolare dell'occidente è caratterizzato spiritualmente da due momenti: (1) lo sviluppo delle scienze naturali a partire da Bacone (e prima ancora la scoperta della matematica da parte dei greci) e (2) lo sviluppo della filosofia. Le scienze naturali non sono state in grado di logorare il mondo delle storie. Poiché è un mondo fatto di cose-per è rimasto un mondo di storie e come tale è il nucleo permanente del nostro mondo positivo di oggi. Si potrebbe dire anzi che le scienze naturali, da parte loro, sono integrate in questo mondo di cose-per, poiché si può accedere a esso solo attraverso la cosa-per solida[13]. È questo il grande tema di *Metaphysik der Naturwissenschaft*. Schapp vede palesemente anche nella poesia una parte di questo mondo delle cose-per. In questo modo sembra essere preservato un certo spazio per il divino. Il giudizio sulla filosofia è ambivalente. Da un lato, per Schapp la comprensione del mondo come stato di cose comincia con i pre-socratici e giunge all'apice del suo sviluppo già con Platone. Per lui Kant è un rappresentante di questo mondo così come Husserl. Dall'altro lato, egli vede una chiara vicinanza tra la filosofia greca e il sorgere del cristianesimo, infatti definisce la filosofia greca e la poesia greca come regno di mezzo tra le storie universali [Allgeschichten] di Omero e le storie universali del cristianesimo[14]:

> All'epoca dell'Illuminismo greco, nessuno osava profetizzare che sarebbe tornata a regnare una storia universale del tipo di quella di Omero, ma con l'ampiezza e la profondità del cristianesimo, e che la filosofia greca sarebbe entrata in questa storia universale, e anche Omero come precursore di questa storia universale e, cosa ancora più meravigliosa e incredibile, che la filosofia sarebbe forse ancora sopravvissuta alla nuova storia universale, o almeno avrebbe fatto crescere nuovi virgulti quando la nuova storia universale avrebbe dovuto attraversare periodi di debolezza. (Schapp, 2015, p. 252-253)

La filosofia viene così vista non solo come antagonista, ma anche come comprimaria nel mondo positivo del cristianesimo.

Ciò potrebbe implicare non solo interpretare Platone principalmente da un punto di vista ontologico nel senso delle moderne distinzioni, ma anche far emergere la sua prospettiva etico-metafisica. Per quanto riguarda Kant, lo stesso W. Schapp osserva che il Kant della ragion pratica gli è più vicino del Kant della ragione pura (cfr. Ivi, p. XDVI). In questo senso, la sua domanda a Kant può anche essere interpretato come se ciò che egli afferma sullo spazio e sul tempo non si possa applicare piuttosto al mondo (cfr. Schapp, 2009, p. 129). Per ciò che riguarda Husserl, l'interpretazione ontologica è più ravvicinata e in quella direzione si muove l'atteggiamento critico di W. Schapp nei confronti del suo maestro. Se, tuttavia, si attraversa il ponte della duplice interpretazione di Platone che abbiamo appena indicato, ci si ritrova presto in un'altra dimensione. In realtà alla fine della sua prefazione a *Philosophie der Geschichten* egli parla in termini positivi della dottrina husserliana e di quella scheleriana dei valori. Esse, come la critica del giudizio di Kant, possono trovare sicuramente il loro posto in una filosofia delle storie.

W. Schapp non presenta tutto questo in un contesto sistematico, ma i punti di vista evidenziati arrivano al lettore delle sue opere come impressioni determinate. In due punti, all'inizio e alla fine di *Philosophie der Geschichten*, diviene chiaro dove egli pone l'enfasi su queste connessioni: "Come Kant, all'inizio della terza rivoluzione, possiamo chiederci se la prossima rivoluzione non debba condurre all'essere umano stesso e con ciò alle sue storie" (W. Schapp, 2015, p. XVII). Con ciò si intende che la scoperta della filosofia delle storie come quarta rivoluzione è stata in grado, se non di confutare definitivamente le tre rivoluzioni precedenti, quantomeno di ridurre a un livello minimo le loro pretese.

Alla fine di *Philosophie der Geschichten* W. Schapp affronta finalmente la questione di quale sia lo scopo delle sue riflessioni e afferma che quanto presentato dovrebbe essere preso come un progetto per una storia universale in cui tutti i popoli e le culture trovino il loro posto (Ivi, p. 337). In questa direzione, già alla fine della prefazione egli aveva fatto cenno ai sette sapienti, i quali vennero recepiti e stimati anche in Cina, in India e in molti altri luoghi ancora più remoti. Allo stesso modo, poi sottolinea che non si può passare da una storia universale a un'altra. Tuttavia, nelle sue riflessioni si delineano i contorni di una storia universale, che inglobi tutte le storie universali, anche se inizialmente solo "in forma abbozzata". L'accesso a essa dovrebbe avvenire comunque sempre attraverso le singole storie universali.

Storia di vita e poesia

Sinora ci siamo occupati dell'irretimento nella singola storia e del co-irretimento nella storia universale e del loro rapporto con la narrazione. In questo modo abbiamo racchiuso con il nostro sguardo i poli più divergenti della filosofia delle storie. Anche le storie delle nazioni e delle regioni, che W. Schapp non tratta in dettaglio, devono tuttavia essere incluse nella storia universale. Ci dobbiamo ora dunque occupare di una sorta di livello intermedio della filosofia delle storie, quello che riguarda le storie di vita e il loro rapporto con la narrazione. W. Schapp analizza queste storie di vita sotto diversi punti di vista. Se parliamo della narrazione delle storie di vita, tiriamo così in gioco la poesia in senso lato. Essa ci sembra essere particolarmente adatta a mostrare le storie di vita. Ciò non significa che la poesia non possa trattare anche di singole storie, ma che spesso queste singole storie vengono presentate innanzitutto come storie che hanno un significato per l'intera vita dell'irretito. In ogni caso, con ciò non vogliamo negare il primato dell'irretimento in una singola storia come viene inteso nella filosofia delle storie. Ci dovremmo però anche ricordare che W. Schapp, con il suo leitmotiv filosofico "irretiti nelle storie", sceglie intenzionalmente il plurale della parola storia proprio allo scopo di non isolare sin dall'inizio la storia in cui qualcuno è irretito. Nell'orizzonte di una storia emergono sempre altre storie. La storia non ha in realtà nemmeno un inizio o una fine. Le storie passate possono all'improvviso divenire nuovamente attuali, al punto che W. Schapp si rifiuta di parlare di essere irretito nel passato. Questa connessione di storie ci sembra possa trovare dunque una certa unità – anche se a prima vista solo abbozzata – nella storia della vita di un essere umano. Vedremo che, a partire dalla storia di vita, si può dimostrare un legame molto più stretto tra storia, narrazione e poesia. Ciò significa che, dalla prospettiva che ora si intende adottare, si può fare nuova luce anche sugli aspetti evidenziati da Ricœur.

Una prima tematizzazione delle storie di vita si può trovare nel pluricitato paragrafo di *Reti di storie* intitolato *La storia sta per l'uomo* (Schapp, 2017, p. 127). Le accuse mosse al giudice contro un uomo rispettato della sua città e il ricordo da parte dell'avvocato dei racconti di un cliente di cui ha già dimenticato il nome fanno sì che le storie in questione non appaiano più come singoli eventi di un qualche interesse, ma piuttosto qualcosa che ha un grande significato per le persone coinvolte. Emerge sullo sfondo la loro storia di vita, come direbbe W. Schapp. Il racconto di Plutarco sull'acqua rovesciata nel deserto è molto significativo per la vita di Alessandro Magno. Schapp dice che attraverso questa storia "abbiamo trovato un accesso all'anima del re" (ivi, p. 128). Sottolinea poi che non tutte le storie hanno il significato o la forza rappresentativa della storia di Alessandro o della storia che è davanti al giudice per l'accesso a colui che ne è irretito. Se si assume qui che una storia apre l'accesso a una persona, allora entra in scena la storia di vita. Schapp parlerà poi subito dopo anche di un quadro generale della vita in cui confluiscono tante piccole storie. Poi parla dell'essenza di ciò che conosciamo dell'uomo e della sua storia (ora al singolare) come sua essenza: "Attraverso la storia arriviamo a contatto con un sé'" (*Ibidem*).

W. Schapp espone poi una nuova prospettiva nella quarta sezione della sua *Filosofia delle storie*, intitolata *La parola e la storia* dove descrive i nomi delle persone come titoli per le storie di vita (cfr. Schapp, 2015, p. 285). Poiché egli individua nei nomi delle cose-per come una sintesi della serie delle cose-per – ad esempio, con il termine nave, si intende la serie che va dalla canoa scavata a mano al transatlantico – si potrebbe intendere la storia di vita evocata con i nomi personali come l'espressione di una serie che raccoglie insieme diverse storie singole. In questo senso, Wilhelm Schapp afferma, ad esempio, che si può immaginare approssimativamente la progressione del romanzo dopo aver letto la prima avventura di Don Chisciotte. Le storie successive devono dunque seguire in maniera simile (cfr. Schapp, 2017, p. 153). La storia che sta per l'uomo rappresenta significativamente sia la persona che la sua vita e si condensa ulteriormente nel nome come voce riassuntiva sulle storie di una persona irretita. Anche Wilhelm Schapp dunque perviene alla biografia. "Anche nella biografia esiste una voce riassuntiva, che probabilmente si differenzia dalla storia individuale in quanto vengono riassunte in essa tutte le storie più o meno correlate di un individuo. Di solito il nome della persona è indicato come voce riassuntiva. Tuttavia, la voce riassuntiva può anche consistere in una frase, come un proverbio" (cfr. Schapp, 2015, p. 283). Così, ad esempio, la frase "il dado è tratto" potrebbe essere una voce riassuntiva per la storia di vita di Cesare, allo stesso tempo parte della storia e parte della sua narrazione.

Altrove, Schapp esprime il rapporto dell'essere umano (inteso anche qui come singola formazione) con la totalità delle sue storie con l'affermazione che l'essere umano marcia sempre alla testa delle sue storie. Rielaborando il mito di Sisifo, egli propone un'altra immagine: l'uomo si arrampica in salita, spinto dalle sue storie (cfr. Schapp, 2015, p. 84). Concludiamo l'abbozzo di questa prospettiva con questo. Ciò che ci sembra essenziale è che la storia individuale in cui sono irretito, se ha un significato per il mio quadro di vita o per la mia storia di vita, deve necessariamente guardare al di là di sé stessa con questo significato. Il suo significato non risiede nell'interesse che si può trarre da una storia individuale come evento in qualche modo interessante. Il significato della storia individuale per la storia della vita viene quindi probabilmente trasmesso anche all'irretimento in questa storia, che, secondo W. Schapp, non può essere separato dalla storia nemmeno nel pensiero. Questa storia, che appartiene solo in una certa misura alla biografia di una persona, può ora essere tranquillamente distinta da storie minori che pure riempiono le sue giornate. In questo caso, come dice W. Schapp, molte piccole storie possono anche combinarsi per formare il quadro della vita di una persona. Tuttavia, queste storie meno importanti non dovrebbero essere il nostro argomento.

Avanziamo ora la tesi che l'oggetto della poesia sia la narrazione delle storie dal punto di vista del loro significato per la vita di una persona e delle persone in generale. La poesia, quindi, si occupa di storie che importano, e che interessano soprattutto sotto questo punto di vista. È una fortuna che la parola stessa "poesia" esprima questo legame in modo straordinariamente vivo. I poeti sono in grado di vedere nelle storie umane ciò che è essenziale per la vita umana, "condensano" queste storie. "Quando parliamo dell'essere umano come di un irretito in storie, non intendiamo mai una serie di storie. Uno sguardo su come le storie siano collegate ci è offerto dall'arte, dalla religione e dalla filosofia, o meglio, chiamiamo le intuizioni sulle storie come arte, religione e filosofia" (Schapp, 2015,

p. 12). Schapp in un'altra sede aveva esteso quanto detto sulla poesia all'arte in generale (Ivi, p. 11).

Se ora ci rivolgiamo più strettamente alla narrazione nel senso della narrazione poetica, volendo rimanere fedeli alla concezione complessiva della filosofia delle storie, il nostro punto di partenza non può che essere l'irretimento dell'io nelle storie. In poche parole, non si tratta di tematizzare il significato di vita di una storia individuale, il suo aspetto biografico, ma di considerare il significato di vita delle proprie storie, di tematizzarle nel loro carattere autobiografico. In ogni caso, vogliamo scegliere questo punto di partenza per il nostro percorso in direzione della poesia.[15]

Siamo così di nuovo rinviati al parlare silenzioso delle storie, il quale, come ora possiamo intuire, è la sorgente di ogni poesia. Elettra e Ifigenia vanno rimuginando giorno e notte e nel corso degli anni non hanno storie insignificanti, ma storie che determinano la loro intera vita (e anche ciò che viene dopo la loro vita) (cfr. Schapp, 2015, p. 270). Tasso e Antonio sono coinvolti in una rivalità antica. Esiodo ha alle spalle la storia della disputa per l'eredità con suo fratello come la sua storia più propria. Questa disputa compenetra *Le opere e i giorni*. Esiodo cerca di inquadrare il suo litigio con il fratello all'interno dell'intero corso del mondo (cfr. Schapp, 2017, p. 148). La parola "storia più propria" [eigenste Geschichte] esprime ciò che noi qui intendiamo. Si tratta semplicemente della storia essenziale e della storia più importante per la vita. Potremmo continuare a lungo, ma ci accontentiamo qui di questi esempi.

W. Schapp dubita del fatto che il parlare silenzioso possa aver luogo già nelle parole e nelle proposizioni. In ogni caso, esso prepara il parlare ad alta voce e passa attraverso il parlare ad alta voce, che comunque continua ad accompagnare. Per lui, questo parlare ad alta voce prende in gran parte il posto dell'azione. Le storie vengono così stabilite. D'ora in poi, anche il parlare silenziosamente si occuperà di ciò che è accaduto. Dall'altro lato, il parlare rumorosamente è per il co-irretito una indicazione sulla storia dell'io-irretito. Coinvolge i co-irretiti in questa storia e quindi, in un certo senso, anche nel parlare silenzioso, che per il co-irretito si situerà certamente nell'orizzonte del parlare ad alta voce dell'io-irretito. Nella misura in cui si tratta di una storia significativa per la vita dell'io irretito, mi sembra che questo parlare ad alta voce sia già un primo passo verso la poesia; in ogni caso, l'io-irretito sintetizza la storia per sé e per gli altri nel suo parlare ad alta voce. Sarebbe azzardato dire che, parlando ad alta voce, l'io irretito sta già raccontando a sé stesso o agli altri la sua storia. Ma in questo parlare ad alta voce c'è un momento di presentazione del significato della storia per la vita. Si potrebbe ipotizzare un collegamento "in nuce", come suggerisce W. Schapp in Esiodo. La disputa sull'eredità con il fratello non solo attraversa *Le opere e i giorni*, ma da essa Esiodo trae il poema e forse in questo modo cerca di venirne a capo (*Ibidem*). In questo contesto, varrebbe la pena di riflettere sul significato dei diari, che possono essere una via di mezzo tra il parlare silenzioso e il parlare ad alta voce. Così, il parlare ad alta voce nelle storie significative per la vita può contenere anche un momento di narrazione da parte dell'io irretito nel modo in cui egli immagina il senso della sua vita.

I poeti si rivolgono ora a queste storie con le loro narrazioni. Anche se raccontano storie individuali, raccontano biografie in modo dissimulato. La base di ogni narrazione è sicuramente l'irretimento dell'io in prima persona dei poeti nelle loro storie più personali, cioè il loro parlare silenziosamente e ad alta voce. Per loro potrebbe già essersi condensata in autobiografia, perché comprendono già la loro vita dal punto di vista della poesia, anche se questa non è ancora emersa da nessuna parte. Da questo irretimento dell'io non si lascia separare il co-irretimento degli altri ai quali i poeti possono farsi incontro grazie a un simile co-irretimento. Poi la poesia si espande fino a includere le storie degli altri, che i poeti sono in grado di immaginare come proprie storie e quindi di includere nel cerchio dell'irretimento del loro io. I poeti non sono legati ad alcun accadimento, perché possono occuparsi solo del senso della vita. La loro arte consiste nel dare sviluppo agli accadimenti a partire da questo significato della vita. La finzione può darsi al massimo per ciò che concerne gli eventi, ma non per ciò che riguarda il tema della loro poesia, il senso della vita. D'altronde, nella filosofia delle storie, tale distinzione tra l'evento e il senso della vita è preclusa fin dall'inizio.

Con ciò rimane la domanda di che significato la poesia possa avere realmente per l'uditore o per il lettore. W. Schapp fonda la capacità ricettiva nell'irretimento tra narratore e ascoltatore o lettore nelle storie comuni. Infatti, se ci si orienta al senso della vita, quasi tutte le storie sono degne di interesse per chiunque. Si ottengono risposte alla domanda su come affrontare i problemi, cosa aspettarsi, cosa evitare, come comportarsi in tali circostanze. Le poesie hanno ovviamente già un'influenza sul parlare silenzioso dell'io-irretito. Senza conoscersi, poeta e ascoltatore o lettore si confrontano sullo stesso tema. Se, in questo senso, si dà un significato più concreto all'irretimento di storie rispetto alla storia di vita, si apre un percorso che va dalla storia di vita dell'io-irretito alla poesia e di rimando alla storia di vita dell'io-irretito. Sarebbe qui interessante paragonare questo percorso al cerchio della mimesi I e della mimesi III, secondo l'accezione di Ricœur. Una differenza potrebbe essere che la storia di vita dell'io-irretito è per noi, in un certo senso, il campo-base di questo intero percorso al quale l'io-irretito ritorna dopo la sua escursione nel regno della poesia. I poeti stessi compiono semplicemente questa escursione, per quanto le loro narrazioni possano essere finzionali. Un indizio sicuro di ciò è il fatto che spesso nella seconda parte o verso la fine della loro vita essi scrivano autobiografie con le quali ricomprendono le loro poesie attraverso le storie, le quali nel loro complesso esprimono la loro storia di vita.

NOTE

[9] J. Schapp, Verstrickung und Erzählung, «Phänomenologische Forschungen» (2007), pp. 125-144.

[10] Sviluppata in *In Geschichten verstrickt* (1953) ['Reti di storie'], *Philosophie der Geschichten* (1959) ['Filosofia delle storie'] e *Wissen in Geschichten. Metaphysik der Naturwissenschaft* (1965) ['Sapere in storie. Metafisica della scienza della natura']. Le opere vengono citate seguendo le seguenti edizioni W. Schapp, *In Geschichten verstrickt. Zum Sein von Mensch und Ding*, 4. Edizione, Klostermann, Frankfurt a. M. 2004, tr. it. a cura di D. Nuccilli, *Reti di storie. L'essere dell'uomo e della cosa*, Milano/Udine, Mimesis 2017; Id., *Philosophie der Geschichten*, 2. Edizione, Klostermann, Frankfurt a. M. 1981; Id., *Wissen in Geschichten. Metaphysik der Naturwissenschaft*, 2. Edizione, Heymann, Wiesbaden 1976.

[11] Così, per evitare lungaggini, W. Schapp *In Philosophie der Geschichten* vuole partire dalle storie dei poeti. Tuttavia, chiede al lettore di trasferire sempre le storie dei poeti alle proprie storie attuali o di verificare se ciò che è stato detto si applica anche a tali storie (cfr. Schapp, 2015, p. 3).

[12] Ho trattato più approfonditamente questo tema in J. Schapp, *Positive Welten und Sonderwelt des Abendlandes in der Geschichtenphilosophie Wilhelm Schapps* in «Phänomenologische Forschungen" vol. 1 n. 2 (2004), pp. 133-149.

[13] In *Philosophie der Geschichten*, p. 30 W. Schapp a partire da una ulteriore prospettiva, descrive la tecnica come un punto d'incontro tra il mondo delle scienze naturali e il mondo storico.

[14] W. Schapp usa spesso il termine "storia universale" [Allgeschichte] come sostituto di mondo positivo.

[15] Per una interpretazione, per molti aspetti simile a questa, delle storie di vita in W. Schapp si rimanda all'istruttiva K. Joisten, *Philosophie der Heimat – Heimat der Philosophie*, Akademie Verlag, 2003, pp. 317 ss.

BIBLIOGRAFIA

Greisch, J., *Verstricktsein und Intrige. Ist eine reine Phänomenologie der Narrativität vorstellbar?* In «Études phénoménologiques», 11, 1990, pp. 41-83.

Greisch, J., *Empêtrément et intrigue. Une phénoménologie purede la narrativité est-elle concevable?* in W. Schapp, *Empêtrés dans des histories. L'être de l'homme et de la chose*, Cerf, Paris 1992, pp. 239-275.

HAAS, S., *Kein Selbst ohne Geschichten. Wilhelm Schapps Geschichtenphilosophie und Paul Ricœurs Überlegungen zur narrativen Identität*, Olms, Hildesheim, 2002.

JOISTEN, K., *Philosophie der Heimat – Heimat der Philosophie*, Akademie Verlag, Berlin, 2003.

OESTERLE, G., *Erinnerung, Gedächtnis, Wissen. Studien zur kulturwissenschaftlichen Gedächtnisforschung*, Vandenhoeck & Ruprecht, Göttingen, 2005.

RICŒUR P., *Tempo e racconto I*, tr. it. a cura di G. Grampa, Jaca Book, Milano, 1983.

SCHAPP, J., *Positive Welten und Sonderwelt des Abendlandes in der Geschichtenphilosophie Wilhelm Schapps* in «Phänomenologische Forschungen» vol. 1 n. 2 (2004), pp. 133-149.

SCHAPP, W., *Metaphysik der Naturwissenschaft*, 3. ed. invariata, Klostermann, Frankfurt a. M., 2009.

SCHAPP, W., *Philosophie der Geschichten*, 5. Edizione rielaborata a cura di J. Schapp e K. Joisten, Klostermann, Frankfurt a. M., 2015.

SCHAPP, W., *Reti di storie. Dell'essere dell'uomo e della cosa*, tr. it. a cura di D. Nuccilli, Mimesis, Milano, 2017.

La lunga notte del dolore. La letteratura come via d'uscita dalla violenza?

Hans Joas (traduzione italiana a cura di M. Santarelli)[16]

Sempre più spesso si sottolinea come il ventesimo secolo sia stato probabilmente il periodo più violento della storia umana. I numeri assoluti delle vittime delle guerre, delle persecuzioni o degli stermini organizzati dagli stati superano senza dubbio quelli di tutte le altre epoche. Anche se ragioniamo in rapporto alla dimensione della popolazione ci sono pochi altri casi comparabili nella storia – si potrebbe pensare alla cosiddetta Guerra dei Trent'anni, il cui effetto distruttivo fu tuttavia essenzialmente limitato entro i confini dell'impero. All'inizio del ventesimo secolo vi era una diffusa consapevolezza delle forti tensioni tra le potenze europee dovute a dispute intra-europee, ma anche e soprattutto a questioni riguardanti le colonie e gli interessi globali. Queste tensioni sono state spesso interpretate nei termini di un'inevitabile lotta darwiniana per l'esistenza tra le nazioni. Inoltre, i circoli dominanti guardavano l'ascesa del movimento operaio con grande preoccupazione: temevano di diventare vittime di una rivolta violenta ed erano generalmente pronti a impedirla con la forza. Anche se all'orizzonte del secolo nascente si profilavano dei conflitti violenti, prevaleva tuttavia la convinzione che nelle condizioni delle moderne società industriali le guerre potessero essere solo di breve durata, vista l'interconnessione di tali società e la centralità del punto di vista dell'interesse comune. Voci come quelle dell'intellettuale italiano prefascista Enrico Corradini, che derideva le speranze di pace di liberali e socialisti e lodava invece "la modernità della guerra" – anche per non essere confuso con un bellicismo di vecchio stampo – rimasero piuttosto marginali (Joas, 2000, pp. 67-86).[17].

La guerra mondiale iniziata nel 1914 superò tuttavia ogni aspettativa se pensiamo al suo decorso e alla sua lunghezza, alla sua brutalità e al colossale numero di vittime. L'esperienza della guerra civile americana (1861-1865) poteva essere un avvertimento in tal senso, se solo in Europa fosse stata presa più seriamente. Un simile evento suggeriva cautela nei confronti del presunto potere pacificatore della società industriale – ossia, nei confronti della speranza che quest'ultima avrebbe potuto scoraggiare lo scoppio della guerra, o al limite avrebbe potuto mitigarne gli effetti.

Ma ciò non avvenne: sia i sostenitori che gli oppositori della guerra furono testimoni storditi dell'industrializzazione della guerra e della sua totalizzazione.[18] Il periodo successivo alla Prima guerra mondiale viene definito come interbellico, in quanto come noto a essa ne seguì una seconda che eclissò persino la forza distruttiva della prima. Gli effetti di tale guerra furono particolarmente terrificanti nei territori dell'Europa orientale, che uno storico americano ha definito con il termine di "Bloodlands" (Snyder, 2011). Quello che avvenne in tali territori fu ben più di una semplice guerra: si trattò di uno sterminio di massa dovuto al terrore nazista e stalinista, realizzato attraverso il lavoro, la fame e l'omicidio industriale di massa. Ma non va ignorato il teatro di guerra asiatico – dalle atrocità di guerra giapponesi in Cina nel 1937/38 alle bombe nucleari americane sulle città giapponesi nel 1945. La questione della possibilità di giustificare a livello militare la distruzione di Hiroshima e Nagasaki non verrà trattata in questa sede. Quello che è certo è che non furono preparate cure mediche adeguate per la popolazione civile superstite contaminata dalle radiazioni. Si produsse in tal modo un evento in cui la sofferenza di persone classificate come nemiche non ebbe alcuna influenza nelle decisioni strategiche.

Può venir fuori qualcosa di buono da questa storia di violenza? Questa domanda potrà sembrare ad alcuni oscena, offensiva come ogni tentativo di fronte ad Auschwitz, Gulag e Hiroshima di interpretare la storia nel senso di un progresso assicurato, di una realizzazione graduale dell'idea di libertà o anche di una storia predeterminata di salvezza. Qualsiasi consolazione che derivi da tali schemi di pensiero è necessariamente falsa, nella misura in cui non riconosce adeguatamente la portata dei crimini e della sofferenza. Qualsiasi interpretazione retrospettiva viene messa a tacere dal fatto che essa non può annullare la storia, non può annullare la sofferenza, non può far risorgere coloro che sono stati uccisi.

La questione del bene non può essere posta senza accettare pienamente il lutto, senza chiarire le cause della storia della violenza e senza nominare i colpevoli. Ma nemmeno il lutto stesso e il regolamento di conti con i colpevoli possono avere l'ultima parola. Nel mio libro sulla storia dei diritti umani (Joas, 2011, in particolare pp. 108-146) ho tentato di dimostrare storicamente ed empiricamente in che misura e in che modo la storia della violenza è stata fonte di ispirazione per l'idea dei diritti umani, soprattutto per la loro positivizzazione e codificazione giuridica nel quadro nazionale e globale. Nel fare ciò, ho sviluppato un modello in sei fasi della trasformazione dell'esperienza della violenza in un impegno verso valori universalistici. Invece di presentare tale approccio in modo astratto e scientifico, in questa sede vorrei esporlo attraverso un dialogo con un'opera letteraria che mi ha già aiutato a sviluppare questo modello. Ho usato la formula "dialogo" perché voglio mettere in chiaro che non considero l'opera letteraria né come una mera illustrazione di considerazioni concepite altrove, né come una miniera di pensieri che devono ancora essere formulati correttamente – ossia: teoricamente. Credo invece che ci sia qualcosa di generalizzabile che possiamo imparare dai problemi di progettazione di un'opera letteraria e dalla soluzione dell'autore a questi problemi. In francese si usa l'espressione "*lecture philosophique*" rispetto a un certo approccio alle opere letterarie. Se è possibile una modalità di lettura filosofica, probabilmente è possibile anche una lettura di tipo storico-sociologico. Quantomeno, penso sia possa procedere sperimentalmente in tale direzione.

Il mio interlocutore è Alfred Döblin e il suo romanzo *Amleto* – scritto nel 1945/46, ma pubblicato solo nel 1956 a Berlino Est a causa del disinteresse degli editori della Germania occidentale del dopoguerra per il lavoro di questo scrittore un tempo così famoso.[19] Per inciso, lo stesso Döblin in molte occasioni non definiva come "romanzo" questo suo lavoro che contiene nove storie in gran parte indipendenti, integrate in una narrazione che fa da quadro (Quack, 2011, p. 168). Al contrario, l'autore preferiva piuttosto termini come "storia", "opera narrativa" o "racconto quadro" (Riley, 1972, p. 334). Altri hanno usato i termini "romanzo di novelle" (seguendo Hermann Broch: Düsing, 1993) o "romanzo polistorico" (Durzak, 1970) per rendere giustizia a un'opera che non contiene semplicemente un ciclo di novelle, né offre una trama continua, ma come altre opere dell'epoca rappresenta – con le parole di Döblin – un gesto in equilibrio "tra la collezione di arie della vecchia opera e la melodia infinita di Wagner" (Döblin, 1917, p. 126). Döblin stesso afferma di aver scritto alcune delle storie prima di avere l'idea di integrarle: "Pensavo che bisognasse raccontarle formalmente per qualcuno, come ne *Le Mille e una notte* (Döblin, 1949, p. 396). La figura che gli si è imposta come tale "qualcuno" è quella di un reduce di guerra gravemente ferito, che, come il principe Amleto di ritorno dai suoi studi in Danimarca, vuole riconoscere le cause di "ciò che ha reso lui e tutti gli altri malati e cattivi" (Döblin, 1949, p. 301).

La figura del soldato di ritorno dalla guerra in sé stessa non è un'idea originale. Nella stessa opera di Döblin non mancano altre figure centrali per le quali la guerra e il ferimento svolgono un ruolo formativo – ad esempio Franz Biberkopf in *Berlin Alexanderplatz* e Friedrich Becker in *November 1918*. Eppure, il personaggio di *Hamlet* ha un fondamento biografico esistenziale particolarmente profondo per l'autore. La sua vita era stata profondamente scossa dalla storia della violenza del ventesimo secolo, e non solo una volta (Kiesel, 1986, p. 503; e in generale Schoeller, 2011). Come medico militare nella Prima guerra mondiale era entrato a stretto contatto con la sofferenza dei soldati feriti e traumatizzati. Dopo la guerra si era già occupato in quanto giornalista di quelle che allora venivano chiamate "nevrosi di guerra" (Düsing, 1993, p. 275).[20] Nella rivoluzione tedesca del 1918/19 sua sorella era stata uccisa dalle schegge di granata del bombardamento dei *Freikorps* controrivoluzionari a Lichtenberg – un quartiere di Berlino – mentre andava a prendere il latte per i suoi figli. Il suo fratello minore fu assassinato ad Auschwitz. Suo figlio Wolfgang si tolse la vita aspettandosi di essere riconosciuto nonostante la sua uniforme francese quando fu catturato dalle truppe naziste in Alsazia. Il lutto per i "suoi morti" – soprattutto per suo figlio – e l'immaginazione della relativa resa dei conti è probabilmente la radice biografica più importante per un'opera narrativa scritta nelle circostanze più avverse, ma nel più breve tempo possibile.

Lo shock del ferimento

Il confronto con l'esperienza della violenza, e la sua scioccante intrusione nella sfera sacra del corpo: questo è il *primo passo* per qualsiasi considerazione sulla trasformazione produttiva derivante da tali esperienze. Questa esperienza distrugge sia la fiducia verso l'ambiente in cui siamo immersi con i nostri corpi, sia la fiducia nella continuità temporale in cui viviamo o progettiamo la nostra vita. Il solo fatto di menzionare tali esperienze e la loro descrizione da parte delle persone colpite può essere profondamente angosciante; tanto che noi la eludiamo o ci limitiamo a nominare piuttosto che a esprimere.

Il libro di Döblin inizia con una descrizione drammatica che ci rende impossibile parlare di ferite di guerra in termini generali. Il passaggio descrive il soldato britannico Edward Allison – volontario nella guerra in Estremo Oriente – mentre subisce l'attacco di aerei suicidi giapponesi su una nave nell'Oceano Pacifico: "Venne sollevato come una marionetta, girato e rigirato, e volò tra le fiamme e il nero fumo insieme a parti di macchinario, pezzi esplosi, cadaveri, feriti e membra strappate. Niente sembrava aver coscienza di quel torrido vortice [...]. Lo trovarono lontano dal luogo dell'esplosione, ai piedi di una scura scala di ferro dalla quale era rotolato giù" (H., pp. 7-8). Fin dall'inizio Döblin è attento a non ritrarre Edward come l'unico soggetto in questa esperienza. Diventa una vittima dopo aver ancora aiutato a seppellire (*Abdichten*) e trascinare via le vittime di un attacco precedente. Tra i compagni feriti e morti, alcuni dei quali "ancora respiravano, ma non avevano più l'aspetto di esseri umani" (H., p. 8), c'era il suo migliore amico, al quale era stata strappata la testa e al cui padre aveva detto con sicumera: "Si fidi di me. Sto attento. Senza di lui non torno" (H., p. 22). Anche la vittima viene così colta come parte non priva di colpe; lo shock non si dà solo quando il proprio corpo viene ferito.

Analogamente al momento del ferimento, Döblin descrive con notevole asprezza anche l'operazione in cui ciò che era rimasto della gamba sinistra viene amputato sulla nave e con una minima anestesia. A causa di questa asprezza nella sua descrizione Döblin è stato accusato di una tendenza alla glorificazione pornografica della violenza – W.G. Sebald ha persino parlato di "atti letterari di terrore" (Sebald, 1980, p. 134f.). Ma questo certamente non rende giustizia al motivo cruciale che ispira questo passaggio del testo di Döblin, ossia lo sfondamento dei rigidi confini dell'Io nella percezione del dolore degli altri. Lo shock delle violenze subite e a cui si assiste porta alla rottura estensiva del rapporto con il mondo esterno, al ritiro silenzioso dal rapporto con le altre persone, alla perdita della memoria – talvolta anche del proprio nome; all'insensibilità, che fa sembrare la persona colpita come un oggetto naturale: "un tronco d'albero, la superficie di uno stagno" (H., p. 12). Sulla via del ritorno qualcosa nell'uomo ferito rompe questa calma vegetativa apparente: improvvisamente emette un urlo "come di qualcuno che si trova davanti il proprio assassino" (H., p. 10), poi in un lungo e acuto stridio si strappa le bende – per quanto può – e lotta con un avversario invisibile. Viene sedato con un'iniezione perché le infermiere e i medici temono che il suo attacco possa diffondersi a macchia d'olio – un'altra indicazione che non si tratta di un caso estremo isolato, ma di un processo che segue un pattern. La crisi è seguita da un ripiegamento nella rigidità iniziale.

La perdita del linguaggio e del sé

In questa rigidità e nell'improvvisa regressione alla scena paurosa dell'esperienza della violenza diventa riconoscibile il *secondo stadio* del modello, cioè lo scuotimento delle certezze fondamentali della relazione con il mondo – uno scuotimento che rende il linguaggio stesso indisponibile, in quanto nessun mezzo di espressione può rendere giustizia a tale esperienza. Fu la Prima guerra mondiale a fare del concetto di trauma – l'intrusione di un corpo estraneo, inizialmente rivolto alle lesioni fisiche – il termine chiave per etichettare gli effetti a lungo termine delle esperienze di violenza (Leys, 2000). In tal modo furono presi sul serio quei sintomi che prima erano stati interpretati e puniti come atti intenzionali di simulazione o spregevole codardia. Nel romanzo è la sorella di Edward che reagisce in tale modo privo di comprensione, lamentandosi del fatto che si facessero così tante "storie" per una ferita (H., p. 13). Uno dei recensori degli anni '50 affermò addirittura che Döblin ritraeva il reduce di guerra come una "nullità piagnucolosa" – un'interpretazione implausibile (Pesch, 1958, p. 449).

Ma come si può trattare chi è gravemente traumatizzato? "Come si può soffiare via dalle orecchie di un uomo muto il fragor distruttivo, sciogliere le membra rigide e cancellare il suo no dal viso?" (H., p. 19). I medici di Edward all'inizio si preoccupano principalmente della sua guarigione fisica, ma sanno molto bene che questo non è sufficiente. La loro esperienza suggerisce che il soldato di ritorno dal fronte deve sempre fare i conti con la patria (H., p. 26). Usano un sonnifero che al risveglio induce uno stato ipnotico, il che rende possibili le prime conversazioni con il ferito. Ma più la conversazione si avvicina all'esperienza dello shock, meno si riesce a tenere il filo e maggiore è il pericolo di ricadere nella rigidità. Durante i mesi di permanenza nel sanatorio i sintomi si attenuano lentamente, ma con questo miglioramento aumenta l'avversione del paziente verso i farmaci. La rigidità si trasforma in uno stato di vigilanza inquieta – Edward divora i libri come se fosse costretto a cercare qualcosa senza essere in grado di specificare cosa. In questa impasse del processo di guarigione, la madre del ferito coglie l'occasione che stava aspettando: esorta i medici a dimettere suo figlio e a prestarlo alle sue cure. I dottori cedono con esitazione alla sua insistenza, con molti avvertimenti sulle difficoltà che aspettano, e solo dopo aver ottenuto il consenso del figlio, anch'egli riluttante.

A questo punto, il lettore potrebbe aspettarsi una sorta di idillio cristiano di amore materno, una specie di "pietà" che include la speranza della resurrezione. Se si dà credito alla madre, il figlio adulto è davvero ancora "una parte di lei" (H., p. 16), e la minaccia alla sua vita è una minaccia alla vita materna. Anche la madre ha reagito alla notizia del destino di suo figlio in modo traumatico con un apatico ritiro in sé stessa. Tuttavia, alcuni dettagli danno adito a sospetti. Nel primo incontro la madre si veste come se avesse un *rendez-vous* con un amante. Quando i medici suggeriscono che potrebbe essere stata "troppo attaccata" a lui, bolla queste osservazioni come "sciocchezze psicoanalitiche" (H., p. 26). Ma è la reazione di Edward che rende il lettore ancora più sospettoso. Il suo primo sguardo su di lei è "pieno di odio e di strazio" (H., p. 17). Anche più tardi in casa dopo il trasloco rimane freddo e riservato, "incredibilmente serio, teso e chiuso, come sé stesse entrando in una zona di pericolo" (H., p. 27). Si coglie che il suo arruolamento volontario in guerra era legato alla volontà di fuggire dalla casa dei genitori e che l'amore della madre è permeato dagli stessi desideri. In una preghiera esprime il suo desiderio di guarire insieme a suo figlio, ma rimane oscuro cosa abbia spinto il figlio lontano dalla casa dei genitori e la madre alla disperazione.

Nella casa dei genitori ritorna l'inquietudine del figlio, che nel frattempo sembrava diminuita; pone incessanti domande a tutti gli interlocutori – domande banali all'inizio, ma che vengono comunque poste con enfasi:

> Era di un'ostinazione furibonda. Insisteva e insisteva. Non aveva nessun riguardo per i tormenti di chi gli stava di fronte. Era la sua malattia, ma la cosa non diventava più accettabile per questo. Edward, il tiranno, sedeva con un'espressione incerta da qualche parte o si avvicinava rumorosamente a qualcuno, ringraziava se ci si informava sulle sue condizioni e già si vedeva sulla fronte aggrinzita che in lui stava prendendo forma una domanda; poi veniva una cosa tirata per i capelli, che non riguardava nessuno, nemmeno lui stesso, e nessuna risposta lo rasserenava. Mancava palesemente il bersaglio con ogni domanda, ma puntava l'arco incessantemente (H., pp. 32-33).

Lentamente diventa chiaro il punto attorno al quale ruotano sempre più le sue domande: di chi è la colpa della guerra e dunque del suo ferimento? Questa domanda va ben oltre la guarigione psicologica, anche se senza una risposta a tale questione è difficile immaginare una guarigione. Ma non tutti quelli a cui viene fatta questa domanda hanno una risposta pronta, specialmente se la questione è rivolta all'intervistato in tono accusatorio. Con tutta la compassione e la comprensione che si può avere, un inquisitore del genere viene evitato volentieri. Un malato non diventa sano facendo ammalare gli altri (cfr. H., p. 33).

È qui che entra in gioco il padre Gordon Allison, del quale non si era ancora fatta menzione. A prima vista, questa figura sembra essere perfettamente adatta a sostenere il figlio nella sua disperata ricerca della verità. Nel romanzo il padre viene presentato come un famoso scrittore che durante la guerra ha contribuito in modo significativo all'"irrobustimento filosofico del fronte" (H., p. 32) scrivendo appelli e saggi. Questo padre, tuttavia, rifiuta con veemenza il ruolo di principale destinatario delle domande del figlio. Non capisce perché il figlio che è andato in guerra volontariamente ora lo ritenga responsabile. Identificare alcuni individui come colpevoli in una storia di violenza di tale portata gli pare "un'interpretazione indicibilmente infantile" (H., p. 33). Dal suo punto di vista le guerre accadono periodicamente "come l'influenza, il tifo, la scarlattina", malattie contro cui non è stata trovata una cura. Pertanto: "Sarebbe dunque stato meglio accettare la guerra e cercare di rendere più benevolo il suo corso" (H., p. 30). Astutamente, il padre introduce un cambiamento fondamentale nella vita comune della famiglia, che è diventata insopportabile per lui. Propone di smettere di discutere di questioni morali e politiche, almeno temporaneamente, abbandonando così una forma di conversazione in cui non è permesso ridere (cfr. H., p. 33). La sua idea è invece quella di raccontare storie. Dice di voler "allontanare la discussione dall'ambito della pura astrazione e avvicinarmi alla verità che in effetti, come Edward suppone, è legata strettamente alle persone e ai destini umani, e non può esserne separata" (H., p. 38). I racconti offrono un mezzo per presentare la propria opinione mediante un esempio, ma senza con ciò ferire gli altri. Non si deve esprimere la propria opinione in faccia all'altro; non si deve nemmeno contraddire direttamente gli altri. Il padre suggerisce di organizzare delle serate dedicate ai racconti alle quali dovrebbero partecipare i membri della famiglia, ma anche altri parenti e amici. È necessario per il successo di queste serate che tutti siano disposti a contribuire e, soprattutto, "seguire con attenzione e con buona volontà" (H., p. 45).

Il potere trasformativo del racconto

Qui troviamo il *terzo passaggio del mio modello*. Infatti, non è la discussione che ci porta oltre la mancanza di parole della persona traumatizzata, bensì il racconto o – laddove questo sia ancora impossibile – l'accesso empatico al racconto degli altri. Ma come già avvenuto rispetto all'implausibile idillio madre-figlio, sarebbe troppo miope confidare semplicemente nel potere curativo della narrazione. Ancora una volta, questa soluzione viene immediatamente minata da Döblin.

La proposta di passare dalla discussione alla narrazione può essere facilmente vista come una manovra diversiva da parte del padre. Inoltre, il primo racconto è preceduto dal breve pezzo di prosa *Lord Crenshaw's Adventures*, che serve in modo apparentemente innocuo a spiegare perché il padre ha questo soprannome: un signore protagonista di un racconto di Gordon Allison, il cui nome deriva da una fermata di autobus a Los Angeles. Gordon aveva infatti scritto una volta la storia di una persona che dimentica la sua identità e che viaggia senza meta per la città in autobus, di cui nessuno si ricorda veramente, ma che sempre più persone sostengono di conoscere; il quale infine vuole recitare in un film nella vicina Hollywood, ma poi scompare misteriosamente dallo studio – non senza aver rapito nel frattempo una giovane attrice del cinema. Questa storia disorientante è stata presa dagli interpreti come una conferma dell'idea foucaultiana del carattere costruito di ogni identità, dietro la quale non si trova alcuna verità preesistente da scoprire (cfr. Fox, 1995). Sarebbe tuttavia più fedele al testo concentrarsi prima sul modo in cui Döblin introduce il direttore delle serate narrative: non come un padre superiore o premuroso, ma come una persona scintillante che sfugge costantemente a ogni chiara definizione. È vero che gli ospiti all'inizio delle serate di narrazione si definiscono in contrasto con la camaleontica figura paterna: "Bene per noi che non siamo come lui. Poiché non abbiamo nulla di troppo. Così pensavano. Pensavano di sapere chi fossero. Ma lo sapevano?". (H., p. 47) Questa domanda aperta suggerisce che anche l'immagine di sé apparentemente ben stabilita degli altri partecipanti viene scossa dalla narrazione.

Cosa succede nella dinamica delle serate di racconti? Due cose: il figlio cambia, ma gli altri partecipanti non rimangono invariati. All'inizio, il figlio ascolta solo "con mezzo orecchio" (H 54), assorto nella sua vita interiore, verso la quale le storie riescono a gettare un ponte solo occasionalmente. Il figlio, tuttavia, mostra sempre più spesso delle reazioni e diventa un partecipante attivo. Vorrei illustrare la complessità del processo quantomeno in riferimento alla prima e alla più lunga delle storie. Il padre esordisce con una storia medievale conosciuta almeno indirettamente dai presenti attraverso una poesia di Swinburne, che appare anche in Ludwig Tieck e Heinrich Heine. Parla di un trovatore che si innamora perdutamente di una donna che non ha mai visto (cfr. Riley 1974). *La Principessa di Tripoli* è un'esagerazione dell'ideale del cavaliere altruista. Nella storia, il cavaliere arriva infine morente a Tripoli, dove la principessa – che ha sentito parlare del suo amore puro – può dargli solo un bacio prima di morire.[21]

La storia viene smontata satiricamente dal padre, il quale inventa un racconto altamente terreno di intrecci erotici, rispetto ai quali le persone coinvolte non vedevano altra via d'uscita se non un riferimento poco convinto a una dimensione puramente ideale. Questa storia assume una vita propria che finisce per rovinare i suoi stessi creatori, ma sopravvive in quanto ideale mitico dell'amore ideale. Con questa narrazione il padre vuole raggiungere diversi obiettivi in una volta sola. Da un lato, come padre, si sente chiamato a introdurre suo figlio all'erotismo, essendo quest'ultimo ancora abbastanza inesperto in questo campo a causa della guerra. Dall'altro lato, viene anche inviato un messaggio a sua moglie, la madre di Edward, che il lettore a questo punto non può ancora decodificare. Soprattutto, però, la narrazione serve a presentare il narratore stesso come qualcuno che guarda il mondo senza illusioni; che riconosce che le idee e i costumi "possono diventare così potenti e trattare gli uomini in modo da far dimenticare loro la propria natura" (H., p. 146), e quanto assurdo possa quindi essere prendere gli ideali alla lettera nelle loro pretese. La brama di verità del figlio viene così privata del suo oggetto. La verità è semplice e banale; non c'è molto da fare con essa, ma è meglio rendersene conto che sprecare la propria vita in sforzi ideali.

Ma il figlio non può trasformarsi così facilmente da disperato cercatore di verità a cinico mondano. Si sente sminuito da alcuni elementi dei racconti di suo padre, che coglie come allusioni a sé stesso, e cerca l'aiuto di sua madre, che gli racconta anche una storia nella solitudine dell'infermeria. È la storia straziante di una madre che si è accordata con suo figlio per aspettarlo a Montmartre a Parigi dopo la guerra, anche se tutto dovesse essere devastato e confuso dalla guerra. Si ritrova così lì ogni giorno, ma il figlio scomparso non appare mai, e questo va avanti fino alla morte della madre. L'amore della madre sembra avvicinarsi a una dimensione ideale, anche se il messaggio è minato dall'appassionata possessività della narratrice nei confronti del figlio Edward. Il padre e la sua comprensione ridimensionante dell'amore sono anche narrativamente avversati – nell'ampio giro di narrazioni – l'ex insegnante della madre, Miss Virginia, vi prende la parola e recita la storia del signorotto che ha perso il suo anello, riassumendone così la morale: "Si vede da questa storia [...] come sia profondamente vivo nell'essere umano, e venga dal suo cuore l'amore puro, dolce, entusiastico, che innalza la donna fino al cielo" (H., pp. 168-169).

Ma il padre trova anche degli aiutanti. La ricerca del proprio Sé e della verità da parte di Edward viene messa in discussione anche da un altro lato. Appare lo zio di Edward, James Mackenzie, che porta con sé esperienze provenienti dalle colonie asiatiche della Gran Bretagna e, con un vago riferimento alla spiritualità indiana, invita Edward ad allontanarsi dall'irrigidimento del suo Sé e a essere invece pronto per una sorta di "auto-rinuncia": un "traboccare verso l'altro, verso il mondo. Che ci adesca al di fuori di noi con le sue bellezze e ci sottrare con le lusinghe al nostro piccolo, stupido ego" (H., p. 225). Il suo contributo alle serate di narrazione è una variante della saga celtica di Re Lear – una variante che si discosta nettamente da quella di Shakespeare e rappresenta la tragedia di un cinghiale selvaggio "che non trovò alcun Dio che potesse domarlo" (H., p. 273). In questa sede non posso entrare nei dettagli delle storie che costituiscono questo romanzo-novella. Nel momento in cui viene letta, ogni storia sviluppa la propria forza d'attrazione. La varietà di allusioni ai miti antichi e cristiani, alla poesia medievale e classica sono servite su un piatto d'argento agli studiosi di letteratura di oggi bramosi di "intertestualità" (Steinmetz, 1997).

Troviamo tale intertestualità anche nel romanzo stesso, nella misura in cui alcune delle storie sono raccontate più volte, sempre comunque in modo diverso. Nel romanzo appare tre volte la leggenda di Santa Teodora che Döblin sembra aver tratto da un'edizione in lingua inglese della raccolta medievale *Legenda Aurea* (cfr. Riley, 1980). Tuttavia, le storie non sono semplicemente variate dall'autore, ma cambiano il loro carattere quasi spontaneamente, in quanto appaiono ogni volta in una nuova luce a causa dello sviluppo della trama (cfr. Düsing, 2004, p. 281). Se tutto ciò è già straordinariamente virtuoso in termini di tecnica narrativa, la seconda parte del libro compie un ulteriore passo avanti. L'azione si svolge ora fuori dalla casa di campagna inglese e diventa sempre più veloce, tanto che non si può più parlare di una cornice statica in cui si raccontano le storie. Uno studioso di letteratura (Auer, 1977, p. 104) ha addirittura riconosciuto in questo un'innovazione profonda da parte di Döblin: "Prima dell'Amleto di Döblin non era mai accaduto che gli eventi sul piano delle storie portassero a nuove, impreviste costellazioni sul piano della trama". Questa rete intertestuale e le sottigliezze narrative soprattutto in relazione al materiale amletico stesso sono state esaminate con la massima cura da altri studiosi (Quack, 2011; Auer 1977; Loquai, 1993).

Questo aspetto può essere lasciato da parte, in quanto in questa sede ci interessa un altro aspetto. Le storie mettono Edward di fronte a una serie di alternative rispetto alla sua ricerca della verità, ognuna delle quali merita quantomeno un momento di legittimità. Ma il protagonista appare rivitalizzato come mai era accaduto dopo il suo ferimento, quando, contro tutte le alternative presentate e contro tutte le spiegazioni della guerra quasi naturali (per esempio economico-materialiste), difende con veemenza il punto che gli sta più a cuore: la responsabilità dell'essere umano per ciò che accade, su piccola e grande scala. Non potendo racchiudere il suo appello su questo punto cruciale in una sola storia, Edward legge invece pagine e pagine di uno scritto di Sören Kierkegaard (1985), con cui si identifica:

> "*Cosa voglio?* Molto semplicemente, voglio onestà. Non sostengo una severità cristiana contrapposta all'attuale indulgenza cristiana.
>
> In nessun modo. Non sostengo né indulgenza, né severità, ma onestà umana. Voglio mettere a confronto l'indulgenza, che rappresenta l'ordinario cristianesimo per un paese, con il Nuovo Testamento, per vedere come i due si rapportano l'uno all'altra.
>
> Se io o qualcun altro riusciamo a dimostrare che questo cristianesimo è conciliabile con il cristianesimo del Nuovo Testamento, in tal caso accetterò questo risultato con la massima gioia. Ma c'è una cosa che non voglio a nessun prezzo: non voglio, con silenzi e sotterfugi, cer-

> care di dare l'impressione che il cristianesimo ordinario del paese e il cristianesimo del Nuovo Testamento si assomiglino.
> Ecco, questo non lo voglio. E perché no? Beh, perché voglio onestà" (H., pp. 188-189).

E qualche pagina dopo, con un linguaggio più marcatamente teologico:

> Se Dio, per misericordia, ciò nonostante ci deve accettare come cristiani, allora una cosa, certo, si deve pretendere, che noi, ben consapevoli dell'istanza, si abbia l'idea di quanto sia infinita la misericordia che ci viene mostrata.
> Fino a un punto non può arrivare la misericordia in nessun caso, una cosa non deve mai accadere: non può mai essere usata per tacere o per svilire tale istanza (H., p. 192).

Un nuovo senso e nuovi valori

Con questa richiesta incondizionata di onestà e contro ogni tentativo di distrazione, il figlio apre lo spazio necessario a quello che io chiamo il *quarto passo*: la costituzione di nuovi significati e nuovi valori a partire dalla narrazione dell'esperienza della violenza. Nel mio lavoro a partire dal volume *Come nascono i valori* (Joas, 1997, 2021) ho cercato di individuare due caratteristiche delle esperienze da cui emergono nuovi impegni al valore per l'individuo o forse anche nuovi valori per gruppi, società o culture attraverso da due caratteristiche: evidenza soggettiva e intensità affettiva. In tal modo per l'essere umano è possibile riconoscere qualcosa come evidentemente buono o cattivo in un modo che non richiede alcuna giustificazione razionale. Al contrario, tale evidenza può piuttosto rappresentare la base di certezza dei suoi tentativi di giustificazione. Non si tratta di un'opinione o un gusto che può essere scambiato senza conseguenze significative: questi nuovi valori sono costitutivi della comprensione di sé e del rapporto con il mondo, allo stesso modo in cui lo erano i vecchi valori. Queste due caratteristiche si danno nelle esperienze "positive", entusiastiche, costitutive di valori, in cui sperimentiamo con entusiasmo i modi in cui veniamo trascinati oltre i limiti del nostro sé. Troviamo evidenze soggettive di intensità affettiva anche nelle esperienze "negative" di violenza e paura, in cui i confini del nostro Io vengono infranti contro la nostra volontà, o in cui diventiamo consapevoli della nostra vulnerabilità e finitudine in altri modi. Ma esse devono essere prima sollevate, prima articolate, e questo è precisamente ciò che accade o può accadere nella narrazione. Nell'opera narrativa di Döblin il figlio lotta per questo significato, per l'intuizione risolutiva che gli permetta di vivere in modo significativo con ciò che ha vissuto, per quanto terribile e insensato possa essere.

Questa intuizione va trovata a due livelli: a livello di interpretazione storico-politica della storia della violenza nel XX secolo e a livello dei problemi psicologici degli individui e dei loro contesti familiari. Lentamente, "nel suo modo psicoanalitico" – come commenta lo stesso Döblin in una lettera alla sua confidente di lunga data Yolla Niclas (Schoeller, 2011, p. 651) – il figlio scopre come l'esperienza di violenza perpetrata dal padre nel matrimonio e nella famiglia lo abbia formato, e quanto l'esperienza della violenza bellica sia già stata plasmata in precedenti esperienze di violenza. Il trauma del soldato diventa visibile in quanto rinnovata traumatizzazione della violenza esperita in famiglia.

Esattamente in tale passaggio si pone con urgenza la questione del collegamento tra i due livelli. Sarebbe ridicolo cercare la risposta alla grande questione della colpa delle guerre e della violenza di Stato nelle strutture di violenza interne alla famiglia. Ma non sarebbe plausibile nemmeno il contrario, ossia aspettarsi che il superamento della storia militare-politica della violenza produca il superamento della violenza familiare. Nel romanzo il figlio finisce inoltre per cadere in un altro pericolo: collegare il particolare e il generale, la famiglia e la politica così strettamente da perdere di vista gli obblighi verso il prossimo. Spinto da una kierkegaardiana "passione per la domanda" e da un'etica radicale dell'onestà, il figlio agisce in modo spietato e non privo di autocompiacimento morale. È un paziente, un analista, uno storico, un pubblico ministero e un giudice in una sola persona, ma non è un figlio e un essere umano affettuoso. Gli effetti delle sue insistenti domande verso gli altri non toccano in alcun modo la sua immagine di sé stesso.

Lo scuotersi dei legami sociali

Questi effetti sono tuttavia drammatici. Il quinto momento del mio modello consiste nel prestare attenzione alle scosse che ogni nuova costituzione di significato e valore comporta rispetto ai legami sociali trasmessi. Nel momento in cui i nuovi valori e significati si affermano, questi effetti possono darsi a entrambi i livelli – quello dell'ambiente prossimo alle persone interessate, e quello della società nel suo complesso. Nel romanzo di Amleto soltanto gli effetti sull'ambiente immediato dell'eroe assumono una forma coerente. In famiglia e nella cerchia degli amici che partecipano alle serate di narrazione emergono idee molto diverse rispetto alla giustificazione della richiesta di onestà incondizionata. Anche l'esperienza dell'evidenza soggettiva non viene facilmente condivisa. Le narrazioni non si svolgono in un contesto idillico di chiacchierate da piazzetta, né rientrano nel quadro di una conversazione borghese attorno al caminetto, anche se la "l'ampia stanza, la biblioteca di una villa di campagna" (H., p. 45) potrebbero suggerirlo. Al contrario, in questa "arena" (Ibidem) si scatena, prima velatamente, e poi in modo sempre più aperto, una battaglia di interpretazioni che non risparmia nulla. Nessuno racconta qualcosa capace di accomunare: "ogni storia è un attacco nascosto e una difesa" (Muschg, 1985, p. 576). Le storie raccontate rivelano i tratti dei narratori. Le storie vengono discusse attraverso la conversazione, vengono relativizzate o ripudiate da nuove storie o da rivisitazioni mutevoli. La narrazione si mostra come un processo a più voci su cui nessuno dei partecipanti ha il controllo. Non esiste più una chiara divisione dei ruoli tra sani e malati o tra colpevoli e innocenti. È quindi logico che la battaglia indiretta, inizialmente condotta attraverso le serate di narrazione, si trasformi in uno scontro fisico diretto. Quando la madre, attraverso il camuffamento narrativo, arriva a negare che il vero padre di Edward sia il marito, quest'ultimo si irrita all'estremo e diventa violento nei confronti della moglie. Entrambi i genitori fuggono, e il figlio così capisce che la sua insistenza ha finito per avere effetti distruttivi su un matrimonio che da tempo si era trasformato in un rapporto di ostilità nascosta e di reciproca dissimulazione. Mentre proseguono il loro viaggio, i genitori sperimentano concretamente nella realtà molto di ciò che avevano solamente inscenato nei loro racconti. Infine, si ritrovano insieme di fronte alla morte. Solo questo aiuta il figlio a vivere una "nuova vita", come si legge alla fine del libro. La lunga notte di bugie e di lutti si conclude così.

Esistono due varianti di questo finale e una controversia sul significato della modifica apportata da Döblin (cfr. Riley, 1972). Nella versione originale alla fine il figlio decide di entrare in un monastero – come indicato da molti presagi nel libro. La casa editrice di Berlino Est che ha pubblicato per prima il libro non era però soddisfatta. L'editore incaricato chiese a Döblin di rivederlo, e quest'ultimo intervenne effettivamente sul testo, facendo sì che Edward rifiutasse di entrare in monastero e intraprendesse una vita attiva e mondana. La controversia riguarda la seguente questione: si è trattato di una mossa opportunistica da parte dell'autore, un segno della debolezza del suo orientamento religioso, o di una revisione assolutamente coerente del manoscritto, che era già vecchio di un decennio? Personalmente concordo con chi non riconosce una rottura in questo cambiamento: sarebbe sbagliato considerare solo la vita contemplativa e non anche la vita activa come uno stile di vita cristiano (Riley, 1974, p. 347). Anche nella nuova versione rimane il fatto che Edward ha "devoluto tutti i beni del padre a un istituto di beneficenza sanitaria, trattenendo per sé stesso solo il necessario" (H., p. 640, tr. it. leggermente modificata).[22]

Questioni morali, lotte politiche, atteggiamenti religiosi

Entrambe le soluzioni, tuttavia, sostengono il sesto e ultimo passo del mio modello, ossia l'inevitabilità di estendere le questioni politico-morali a quelle esistenziali-religiose. Per quale motivo? In riferimento alla guarigione psichica del soldato traumatizzato si è già parlato dei pericoli della scortesia, dell'egocentrismo di chi vede sé stesso – e solo sé stesso – come una vittima, e non supera la fissazione sul proprio passato. Questo pericolo esiste anche a livello delle spiegazioni e convinzioni politico-morali, anche nel caso in cui esse siano in gran parte vere. Ogni spiegazione di questo tipo costruisce potenzialmente un'immagine del nemico. Questo riferimento non è inteso solo come un invito a chiarire quale ruolo la propria parte abbia svolto nel passato o svolga attualmente nell'escalation delle ostilità. Sebbene tale questione sia eticamente ed empiricamente imperativa, è possibile che si debba rispondere in termini di massima innocenza. Gli ebrei europei, o i rom e sinti vittime dell'Olocausto non devono ovviamente discutere la propria colpa. Ma non appena la sofferenza di persone innocenti viene usata per giustificare nuove azioni, ecco che sorge il problema. Ripensando alla sua epopea in versi Manas in cui un principe indiano entra nel regno dei morti, Doblin nell'epilogo del "1948" parla dell'esperienza di qualcosa che ci unisce come esseri umani – anche al di là dello scontro mortale: "Siamo tutti uno e lo stesso, fratelli, gli assassini e gli assassinati, il carnefice e le sue vittime" (Döblin, 1986, p. 311). Non leggo queste frasi come un vuoto pathos umano, ma come la volontà di percepire in noi stessi il potenziale di violenza e persino di amare i nostri nemici.

Il passaggio alla dimensione religioso-esistenziale non va quindi inteso come una fuga dalla spiegazione razionale della storia o dal confronto con il bisogno psicologico di salvezza, ma come una loro componente necessaria. Il racconto (autobiografico) della propria storia, il racconto (storico) della storia del proprio popolo o stato o umanità, e il racconto (mitologico) della storia della salvezza sono intrecciati e tuttavia distinguibili l'uno dall'altro. È esagerato, tuttavia, attribuire a Döblin e al suo romanzo *Amleto* l'idea di "onnipotenza e potere curativo della narrazione" (Schoeller 2011, p. 12) in termini forti e assoluti.[23]

È vero che la narrazione permette di articolare le esperienze e di costituirne il significato. Ma Döblin ha incluso nel suo libro anche numerose relativizzazioni della portata della narrazione, e non ha lesinato riflessioni sulla sua ambivalenza. Il più grande narratore del libro è in fin dei conti il padre, che si preoccupa solo di sviare la verità e le responsabilità. È insufficiente anche una narrazione puramente storica che non presenti la storia come opera di agenti e non la metta in relazione con le possibilità di azione di chi vive oggi. Anche l'onesto collegamento dei due livelli in senso esistenzialista si astiene dal riflettere radicalmente sulle condizioni dell'autonomia individuale in termini di doveri. Gli esistenzialisti disincantano il mondo, ma non la libertà di scelta dell'individuo e si chiudono così rispetto alla domanda sul fondamento di questa stessa autonomia (cfr. Taylor, 2011; Geißler, 1982). I miti e le religioni sono raccontati a partire da questa base, ma anche queste narrazioni non sono fissate in perpetuo. Devono essere sempre considerate e raccontate nuovamente nel tempo e in condizioni sempre diverse, il che implica la possibilità della critica e del rifiuto. È noto che Alfred Döblin, quanto meno a partire dal suo esilio californiano, ha visto il punto di fuga di tutte le sue riflessioni nella conversione al cristianesimo. Tuttavia, ancora oggi si discute se questa conversione rappresenti una mera fase ulteriore di uno sviluppo della personalità completamente confuso ed erratico per quanto riguarda il religioso (cfr. Schoeller, 2011, pp. 16-18), o al contrario "il punto finale di un lungo percorso, il diventare visibile di una linea presente per molto tempo" (cfr. Weyembergh-Boussart, 1970, p. 7).

Entrambe le interpretazioni sembrano esagerate. Certamente non mancavano in precedenza i primi segni del fatto che Döblin – un ebreo cresciuto in modo laico – non fosse indifferente o sordo al richiamo religioso. È nota la sua dichiarazione in una lettera scritta da Friburgo a Else Lasker-Schüler a Berlino dopo una visita alla cattedrale il 10 novembre 1904: "Forse tornerò a essere molto religioso, ogni tanto mi viene in mente". Anche nelle fasi biografiche in cui tendeva alla critica della religione o alla speculazione mistico-naturale si trovano prese di distanza da un "liberalismo illuminato che irride le religioni e le considera cibo di massa" (citato in Sölle, 1973, p. 326). Ma ovviamente non ci si può fidare di stilizzazioni retrospettive che tracciano un percorso rettilineo.

Non solo l'Amleto, ma anche il grande romanzo sulla Rivoluzione tedesca di novembre del 1918/19 fu concepito da Döblin come un romanzo cristiano. Ma questa designazione può essere facilmente fraintesa, perché per molti suona come se un evento storico carico di emotività fosse in tal modo costretto in un quadro interpretativo fisso e falsamente consolatorio. Nella sua ampia e brillante interpretazione di questo romanzo Helmuth Kiesel ha invece giustamente caratterizzato lo stile narrativo di Döblin non in senso "storico-salvifico", ma come un tentativo di interrompere una storia di disastri (Kiesel, 1986, p. 310). Come molti hanno già riconosciuto (ad esempio Auer, 1977, p. 137), la figura centrale del reduce di guerra Friedrich Becker è molto simile all'Edward del romanzo di Amleto, rappresentando una "sonda" che in questo caso indaga radicalmente sul modo in cui un cristiano avrebbe dovuto comportarsi nella rivoluzione tedesca del 1918/19 – un cristiano, si badi bene, non nel senso di un'appartenenza a un qualche specifico ambiente culturale e sociale, ma nel senso di un'assunzione di responsabilità autentica e di un orientamento verso la pretesa etica dell'universalismo cristiano. In questo romanzo "cristiano" Karl Liebknecht e Rosa Luxemburg sono rappresentati come incarnazioni di questo impegno e come martiri di una buona causa, ossia "l'idea di un'umanità liberata" (Niggl, 2005, p. 120). Questa concezione del "cristiano" adottata da Döblin era ovviamente molto lontana dallo spirito cattolico occidentale della Repubblica federale di Adenauer. Heinrich Böll lo riconobbe con simpatia quando scrisse che Döblin "sarebbe stato uno di quei grandi autori ai quali si sarebbe potuta applicare l'etichetta di "cristiano" e che l'avrebbero accettata; non fu riconosciuto, non fu accettato, e questo in un Paese, in uno Stato, in una società che si definiscono cristiani" (Böll, citato in Quack, 2011, p. 269).

Considerato troppo cristiano da alcuni, guardato con sospetto dai cristiani per via del suo radicalismo: questo è probabilmente il motivo per cui le grandiose opere tarde di Döblin non hanno mai ricevuto un'attenzione diffusa in Germania, nonostante la loro intensità linguistica e la loro epica potenza creativa. A eccezione di Max Weber, non conosco nessuno che abbia trattato la diversità delle religioni (dai miti degli indiani dell'Amazzonia alla ribellione contadina di ispirazione taoista in Cina) e le contingenze della vita moderna in modo così ingegnoso e produttivo come ha fatto Döblin nelle sue opere. Profondamente plasmato dal protestantesimo e dal pessimismo, lo studioso-intellettuale Weber riteneva che un cristianesimo (e un ebraismo) vitale contemporaneo fosse impossibile, o in alternativa possibile solo a prezzo di un *sacrificium intellectus*. L'ebreo Döblin, innatamente laico, cresciuto povero e politicamente di sinistra, non si chiude nella visione tragica di un processo di disincanto e di razionalizzazione sempre in corso. L'elemento cristiano nelle sue opere, tuttavia, è altrettanto poco una storia di salvezza già pronta. Al lettore non viene presentata un'interpretazione cristiana, soprattutto se essa presuppone un'autorità istituzionale sullo sfondo (cfr. Schmidt, 1994, p. 205 e ss.). Piuttosto la narrazione di Döblin rappresenta una sfida, un'offerta all'individuo che tuttavia deve dimostrare la sua credibilità come via d'uscita dalla storia della violenza e di fronte al coinvolgimento di ciascuno in essa. La narrazione non è una via d'uscita dalla violenza né in quanto pratica benevolmente terapeutica, né in quanto soluzione autorevole-didattica, ma solo come sfida esistenziale per formare una nuova storia.

NOTE

[16] L'originale tedesco è presente nel libro omonimo H. Joas, *Die Lange Nacht der Trauer. Erzählen als Weg aus der Gewalt?*, Psychosozial-Verlag, Gießen, 2015, pp. 15-45.

[17] Corradini parla esplicitamente della "modernità della Guerra" nell'articolo "La guerra" nella rivista *Il regno 1* (1904), 4, pp. 2-4, qui citato secondo la ristampa (Corradini, 1960, p. 483).

[18] Il centenario dello scoppio della Prima guerra mondiale ha portato a un grande numero di nuove importanti pubblicazioni. Vorrei menzionare l'eccezionale Leonhard (2014). Sullo sviluppo del concetto

di guerra, cfr. Joas/Knöbl (2008); Leonhard 2008. Sul ruolo del Guerra civile americana, si vedano in particolare le varie opere di Stig Förster (ad esempio, il suo saggio del 1996).

19 [Citiamo dalla traduzione italiana dell'edizione Döblin 1987. Seguendo lo stile dell'autore, tutte le citazioni nel seguito sono indicate da H più numero di pagina. N.d.t.].

20 Inoltre, va sottolineato come Döblin si sottopose, forse attorno al 1920, a un'analisi formativa con Ernst Simmel. Simmel aveva "stabilito questo ambito patologico nel 1918 [...] con la penetrante antologia su 'Guerra e trauma psicologico', di cui Freud scrisse una prefazione, e con verve lo liberò dalla condiscendenza dei medici dello staff secondo cui i soldati feriti mentalmente erano solo dei malandrini o degli scansafatiche" (Schoeller 2011, p. 210f.).

21 Questa storia non ha perso il suo fascino nemmeno ai nostri tempi. La compositrice finlandese Kaija Saariaho ha composto la sua opera *L'amour de loin* ispirandosi a essa.

22 Mi sembra del tutto inverosimile Schoeller (2011, p. 813) quando considera il finale modificato come l'indicazione di un affievolimento della pietà di Döblin. Stephan Döblin, figlio dell'autore e ancora in vita, ha smentito Schoeller su questo punto in una lettera dell'11 novembre 2011, basata su ricordi personali. La lettera è disponibile su literaturkritik.de, gennaio 2012.

23 A onor del vero, va aggiunto che Schoeller afferma che anche la narrazione è "allo stesso tempo un atto di esibizione" (*Ibidem*).

BIBLIOGRAFIA

AUER M., *Das Exil vor der Vertreibung. Motivkontinuität und Quellenproblematik im späten Werk Alfred Döblins*, Bouvier, Bonn, 1977.

CORRADINI E., *La guerra* in *La cultura italiana del '900 attraverso le riviste ("Leonardo", "Hermes", "Il Regno")*, vol. 2., a cura di D. C. Frigessi, Einaudi, Torino, 1960, pp. 482-485.

DAVIES S., *»Vergangenheitsbewältigung« and Memory Contests in Döblin's »Hamlet«* in *«The Modern Language Review»*, 108 (2013), pp. 898-920.

DÖBLIN A., *Bemerkungen zum Roman in Id. Schriften zu Ästhetik, Poetik und Literatur*, a cura di Erich Kleinschmidt, Walter, Olten/Freiburg 1989, pp. 123-127.

DÖBLIN A., *Epilog.* In: Id. *Schriften zu Leben und Werk*, Olten/Freiburg, Walter 1986, pp. 304-321.

DÖBLIN A., *Hamlet oder Die lange Nacht nimmt ein Ende*, dtv, München 1987, tr. it. di L. Grevel, Amleto, *La lunga notte sta per finire*. Edizioni Clichy, Firenze, 2014.

DURZAK M., *Flake und Döblin. Ein Kapitel in der Geschichte des polyhistorischen Romans* in «Germanisch-Romanische Monatsschrift», 20 (1970), pp. 286-305.

DÜSING W., *Erinnerung und Identität. Untersuchungen zu einem Erzählproblem bei Musil, Döblin und Doderer*, Fink, München, 1982.

DÜSING W., *Döblins »Hamlet oder die lange Nacht nimmt ein Ende« und der Novellenroman der Moderne* in *Internationale Alfred-Döblin-Kolloquien*, a cura di W. Stauffacher, Münster, 1993, pp. 271-282.

DÜSING W., *The Tragedy of Truth: Döblin's Novel »Hamlet oder Die lange Nacht nimmt ein Ende«* in *A Companion to the Works of Alfred Döblin*, a cura di R. Dollinger, W. Koepke, H. Thomann Tewarson Camden House, Rochester N.Y., 2004, pp. 271-289.

FÖRSTER S., *Vom Volkskrieg zum totalen Krieg? Der amerikanische Bürgerkrieg 1861–1865, der Deutsch-Französische Krieg 1870/71 und die Anfänge moderner Kriegsführung in Deutschland in den internationalen Beziehungen des 19. Und 20. Jahrhunderts. Festschrift für Josef Becker zum 65. Geburtstag*, a cura di W. Bernecker, V. Dotterweich Ernst Vögel, München, 1996, pp. 71-92.

FOX W., *Die Identitäten des Lord Crenshaw in Internationales Alfred-Döblin-Kolloquium*, a cura di M. Grunwald, Peter Lang, Bern, 1995, pp. 227-243.

GEISSLER R., *Die Suche nach Wahrheit in Döblins Hamlet-Roman. Literatur für Leser* in «Zeitschrift für Interpretationspraxis und geschichtliche Texterkenntnis», 5 (1982), pp. 110-128.

JENS W., *Alfred Döblin* in Id., *Zueignungen. 12 literarische Portraits*, Piper, München, 1962.

JOAS H., *Come nascono i valori*, Quodlibet, Bologna, 2021.

JOAS H., *Kriege und Werte. Studien zur Gewaltgeschichte des 20. Jahrhunderts*, Velbrück Wissenschaft, Weilerswist, 2000.

JOAS H., *Abbiamo bisogno della religione?*, Rubbettino, Soveria Mannelli, 2010.

Joas H.-Knöbl, W., *Kriegsverdrängung. Ein Problem in der Geschichte der Sozialtheorie*, Suhrkamp, Frankfurt a. M., 2008.

Joas H., *Die Sakralität der Person. Eine neue Genealogie der Menschenrechte*, Suhrkamp Berlin 2011, tr. it. di A. Maccarini, *La sacralità della persona. Una nuova genealogia dei diritti umani*, Franco Angeli, Milano, 2014.

Karlavaris-Bremer U., *»Es war die Liebe, es war die Welt, es war der Mensch.« Entdeckungen und Überlegungen zu einer Episode in Döblins »Hamlet«-Roman in International Alfred-Döblin-Kolloquium*, a cura di W. Stauffacher, Peter Lang, Bern u. a. 1991, pp. 181-188.

Kierkegaard S., *Was ich will?* (1855) in Id., *Der Augenblick. Aufsätze und Schriften des letzten Streits*, Mohn Gütersloh, 1985, pp. 48-52.

Kiesel H., *Literarische Trauerarbeit. Das Exil- und Spätwerk Alfred Döblins*, Niemeyer Tübingen, 1986.

Leonhard J., *Bellizismus und Nation. Kriegsdeutung und Nationsbestimmung in Europa und den Vereinigten Staaten 1750–1914*, Oldenburg München, 2008.

Leonhard J., *Die Büchse der Pandora. Geschichte des Ersten Weltkriegs*, C. H. Beck, München, 2014

Leys R., *Trauma. A Genealogy*, University of Chicago Press, Chicago, 2000.

Loquai F., *Hamlet und Deutschland. Zur literarischen Shakespeare-Rezeption im 20. Jahrhundert*, Metzler, Stuttgart, 1993, pp. 115-128.

Muschg W., *Alfred Döblins Hamlet*, in *Döblin, A., Hamlet oder Die lange Nacht nimmt ein Ende*, dtv, München, 1987, pp. 575-579.

Niggl G., *Das Spätwerk Alfred Döblins* in Id., *Zeitbilder. Studien und Vorträge zur deutschen Literatur des 19. und 20. Jahrhunderts*, Königshausen & Neumann, Würzburg, 2005.

Pesch L., *Rezension von Döblins Hamlet-Roman*, in *Alfred Döblin im Spiegel der zeitgenössischen Kritik*, a cura di I. Schuster - I. Bode, Francke, Bern/München, 1973, pp. 445-450.

Quack J., *Diskurs der Redlichkeit. Döblins Hamlet-Roman*, Königshausen & Neumann, Würzburg, 2011.

Riley A. W., *Zum umstrittenen Schluß von Alfred Döblins »Hamlet oder Die lange Nacht nimmt ein Ende«* in *«Literaturwissenschaftliches Jahrbuch der Görres-Gesellschaft»*, 13 (1972), pp. 331-358.

Riley A. W., *Jaufré Rudel und die Prinzessin von Tripoli. Zur Entstehung einer Erzählung und zur Metamorphose der Legende* in *Alfred Döblins Hamlet-Roman in Festschrift für Friedrich Beißner*, a cura di U. Gaier, - W. Volke, Rotsch Bebenhausen, 1974, pp. 341-358.

Riley A. W., *Ein deutscher Lear? Zu einigen Quellen in Alfred Döblins »Erzählung vom König Lear« in seinem Hamlet-Roman* in. *Akten des V. Internationalen Germanisten-Kongresses*, Cambridge, Heft 3. a cura di L. Forster, - H. G. Roloff, Peter Lang, Bern, u. a. 1976, pp. 475-482.

Riley A. W., *»De Sancta Theodora«: Eine Vita der »Legenda aurea« des Jacobus de Voragine in Alfred Döblins Hamlet-Roman*. In: Rupp, H. - Roloff, H.-G. (a cura di), *Akten des VI. Internationalen Germanisten-Kongresses*, Peter Lang, Basel, 1980, pp. 478-484.

Riley A. W., *»Vom Knappen, der seinen Ring verlor«. Notizen zu einer Erzählung in Alfred Döblins Hamlet-Roman*, in, W., *Zeit der Moderne. Zur deutschen Literatur von der Jahrhundertwende bis zur Gegenwart*, a cura di H. Krummacher - H. Martini - F. Müller-Seidel, Kröner Stuttgart, 1984, pp. 143-159.

Sander G., *Alfred Döblin*. Reclam Stuttgart, 2011.

Schmidt S., *»Handlanger der Vergänglichkeit«. Zur Literatur des katholischen Milieus*, Paderborn Schöningh, 1994.

Schoeller W. F., *Döblin. Eine Biographie*, Hanser München, 2011.

Sebald W. G., *Der Mythos der Zerstörung im Werk Döblins*, Klett Stuttgart, 1980.

Snyder T., *Bloodlands. Europa zwischen Hitler und Stalin*, C. H. Beck, München, 2011.

SÖLLE D., *Realisation. Studien zum Verhältnis von Theologie und Dichtung nach der Aufklärung*, Luchterhand Darmstadt/Neuwied, 1973.

STEINMETZ H., *Hamlet oder Die lange Nacht der Internationalität* in *Internationales Alfred-Döblin-Kolloquium*, a cura di G. Sander, Peter Lang Bern u. a. 1997, pp. 237-246.

TAYLOR CH., *Disenchantment-Reenchantment in Id., Dilemmas and Contradictions. Selected Essays*, Harvard University Press, Cambridge, Mass., 2011, pp. 287-302.

WEYEMBERGH-BOUSSART M., *Alfred Döblin. Seine Religiosität in Persönlichkeit und Werk*, Bouvier Bonn, 1970.

ZIOLKOWSKI TH., *Modes of Faith. Secular Surrogates for Lost Religious Belief*, University of Chicago Press, Chicago, 2007.

Tra destino e volontà. Il notturno letterario di Mircea Eliade

Emanuele Curcio

Il ruolo della letteratura in rapporto al mito

Il mito per Eliade non è un semplice racconto inventato, una storia falsa in precedenza creduta vera, ma una storia sacra, che proclamando le gesta e le azioni di divinità, eroi e uomini, istituisce, fonda, dà un senso normativo e culturale a quel presente in cui l'uomo agisce e vive. Infatti, per Eliade, tutto ciò che è sprovvisto di un modello e di un'esemplarità è privo di realtà, non possiede alcuna consistenza di ordine ontologico per l'uomo. Mentre per l'uomo arcaico ciò che è accaduto in precedenza è storia sacra, per l'uomo moderno non lo è. Per l'uomo moderno la storia è demitizzata, spogliata cioè di quegli elementi immaginari e sacrali che le si pongono a fondamento, ed essendo irreversibile, presenta sempre dei caratteri, degli elementi di novità e di differenziazione rispetto al passato. Secondo Eliade, il simbolismo di un passato arcaico radicato nel mito non è scomparso dalla modernità, ma si è spesso celato, nascosto e trasfigurato all'interno di ogni sfera della cultura moderna e anche contemporanea (Eliade, 2004, pp. 49-67). Se le società moderne, secondo Mircea Eliade, si definiscono tali perché hanno portato avanti una desacralizzazione della natura e della realtà, è pur vero che in esse è possibile rinvenire una dimensione mitica arcaica, cioè culturalmente fondativa in quanto riferimento esemplare del passato. Nello specifico essa si incontra nei sogni, nelle fantasie, nelle cerimonie laiche e pubbliche, nelle nostalgie degli uomini e dei grandi gruppi sociali. E ancora, il mito si ritrova nei prodotti culturali come il racconto popolare, la leggenda, la saga, l'epica, la ballata o il romanzo. Infatti, nel mondo moderno e contemporaneo gran parte delle opere letterarie, artistiche o musicali sono assai spesso state plasmate su miti o erette a tali. Si pensi ad esempio ai miti moderni intorno a Don Giovanni, al Barone di Münchausen, ad Amleto, a Paracelso, a Barbablù, a Don Chisciotte, a Faust, a Guglielmo Tell, a Robin Hood e alle loro differenti trasposizioni in campo cinematografico, artistico, musicale oltre che letterario (Stapper, Altena, Uyen, 1998).

Questo accade non soltanto perché le rivisitazioni o le riprese di alcuni miti moderni possono avere ereditato la funzione dei miti arcaici, ma perché l'archetipo che è sotteso in un mito qualsiasi sopravvive e lavora sempre, anche quando viene degradato, quando cioè subisce uno svilimento che sembra possa farlo apparire morto. Infatti, gli archetipi o i modelli paradigmatici che sono trasmessi da tempi e spazi lontani non scompaiono mai del tutto, non perdono il loro potere di riattualizzazione nel presente, semplicemente si nascondono e si camuffano nelle produzioni culturali sopra menzionate.

> Si sa che l'epica e il romanzo, come gli altri generi letterari, prolungano su un altro piano e per scopi diversi la narrazione mitologica. In ambedue i casi, si tratta di rac-

contare una storia significativa, di riportare una serie di avvenimenti drammatici che sono accaduti in un passato più o meno favoloso (Eliade, 1963, p. 227).

Il mito può quindi celarsi sotto molteplici profili culturali: nel cinema, nell'arte, nel teatro, nella musica e in tutte quelle forme artistiche che, come il romanzo, hanno il loro perno intorno a una narrazione. Il romanzo, in particolare, inizia così a occupare uno spazio centrale nella nostra modernità tramite un ruolo di intrattenimento, esattamente come lo occupavano quelle leggende presenti nelle tradizioni popolari e folkloriche o i miti nelle civiltà arcaiche.

Sebbene secondo Eliade la letteratura e tutte le forme narrative restino, seppur tacitamente, in contatto con l'universo spezzato del mito, non tutti sarebbero d'accordo nel considerare quest'ultimo al pari del romanzo o di altre forme di racconto. Si potrebbe convenire che il mito è universale, nel senso che abbraccia l'intera creazione primitiva e arcaica dell'umanità, mentre il romanzo è particolare. Da un punto di vista storico, il romanzo è un prodotto moderno, anch'esso figlio del suo tempo. Tuttavia, esso può mantenere un carattere di continuità rispetto al mito sia relativamente a una ripresa o a una sedimentazione di alcuni atti archetipici, come riteneva Gilbert Durand, sia per la funzione che esso può svolgere a livello sociale o critico-culturale, come voleva Lukács che in *Problemi di teoria del romanzo* parlava di "romanzo come epopea borghese". Un altro punto in comune inoltre è che, come accade per il mito, il romanzo permette l'elaborazione di modelli letterari che, condensandosi in una forma esemplare, si riflettono ad esempio nella suddivisione di generi letterari, come riteneva Northrop Frye all'interno de *L'anatomia della critica*.

Quali che siano la sua natura e il suo rapporto specifico con il romanzo, il mito è anzitutto un racconto, ma è un racconto – a detta di Eliade – che utilizza un linguaggio non razionale, simbolico, e in virtù del suo legame con la letteratura dischiude a una apertura esistenziale di ordine metafisico. Se ad esempio, con Freud, il mito non è altro che un'ideazione infantile, inconsueta e anomala dell'umanità primitiva di cui l'esistenza dell'uomo deve potersi liberare, per Eliade così come per Kerényi, l'aspirazione e l'estensione universale del mito costituiscono lo sfondo su cui si regge l'intera ricchezza dell'esistenza umana che la letteratura riesce a riprodurre. Se per Kerényi è possibile ritrovare l'origine del romanzo anche in numerosi autori del mondo antico greco e latino – nei primi scrittori di età ellenistica come Eliodoro, Longo Sofista (*Gli amori pastorali di Dafni e Cloe*), Senofonte efesino (*Efesiache*), Caritone (*Avventure di Cherea e Calliroe*), ma anche romanzieri latini come Petronio (*Satyricon*) o Apuleio (*Le metamorfosi*) – in quanto avevano per primi operato un primo processo di secolarizzazione (Kerényi, 2014 [1955], pp. 491-681), per Eliade sembra si possa parlare di romanzo solo a partire dalla modernità. Eliade a differenza di Kerényi ritiene che la letteratura e il romanzo portino l'impronta degradata del sacro anche nella modernità, ma in linea con Kerényi sembra che vi sia comunque una assimilazione tra esperienza e narrazione.

Insomma, per Eliade il mito ha una continuità diretta nella contemporaneità ed è possibile constatarlo proprio grazie alla letteratura.

> È ben noto che la letteratura, orale o scritta, è figlia della mitologia e che ne eredita le funzioni: raccontare delle avventure, raccontare cos'è successo di significativo nel mondo. Ma perché mai è tanto importante sapere quel che succede, sapere cosa accade alla marchesa che prende il tè alle cinque? Credo che ogni narrazione, anche quella di un fatto banalissimo, prolunghi le grandi storie

> raccontate dai miti che spiegano in che modo questo mondo è nato e come mai la nostra condizione è quella che noi oggi conosciamo. Penso che l'interesse per la narrazione fa parte del nostro modo di essere al mondo. Essa corrisponde al bisogno che abbiamo di comprendere, quel che è successo, quel che hanno fatto gli uomini, ciò che possono fare: i rischi, le avventure, le prove di ogni sorta. Non siamo qui come pietre, immobili, oppure come fiori o degli insetti, la cui vita è perfettamente tracciata: si amo esseri d'avventura. E mai l'uomo farà a meno di ascoltare storie (Eliade, 2002 [1978], p. 152).

Eliade sembra sottolineare l'importanza della letteratura e della narrazione in quanto esse manifestano quel rapporto fondamentale che l'uomo moderno e contemporaneo intrattiene con la vita quotidiana, esattamente come il mito si fa portavoce della relazione primaria che legava l'uomo arcaico al mondo e all'ambiente circostante, e a loro volta riattualizzano il modo in cui il sacro esprimeva un rapporto diretto con l'essere umano. Ma questo rapporto che l'uomo intrattiene con il mondo è aperto e in divenire: in ambedue i casi, la narrazione permette così di tracciare sentieri, rotte, destini differenti e immaginare nuovi mondi attraverso un'attività creativa. Un ulteriore elemento di continuità tra la letteratura e il mito, secondo Eliade, è certamente costituito dal fatto che entrambi condividono spesso universi legati a un immaginario collettivo; inoltre, il mito, soprattutto quello delle origini, rivela un fondamento del mondo che avviene grazie a una creazione così come le storie rivelano la possibilità della creazione di infiniti mondi immaginari.

> Il romanzo deve "raccontare" qualche cosa, perché la narrazione (cioè l'invenzione letteraria) arricchisca il mondo, né più né meno che la storia, benché su un altro piano. Noi siamo creatori negli universi immaginari

> con più possibilità di quanto non pensiamo esserlo sul piano della storia. Il fatto che succeda qualcosa, che succeda ogni sorta di cose, è altrettanto significativo per il destino dell'uomo che il fatto di vivere nella storia o di sperare di modificarla (Eliade, 1976 [1973], p. 334).

Anche lo scrittore al pari dell'uomo arcaico che racconta delle storie si espone alla possibilità della creazione, analoga alla creazione cosmogonica. Tutto sta allora nella capacità di creazione dello scrittore, del narratore o del produttore di miti. In tal guisa, secondo Eliade, vi sono due tipi di creatori in letteratura: i primi sono i creatori che danno un nuovo senso alle cose, un senso personale e unico, poi ci sono quelli che restaurano certe norme e che creano conformemente a una tradizione (Eliade, 2008 [1938] pp. 107-108). Nel primo caso rientrano Goethe e Dostoevskij, nel secondo caso Dante, Calderón, Shakespeare e Racine. I primi sono innovatori nel senso più assoluto. Dostoevskij, ancor prima di Nietzsche e Freud, ad esempio, più di molti altri scrittori europei, è stato in grado di dare un volto al nulla, mettendo l'uomo di fronte ai suoi istinti più reconditi, mostrando così il destino dell'uomo che si dispera e che incontra l'angoscia. I secondi sono creatori sulla base di una tradizione millenaria. Essi plasmano le loro opere alla luce di quanto è avvenuto prima, vivono il destino di un rinnovamento delle forme e sono attraversati dai vari archetipi religiosi. Da qui, vi sono due modi di intendere la letteratura secondo Eliade: da un lato la letteratura può incarnare un progetto totalmente nuovo, diverso, innovativo e proprio perché espressione di un'irripetibilità di una storia unica, irriducibile ed esemplare, può aprire al non-ancora-detto. L'altra modalità concerne una rivisitazione del simbolo, nella misura in cui lo scrittore si trova a lavorare sempre dentro quel particolare archetipo. A ogni modo, se da un lato Eliade vede la letteratura sempre in relazione al mito, dall'altro sembra che nella sua poetica vi sia una compenetrazione tra "esperienza" e "narrazione" che si esprime nei termini di un destino artistico la cui vitalità fornisce senso e valore all'esistenza umana, così come avviene nella filosofia di Nae Ionescu e Lucien Blaga.[24] Al pari del mito, la letteratura è in grado di dare forma a credenze dirette e condivise, ma rende possibile al potere simbolico che è in essa dischiuso di farsi mito individuale, sia che lo si intenda come pura finzione di sé, come accade in Doubrovsky, sia che lo si intenda come tentativo di distanziazione dalla realtà. In entrambi i casi, è presente in Eliade la centralità dell'esperienza soggettiva (Erlebnis) nel perseguimento volontario di un destino individuale (Eliade, 2007 [1934], p. 43-44). L'orizzonte dell'esperienza vissuta di riflesso rispetto a un orizzonte mitico-letterario è allora centrale non soltanto per una certa ermeneutica (come quella di Dilthey o di Ricœur), ma anche nel contesto di una critica letteraria: è il caso di Giacomo Debenedetti, che ribadiva l'importanza di una riflessione filosofica e psicoanalitica dell'individualità dell'uomo come narratore, o di Furio Jesi, il quale sembra presupporre nelle sue indagini la possibilità di una vicinanza tra mito e storia personale, come è possibile constatare nei saggi di *Letteratura e mito* (1968). Quando un mito diventa individuale – nel senso che non riguarda più una comunità ma l'esistenza del singolo che viene completamente assorbito in una storia – è perché si vuole esprimere un destino. In questo senso, in Eliade la fusione tra esperienza e narrazione o tra vita e arte prende forma nei suoi romanzi e nelle sue autobiografie proprio attraverso la messa in scena di storie singolari e di destini irriducibili, assimilabili e comprensibili per solo il fatto di poter essere raccontati.

Tra realtà letteraria e finzione biografica

L'importanza che Eliade dà alla letteratura è riscontrabile anzitutto dalla centralità che rivestono la biografia e la scrittura biografica. Le opere in cui Eliade racconta la sua vita presentano un profondo senso di frammentarietà che è possibile cogliere, da un punto di vista testuale, nel suo stile di scrittura. Se all'interno de *Le promesse dell'Equinozio* (1907-1937) e de *Le Messi del Solstizio* (1937-1960) ci troviamo di fronte a uno stile più definito, che segue una linearità narrativa rispetto ai viaggi, agli spostamenti di Eliade – il suo rapporto con la cultura politica romena, la prigionia in Inghilterra, l'incontro con Salazar, la vita intellettuale nella Parigi del dopoguerra, l'insegnamento a tempo pieno negli Stati Uniti – all'interno di altre biografie, il suo stile di scrittura è profondamente diverso. Si pensi ad esempio al *Diario d'India*[25], ma anche a *La biblioteca del maharaja*, testo in cui vengono raccontati tutti gli spostamenti in mare con uno stile descrittivo acquatico, fluido, mobile che mette in luce come le sue sensazioni si plasmino sulla base dei luoghi visitati, dei suoi approdi e delle sue mete. Nell'itinerario che va Alessandria verso il Cairo, Eliade incontra per la prima volta le Piramidi, il passaggio per Porto Said e poi, proseguendo verso il Canale di Suez, si dirige verso il Mar Rosso, l'Oceano Indiano e infine approda in India. Analogamente, nel *Giornale*, ci troviamo di fronte a un vero e proprio diario quotidiano temporalmente scandito in giorni, mesi e anni sulla base delle sue tappe, dove sono presenti in maniera puramente eterogenea riflessioni, sogni, ricordi, sensazioni e sentimenti con relative descrizioni di uomini, paesaggi, progetti, piani di conferenze, libri, idee, intuizioni e incontri che hanno avuto luogo dal 1946 fino al 1968.

Lo stile profondamente eterogeneo nell'attività di scrittura di Eliade sembra rivelare una certa frammentarietà. Così come accade ne *Il figlio della serva* di Strindberg – personaggio e scrittore da cui Eliade è profondamente attratto – l'irrazionalità e il caos del raccontarsi mostrano l'incessante tentativo di guardare l'io come qualcosa di frammentario, diviso, anziché come qualcosa di unitario, il cui fondo inaccessibile è costituito di desideri nascosti e bisogni illeciti. Lo stile eliadiano, pur restando profondamente disorganico, suggerisce che nei suoi lavori autobiografici e nei suoi romanzi, a differenza dei suoi saggi, non ci sia tecnica o erudizione[26], bensì un'attività di scrittura che inconsapevolmente desiderosa di sogno, nel suo fluire, non può essere interrotta:

> Così, per quanto possa rendermene conto, i miei tentativi letterari furono sin dall'inizio, e senza interruzione, "fantastici" e "realisti". Collocherei tra questi ultimi tutta una serie di racconti e di novelle pubblicati tra il 1923 e il 1928 e, soprattutto, i due romanzi autobiografici: *Il romanzo dell'adolescente miope* e il suo seguito, *Gaudeamus*, con quei ricordi della mia vita di studente universitario (Eliade 2007 [1934], p. 219).

L'esemplificazione di come vi sia un intreccio tra realtà biografica e finzione letteraria è possibile notarlo soprattutto in *Gaudeamus*, romanzo-diario adolescenziale di Eliade. In questo diario si nota una certa disinvoltura nel raccontare gli intrecci tra storie o nell'intessere dialoghi tra i personaggi, che vengono spesso ricamati come giovani spavaldi di fronte a una vita votata alla passione, al fanatismo e all'esaltazione di sé. È in questo romanzo autobiografico che Eliade si racconta in maniera più sincera e libera: brillare sotto i riflettori, assumere il comando della sua vita, esprimersi creativamente senza allinearsi a movimenti, e infine dare voce e scrittura al proprio eroismo. Così, come in *Un uomo finito* di Giovanni Papini e come in *Le Culte du moi* di Maurice Barrès, in *Gaudeamus* l'io diventa un vero e proprio oggetto di ossessione eroica.

Ma, al di là di ciò, Eliade in questo romanzo-diario racconta di alcune persone realmente esistenti che diventano protagonisti della sua opera. Con un tono spesso sarcastico e ironico rovescia le sorti dei suoi amici che vogliono svincolarsi dalla sua scrittura e che non vogliono apparire nel suo romanzo:

> Il mio libro è un romanzo e un insieme di ricordi. Se non è stato imbarazzante per me, protagonista del romanzo autobiografico, confessare tutte quelle indiscrezioni da adolescente, perché dovrebbe imbarazzare dei personaggi del tutto secondari? Tutti i capitoli che li riguardano sono semplicemente una cronaca...". "Avresti potuto comunque cambiare i loro nomi. Era tanto difficile?". "Molto difficile... Cambiando nome, il personaggio era sottoposto alla volontà dell'autore. Questo avrebbe danneggiato il libro, che prima di tutto è sincero e disciplinato. Ho voluto, effettivamente, descrivere l'adolescenza; quello che ne ho potuto afferrare, con i miei mezzi, naturalmente. I nomi erano, inconsapevolmente una guida. Il fenomeno non è facile da capire. I nomi erano mezzi di censura; non permettevano che l'immaginazione si impadronisse (Eliade, 2012 [1929], p. 175).

Tutti gli incontri che racconta Eliade in *Gaudeamus* si svolgono su traiettorie sempre impreviste che mostrano che le persone esistono primariamente come specchi opachi su cui ci si può riflettere e, attraverso le vite degli altri, Eliade racconta al mondo i suoi vissuti, i suoi rodaggi, le sue sfide, le sue abitudini, le sue aspettative e i suoi desideri. È nel raccontare le vite degli altri, reali o fittizie che siano, lasciando parlare le storie e trovandovi intrecci possibili che il mondo può convergere, non in un'unica grande narrazione, ma in una singola storia di vita itinerante, in un unico destino. Le varie storie appaiono concatenate in un singolo destino, attraverso un numero illimitato di frammenti di storie possibili. Nell'*Isola di Euthanasius* Eliade presenta quegli scrittori – Unamuno, Chesterton, Julien Green, Papini, Bernard Shaw, ma in particolare Svevo, Huxley,

Butler e D'Annunzio – che rappresentano per lui quei destini artistici che hanno mantenuto il dramma letterario all'interno della propria vita e che, come le facce di un prisma, sembrano riflettere alcuni tratti caratteriali del mitologo romeno.

Sul versante dell'analisi letteraria, il tentativo di rivelare il legame tra mito e letteratura è misurato anzitutto nel tentativo non di critica ma di ammirazione e spesso di esaltazione di alcuni destini letterari. L'importanza della biografia diventa centrale non soltanto come elemento essenziale per comprendere la storia individuale o la personalità di un autore ma anche come tentativo di dare voce e di rivelare un destino artistico. (Eliade, 2000 [1943]). Non c'è traccia nelle analisi autoriali che conduce Eliade nell'*Isola di Euthanasius* di Theodor Storm, ad esempio, che nonostante sia stato un rievocatore dei grandi temi delle leggende nordiche, nelle sue Novelle con una genuina semplicità, vive in maniera disincantata, sobria e delicata e, come osserva Lukács, tiene fuori il dramma letterario dalla sua vita. Oltre ai grandi classici a cui Eliade è profondamente legato, come Balzac, Dostoevskij, Goethe, Eliade è affascinato da quegli scrittori che, non riuscendo a estromettere il destino letterario dalla loro vita, esprimono apertamente la loro grandezza tramite un'esaltazione della loro personalità. Il tentativo di innalzamento, di elevazione dalla propria condizione, secondo Eliade tocca picchi altissimi nella prosa di D'Annunzio. Questo ultimo si fa lui stesso idolo, simbolo archetipo trasfigurato, artista epigonale. Le grandi autobiografie possono rivendicare un certo posto nel mondo soltanto se i personaggi raccontati sono in grado imporsi e innalzarsi sulle vette dell'esemplarità; questo è quanto accade in Butler che diventa famoso non grazie ai suoi scritti, ma alla sua autobiografia, come esempio di un destino particolare: prima di essere uno scrittore, Butler è per Eliade dovuto diventare un personaggio-archetipo. Questo modo di raccontarsi raccontando gli altri suggerisce in che misura la poetica eliadiana esprima una dialettica continua tra finzione e realtà e rende altresì conto di come la finzione possa entrare direttamente nella vita quotidiana. Allo stesso modo, Eliade illustra che, anche nella realtà quotidiana, se si è in grado di leggerli, siano presenti numerosi elementi straordinari che rasentano la finzione. In tal guisa, esattamente come vi è un processo di camuffamento del mito nella letteratura, sembra che in Eliade vi sia parimenti un tentativo di dissimulazione e di finzione nell'esistenza di chi viene raccontato rispetto all'esistenza di chi racconta. Sia nel caso dei resoconti biografici sia nel caso dei lavori di finzione letteraria, Eliade cerca di raccontare sé stesso, nascondendosi lui stesso nella sua scrittura secondo stili e profili sempre differenti e nuovi. Infatti, la capacità da parte di Eliade di riuscire a mescolare realtà biografica e finzione letteraria non soltanto è evidenziata dalla continua messa in scena di persone e personaggi realmente esistenti, ma si riflette anche in un suo continuo lavoro di mascheramento nell'opera letteraria di finzione. Nondimeno, se nelle sue opere autobiografiche è la finzione a irrompere all'interno della realtà biografica al fine di operare un'auto-censura e un auto-contenimento, nei suoi romanzi spesso accade l'inverso: è un elemento reale, un personaggio singolare o un evento straordinario a entrare all'interno di un mondo inventato, in cui il fine è invece opposto, ovvero liberarsi da una costrizione e da un contenimento.

Asimmetrie sentimentali e residui politici in prosa

L'inserimento da parte di Eliade del tema sentimentale e amoroso all'interno delle sue autobiografie e dei suoi romanzi permette di comprendere uno dei punti centrali della dialettica del doppio tra realtà e finzione e altresì la relazione tra diurno e notturno da essa espressa. Sebbene sembri liquidare fin da giovane un sentimentalismo tutto adolescenziale – tanto che definirà il romanzo sentimentale un genere per "le persone più abiette", a differenza dell'ammirato romanzo poliziesco che ha una grande diffusione e serve all'intrattenimento (Eliade, 2007 [1934], pp. 95-98) –, Eliade definirà "romanzi d'amore" i suoi romanzi *Maitreyi: incontro bengalese* e *Nozze in cielo*. "In quanto tali, il loro significato metafisico mi sembrava indubbio: l'amore come strumento di conoscenza" (Eliade, 1996 [1988], p. 224). Nel caso di questi due romanzi non si tratta di una conoscenza trascendentale o di conoscenza scientifica, ma di una tensione che è volta al tentativo sempre difficoltoso di un'unione di due opposti. Esattamente come accade ne *Il mito della reintegrazione*, in cui viene messo in risalto il carattere doppio e ambiguo di alcune immagini e figure divine in rapporto a una riconciliazione e totalizzazione tra i due contrari (Eliade, 2002 [1942]). In questo tentativo di tensione oppositiva, che fa da sfondo, ad esempio, all'idea di Androgino (unità umana trascesa che diviene divina) e a numerosi altri miti (tra cui Deva e Asura, Asi e Vani, Dei e Titani), il fondamento di ogni conoscenza si mostra nella letteratura secondo un processo di riconciliazione tra due anime o amanti, nel senso di una *coincidentia oppositorum* di cusaniana memoria.

Nel romanzo *Nozze in cielo* siamo di fronte a un continuo confronto tra Hasnaş e Mavrodin che narrano vicendevolmente le loro storie d'amore, rispettivamente con Ileana e Lena. Queste due donne così apparentemente simili per la loro leggiadria, finezza e bontà, in un primo momento si abbandonano totalmente ai due protagonisti ma poi rompono i loro fidanzamenti. Dopo molti anni, Hasnaş e Mavrodin sembrano vivere e soffrire ancora nel ricordo di quell'amore impossibile che avevano vissuto da giovani. I loro ricordi, però, quando vengono rievocati esprimono il dramma della separazione, e quindi dell'impossibilità di realizzare veramente l'amore; Ileana e Lena fuggono, l'atteso ricongiungimento non può avvenire su questa terra e nel mondo quotidiano. Le vere nozze possono avvenire esclusivamente in cielo o nel romanzo che avrebbe scritto Mavrodin.

Anche In *Maitreyi: incontro bengalese* è presente questa tensione conoscitiva tra due opposti. Il protagonista Allan, un giovane occidentale, viene ospitato dalla famiglia di un ingegnere indiano di nome Sen e finisce per innamorarsi di una delle sue figlie, Maitreyi, la quale si innamora di lui a sua volta. Il loro amore subisce però un'inflessione mistica: le movenze di Maitreyi, il suo modo di parlare, i gesti, il rituale segreto che avrebbe sancito la loro unione, le evocazioni delle forze elementali che accompagnano tutto il romanzo diventano per Allan momenti di una conoscenza profonda di Maitreyi e dell'ambiente in cui è inserita. Questa volta è però Allan, il protagonista, alter ego di Eliade, a fuggire senza lasciare alcuna possibilità di riconciliazione, salvo poi incontrare di nuovo Maitreyi molti anni dopo a Chicago.[27] Rispetto a questi due romanzi, sembra infatti che la riconciliazione avvenga su due livelli: un livello più biografico, che si evince dall'incontro non voluto da Eliade con Maitreyi, e un livello simbolico con le nozze che possono avvenire soltanto in cielo.

Sebbene infatti Eliade ritenga che l'amore e la conoscenza debbano essere pensati in questa tensione e rincorsi senza fine, la conoscenza, intesa come comprensione assoluta e superiore, può rivelarsi d'ostacolo all'amore e questo, a sua volta, può rivelarsi d'ostacolo alla conoscenza. Quando questo impedimento si presenta, esso può rivelare un destino.[28] Nei romanzi di Eliade, non sembra sempre possibile una riconciliazione amorosa, come nel caso di *Un'altra giovinezza* e de *La foresta proibita* in cui, i rispettivi finali ci presentano il destino infausto dei due protagonisti.

In *Un'altra giovinezza* – da cui è stato tratto il film di F.F. Coppola intitolato: *Youth without youth* – a Dominic Matei, dopo essere stato colpito da un fulmine, viene data una seconda opportunità di vita. Il protagonista decide inizialmente di dedicare questa nuova esistenza allo studio della conoscenza e, nello specifico, all'origine del linguaggio, finché non conosce Veronica con la quale inizia a intrattenere una relazione amorosa. Veronica però sembra invecchiare e Dominic, che invece ringiovanisce, non vuole abbandonarla. Dominic si trova di fronte al suo doppio, al suo notturno che cerca di convincerlo di poter realizzare il suo desiderio di ricerca della lingua originaria per innalzarsi ben oltre i confini immaginati dell'umanità. Eppure, Dominic comprende che quest'ambizione in cui tutti gli uomini sono falliti è impossibile e pertanto decide di distruggere il suo *Doppelgänger*, per dedicare la sua attenzione solo a Veronica. Distruggendo il suo doppio e abbandonando Veronica, Dominic riprende a invecchiare, ma muore in circostanze misteriose. Nonostante egli scelga l'amore invece della conoscenza, il suo destino è segnato, perché il prezzo da pagare per aver rinunciato alla conoscenza è la morte.

Vi è un altro romanzo che si svolge nell'Europa della Seconda guerra mondiale tra il 1936 e il 1948, in cui man mano che l'amore e la conoscenza spirituale si congiungono, si delinea un destino mortifero. Si tratta de *La foresta proibita*[29], romanzo in cui viene raccontata la storia di Stefan, un uomo che lavora per lo stato romeno, sposato con Ioana e amante di Ileana. Stefan dopo aver conosciuto numerose persone a Bucarest, viene imprigionato dalla Guardia di Ferro, mentre sua moglie e suo figlio muoiono sotto i bombardamenti. Stefan, che porta ancora Ileana nei propri ricordi, si mette alla ricerca della donna e riesce a trovarla in una foresta in Francia. Uomo profondamente spirituale, non ossessionato dalla conoscenza arcaica come Dominic ma soltanto alla ricerca di una sospensione del suo tempo profano, nella Foresta Hoia riceve continue rivelazioni, segni che gli indicano la strada da seguire fino al ricongiungimento finale con Ileana. Ma il ricongiungimento viene spezzato subito dalla morte di entrambi in un incidente stradale. Il tentativo di riunione e di riconciliazione si sviluppa nella storia di un destino singolo, quello di Stefan, nella ricerca di un tempo mitico. In questo modo, il legame che viene a costituirsi tra la morte e la vita diventa indissolubile; l'eternità mitica che sembra avvolgere la figura di Stefan si realizza soltanto nell'istante della morte. In fondo, per Eliade la morte costituisce sempre l'espressione massima di un destino individuale che, come scrive Furio Jesi:

> Consisteva nel riconoscimento della facoltà umana di stare al punto d'intersezione della vita e della morte. Nell'apprezzare questa facoltà, l'Eliade ha specialmente dinanzi l'apertura dell'uomo verso lo spazio di morte che sta entro la vita, e verso il flusso del mito [...]. Il tempo del mito può dirsi, per lui, ora di morte, in quanto rappresenta l'eternità con cui è commisto l'essere umano (Jesi, 1973, p. 68).

Questa commistione di vita e morte a cui si lega una certa concezione del mito e del sacro sembra esporre Eliade anche a una lettura politica delle sue opere[30]: la partecipazione al Movimento Legionario nel contesto politico e culturale della Bucarest di fine degli anni Trenta, uno degli eventi più significativi e ambigui della gioventù di Eliade, ne costituisce l'esempio. Il Movimento Legionario celebrava infatti il culto della morte e prometteva un rinnovamento dell'uomo attraverso l'istanza di una morte collettiva. L'esempio maggiore di come un destino di morte sembra avere un legame con un piano politico e di come il mito diventi tempo di morte è presente nell'opera teatrale intitolata *Ifigenia*[31]. La rielaborazione della celebre tragedia di Euripide è sicuramente l'opera che meglio esprime un destino di morte che si rivela nei termini di un sacrificio. Secondo Sorin

Alexandrescu, l'opera si presterebbe perfettamente a un'analisi politica e, infatti, la stessa *pièce* viene messa in scena poco dopo la morte di Cornelio Codreanu, assassinato nel 1938. Nella *pièce*, le nozze di Clitennestra e Achille diventano nozze di morte, il cui fine è il sacrificio per la patria, l'unico atto che può salvare l'intera umanità e che rappresenta il momento di realizzazione di un destino, che in questo caso è la sorte politica dell'intera Grecia. Il sacrificio rituale è portato a termine soltanto tramite l'eliminazione dell'elemento più puro, ossia la casta Ifigenia.[32]

Se da un lato il tema del sacrificio individuale di Ifigenia sembra far avvicinare all'interpretazione della morte rituale, radicata nella cultura di destra, d'altra parte a interessare Eliade sono piuttosto le storie singolari e irripetibili di quei destini particolari: Ifigenia non muore né per sé stessa né per volere degli dèi, ma perché è proiettata interamente nel suo destino individuale che è anche destino politico. Permane, però, nella poetica eliadiana il problema politico nel mito, che si misura dalla messa in scena di un destino che deve essere interamente introdotto nel politico, così come accade in un altro romanzo a sfondo politico intitolato *Il vecchio e il funzionario*.

Il vecchio e il funzionario è sicuramente il romanzo che sottopone maggiormente Eliade a un confronto con il politico. Eliade esprime qui non tanto un gioco di luci e ombre rispetto alla vicinanza alla cultura di destra ma una critica nei confronti di qualsiasi imposizione ideologica che prende la forma di un ministero della verità, oltre che della giustizia. In particolare, Eliade cerca di far trasparire un confronto che diventa un contrasto tra l'assolutizzazione del politico e l'idea di una narrazione continua e ininterrotta: "Si potrebbe parlare di questo racconto delle *Mille e una Notte* del romanzo staliniano" (Eliade, 1997 [1963], p. 9).

Il romanzo ambientato nella Romania del dopoguerra è incentrato sulla figura del vecchio Farâma che incontra un funzionario del partito, il quale decide di farlo arrestare senza motivo. Farâma viene catturato ma i funzionari di partito ammirano il vecchio per la sua strabiliante capacità di saper raccontare, di conoscere storie così lontane e oscure al regime che lo aveva incarcerato. Raccontando semplicemente delle storie, Farâma, uomo troppo prezioso da far sparire perché detentore di storie e segreti, si salva. Le narrazioni di Farâma sfuggono di continuo alla stessa cattura politica e fino alla fine i funzionari di partito non riescono a trovare alcun elemento ingannevole dietro agli avvenimenti raccontati. Questo è l'esatto contrario di quanto accade in *Brave New World* di Huxley o, ancora meglio, in *Noi* di Zamjatin. In questi romanzi, tutti i personaggi nel proiettare sé stessi in un "nuovo mondo", dimenticano il vecchio, obliano il passato e, nel trasportarci verso un'azione già predisposta per un futuro eterno, sono portati a dimenticare loro stessi. Farâma invece mostra un'innocenza pari a quella di un bambino: mentre i potenti funzionari che lo indagano decadono uno dopo l'altro, Farâma riesce continuamente a salvarsi raccontando storie. Il legame con il passato e con la memoria mostra che non tutto il narrare può essere suscettibile di una critica ideologico-politica. Il tentativo di trovare a tutti i costi un significato perfino nelle azioni più insignificanti appare come uno dei presupposti di un'indagine politica volta allo smascheramento dietro cui si cela, secondo Eliade, il vero volto di un'imposizione di idee dissimulata e nascosta. In fondo, agli occhi del mitologo romeno, si trattava di contrapporre due mitologie, una visione mitica e ancestrale a una visione storico-moderna:

> Ho voluto contrapporre due mitologie. La mitologia popolare, la mitologia del folklore che è viva e zampillante nel vecchio; e la mitologia del mondo moderno; della tecnocrazia – e questo va ben oltre la polizia di uno Stato totalitario –, la mitologia delle persone armate di logica

> e di ogni sorta di strumenti. Le due mitologie si affrontano. La polizia vuole decifrare il senso segreto di tutte queste storie. In un certo senso ha torto, se non fosse che si limita a cercare un segreto politico. Queste persone vogliono decifrare l'altro universo, l'altra mitologia alla luce della mitologia che hanno in mano loro. Sono incapaci di immaginare che possa esserci un significato al di fuori del campo politico (Eliade, 1976 [1973], pp. 166-167).

Farâma, indagato, non risponde mai alle domande ma racconta continuamente delle storie, le quali si presentano come dei veri e propri miti, cioè racconti apparentemente falsi e inventati da un vecchio, ma ricchi di elementi significativi che aspettano di essere interpretati alla luce di un'altra chiave di lettura, quella dell'ideologia politica. Questo tentativo di smascherare una possibile dissimulazione riflette invece l'inconsistenza di un'interpretazione politica totalizzante del senso del ricordo e della memoria di un singolo uomo, di un singolo destino.

L'irruzione del fantastico nel quotidiano

Le costanti intersezioni dissimmetriche e i continui rinvii eterogenei tra biografia e pensiero nell'opera narrativa di Mircea Eliade suggeriscono che la narrazione e in particolar modo la letteratura, la quale cerca di conferire forma a un destino particolare, è definita in modo duplice. Da un lato essa appare come strumento e simbolo di evasione dalla forma, dall'apollineo e dal diurno, ovvero come percorso di inserimento in una vita notturna – come vedremo nel prossimo paragrafo; dall'altro, nella letteratura si denota un travestimento continuo del mitico nel reale o del fantastico nel quotidiano.

> Da Wordsworth a James Joyce, i grandi scrittori non hanno fatto altro: scoprire il sublime, il tragico, l'eccezionale, il mitologico ecc. nella vita di tutti i giorni e di ciascuno di noi (Eliade, 1976 [1973], p. 342).

Questa idea si estende e si riflette anche nell'esigenza di contrapporre il fantastico al reale.

> In tutti i miei racconti la narrazione si sviluppa su svariati piani, allo scopo di svelare progressivamente il fantastico dissimulato sotto la banalità quotidiana. Così come un nuovo assioma rivela una struttura del reale fino a quel momento sconosciuta – in altri termini fonda un nuovo mondo – la letteratura fantastica rivela, o meglio crea degli universi paralleli (Eliade, 2002 [1978], p. 163).

Lo sviluppo del fantastico nel quotidiano nella prosa eliadiana che riflette l'irruzione del sacro nella storia e che si rivela tramite ierofanie è esemplificativo di ciò. In questa dialettica, Eliade riesce a mettere in risalto la duplicità insita in ogni evento. Infatti, un accadimento, reale o fittizio che sia, e che sembra essere così banale e scontato rivela la possibilità di estensione del suo significato verso un orizzonte che lo trascende. Allo stesso tempo però ogni evento che viene colto come qualcosa di unico, irripetibile e straordinario sembra procedere in una direzione che fornisce all'uomo un destino. Come accade nel già citato *Un'altra giovinezza*, l'anziano protagonista Dominic Matei, dopo essere stato colpito da un fulmine, ringiovanisce e diventa un uomo dotato di capacità straordinarie in campo letterario, scientifico e linguistico.

Tra i romanzi di Eliade quello che maggiormente mostra l'irruzione del fantastico nel reale è senza dubbio *Il Serpente*, testo in cui il fantastico si impone con forza nella contingenza della vita quotidiana. Quest'opera inizia con una atmosfera fatta di silenzi imbarazzanti, domande scontate, risposte dispensate e *flirt* provocatori tra vari personaggi: Dorina, Liza, Vladimiro e Solomon, che risultano spesso annoiati, stanchi e indifferenti. A un certo punto fa irruzione la figura di Sergio Andronico, un giovane atleta magnetico, elegante, "di professione aviatore, o quasi..." (Eliade, 1982 [1937], p. 46) che, venendo a contatto con i vari personaggi inizia a dare loro vita, ad animarli, a renderli consapevoli e a metterli di fronte a una serie di prove, scelte, preoccupazioni e indicazioni che esulano dal possibile e dal quotidiano. Andronico è un uomo che porta con sé una conoscenza proibita esoterica e ponendo i personaggi di fronte ai vari ostacoli si fa seduttore, instilla in Liza e Dorina un sentimento, al tempo stesso, di attrazione e repulsione sessuale. Andronico si fa prestigiatore, ipnotizza, manipola e incanta, non solo mentalmente, i personaggi; si pensi, ad esempio, quando li obbliga a restare contro una parete di fronte alla vista di un serpente da lui stesso evocato. Andronico è mutevole, si trasforma, diventa parte degli ambienti in cui si muove, si fonde con la foresta, il bosco, il lago e in questo modo seduce Dorina. Sebbene Andronico diventi sempre più irriconoscibile nel corso del romanzo, alla fine rivela una capacità di connessione con il mondo, con i cicli di morte e di rinascita e con le immagini paradisiache che sono già presenti, benché camuffate, all'inizio del racconto. La caratteristica principale di Andronico, protagonista del *Serpente*, secondo Alexandrescu, è il suo potere di rinascere continuamente. Incarnando individualmente l'irruzione del fantastico nel quotidiano, da un lato mostra l'esemplarità di una continua oscillazione dal giorno alla notte e dalla notte al giorno, dall'altro esprime attraverso un fondo irriconoscibile il notturno eliadiano.

Si può trovare un ulteriore esempio di come sia presente un'irruzione del fantastico nel quotidiano in *Notti a Serampore*, opera pubblicata nel 1985. Questo romanzo risale ai primi anni del suo soggiorno in India, durante il quale Eliade, affascinato dall'esotico, si trova di fronte a un mondo completamente diverso e inizia a vivere in tutti i sensi una seconda vita. Eliade nella *Prova del Labirinto* racconta di aver scritto le *Notti a Serampore* proprio perché aveva bisogno di dar voce a un richiamo notturno, aggiungendo che se non avesse scritto qualcosa di narrativo "sarebbe impazzito": "Dopo sei o sette mesi di grammatica e di filosofia sanscrita mi sono fermato: ero affamato di sogno. Mi trovavo a Darjeeling e ho cominciato a scrivere quel romanzo, un po' autobiografico, un po' fantastico" (Eliade, 2002 [1978], p. 46).

Il romanzo inizia con la descrizione di Bogdanov e Van Manen da parte del protagonista (il suo nome non viene rivelato ma Eliade lascia presagire che si tratti proprio di lui stesso). Mentre il protagonista è ammaliato dal fascino e dall'incanto che la novità dell'India suscita in lui, per Bogdanov tutto questo splendore nasconde qualcosa di sinistro, come se fosse una tentazione operata dal Maligno. Il fantastico fa irruzione attraverso il simbolo di una foresta incantata che diventa espressione di una sospensione del tempo (come può esserlo per certi versi *La Montagna Incantata* di Mann) e si realizza nell'irriconoscibilità della figura di Suren Bose, che viene poi descritto in un secondo momento da Swami Shivananda – maestro incontrato sull'Himalaya da Eliade – come colui che è in grado di esercitare il suo potere tantrico di manipolazione della realtà. Manifestandosi nella notte e manipolando la realtà, Suren Bose fa la sua comparsa che non può essere ricordata e che si palesa rispetto ai tre occidentali nella percezione di un pericolo non definito. Sebbene vi sia un *climax* abbastanza ricorrente in numerosi romanzi di Eliade, il mistero di quanto accaduto nella notte non viene né risolto né dissolto, ma resta irriconoscibile, esprimendosi nel permanere nell'enigma che avvolge il destino dei protagonisti.

Anche nel racconto *All'ombra di un giglio* Eliade ricorre a un'irruzione del fantastico nel quotidiano che non può avere una piena soluzione, e lo fa sottolineando l'aspetto linguistico di un enigma che permane irrisolto. Alcuni emigrati romeni si ritrovano a Parigi e iniziano a dialogare a proposito del loro passato e di una frase enigmatica: "*All'ombra di un giglio, in paradiso*". Tutti i personaggi si lanciano in assurde e strampalate ipotesi: UFO, progetti militari, diluvi universali, fine del mondo e quant'altro. Fino alla fine del racconto nessuno riesce a decifrare questo codice poetico, lasciando così l'enigma insoluto. Ma è opportuno notare che l'enigma sembra indicare una nostalgia dopo l'esilio che gli emigrati romeni, esattamente come Eliade, erano costretti a vivere. La lontananza radicale dalla propria patria è vissuta come una nostalgia fatale che spinge gli esuli ad affacciarsi su un altro mondo, laddove invece la città o il luogo d'infanzia divengono uno spazio sacro. L'assenza di colpa è rappresentata dal giglio, simbolo per eccellenza, in particolar modo nell'iconografia cristiana di epoca medievale, del candore e dell'innocenza propri dell'oggetto di una ricerca nostalgica. L'"ombra", invece, non è una mera metafora per indicare il velo di mistero di cui Eliade vuole farci credere sia ammantata la vita dell'esiliato, la quale assume una forma coatta di esilio, di allontanamento forzato, di congedo estremo o di un'imposizione che i personaggi non riescono a giustificare e pertanto si addossano la colpa di quanto è accaduto. L'ombra diventa, attraverso l'esilio, l'esercizio di una prova.

> Ciò che scopro all'improvviso, è che è offerta l'opportunità di diventare un novello Ulisse a qualunque esiliato (proprio perché è stato condannato dagli "dei", vale a dire delle potenze che decidono dei destini storici, terrestri). Ma per rendersene conto l'esiliato deve essere capace di penetrare il senso nascosto del suo errare, e

> d'intenderlo come una lunga serie di prove iniziatiche e come altrettanti ostacoli sulla strada che lo riporta a casa (verso il centro). Questo significa: vedere dei segni, dei significati nascosti, dei simboli nelle sofferenze, nelle depressioni, negli inaridimenti di tutti i giorni. Vederli e leggerli anche se non ci sono; se li si vede, si può costruire una struttura e leggere un messaggio nello scorrere amorfo delle cose e nel flusso monotono dei fatti storici (Eliade, 1976 [1973], p. 239).

Penetrare l'essenza del proprio errare significa anche ricucire una trama invisibile tra gli eventi e questo può certamente rivelare un certo tipo di destino eroico, come nel caso di Ulisse (Scagno, 1998, pp. 9-26). Tuttavia, se, come ha dichiarato anche Alexandrescu, questo racconto sembra ricollegarsi più di altri a una dimensione biografica, in Eliade pare che la fonte del proprio errare si realizzi molto spesso in un tentativo di fuga e si concluda in un riscatto personale. Eliade, da instancabile studioso, ha trovato la propria rivalsa a Chicago. Eppure, il paradiso non è a Chicago ma *all'ombra* di quel *giglio*, alle sue spalle, nel suo passato nostalgico, in Romania, dove non può più tornare.

Sebbene in fondo l'irruzione del fantastico nel quotidiano nei romanzi di Eliade nell'atto di scrittura si serva di motivi e fatti realmente accaduti nella propria vita, rivestendoli di altri elementi fantastici e inventati – come accade anche ne *Il segreto del dottor Honigberger* (Eliade, 2019 [1940]) – alla fine essa arriva a generare un enigma. Tale enigma è incarnato in maniera differente in un personaggio come Andronico, in un evento come Dominic Matei che viene colpito da un fulmine, in una foresta incantata in Suren Bose, o in un codice da decrittare. Eliade, specialmente nei suoi romanzi e nei suoi racconti, lascia il lettore di fronte a un mistero mai completamente risolto ma che, a sua detta, soltanto il lettore attento è in grado di riconoscere (Eliade, 1996 [1988], p. 47). In fondo, "il lato spirituale va letto in filigrana" (Eliade, 1976 [1973], p. 78). Permane infatti un'irriducibilità dell'enigma finale che si conclude sempre nell'ambiguità e nell'oscurità della storia, espressa in una dialettica continua tra finzionale e reale, analoga a quella doppia vita, notturna e diurna, a cui Eliade nel corso della propria attività letteraria non sembra rinunciare. In una celebre intervista Roquet comunica a Eliade: "Lei possiede un dono quasi diabolico per seminare il lettore attraverso delle storie in cui non si distinguono più il vero dal falso, né la destra dalla sinistra"; Eliade risponde: "Questo è vero. Credo anzi che sia la caratteristica specifica di una parte almeno della mia prosa" (Eliade, 2002, [1978], p. 98).

Il notturno della letteratura e il diurno della scienza

Eliade resta un "caso umano" – scriveva Cioran –, un personaggio per il quale destino e volontà arrivano a scontrarsi fino creare il paradosso di una doppia vita, quella del diurno, dell'uomo di scienza, docente di storia delle religioni, e quella del notturno, dell'uomo di lettere.

Eliade ricorda a più riprese che l'esercizio di scrittura letteraria appartiene al suo universo notturno e onirico più autentico, personale e nascosto, contrapponendolo al diurno della ricerca storica dell'indagine sulle religioni (Cugno, 1998, pp. 27-42). Nel *Giornale*, Eliade confida di aver tentato per tutta la vita di vivere contemporaneamente in due dimensioni dello spirito umano: nella letteratura e nella scienza.

> Non mi riesce di esistere simultaneamente in due universi spirituali: la letteratura e la scienza. Ecco la mia fondamentale debolezza: non posso essere nel contempo desto e nel sogno, nel gioco. Appena "faccio letteratura"

mi ritrovo in un altro universo, universo che io chiamo onirico, in quanto ha un'altra struttura temporale e in quanto i miei rapporti con i personaggi sono di natura immaginaria e non critica (Eliade, 1976 [1973], p. 85).

Se infatti l'uomo diurno, lo scienziato, è l'uomo moderno razionale che ha desacralizzato il mondo e gli eventi, l'uomo notturno è l'artista, colui che è ancora in contatto con le zone misteriose del proprio sé onirico. Non è opportuno intendere l'uomo notturno e l'uomo diurno al pari del rapporto tra conscio e inconscio in un senso freudiano.[33] Si tratta, secondo Eliade, di esprimere una vera e propria doppia struttura ontologica dell'essere umano che si riflette anche nel rapporto tra scienza e letteratura. Eliade sembra operare una contrapposizione tra il polo diurno dello scienziato e quello notturno dello scrittore.[34]

Questa dualità, che cerca di essere ricomposta, tra scienza e letteratura è riscontrabile in molte opere di narrativa di Eliade, ad esempio in *Uomini e pietre* (1944), una *pièce* di teatro che Eliade scrive nel giro di una sola settimana, come se fosse in uno stato di *trance* (Eliade, 2016 [1985], p. 199). La storia si svolge interamente all'interno di una caverna sotterranea con presenti soltanto due personaggi, Petrus e Alexandru, che è possibile leggere, secondo Circotaş, come due *alter ego* dell'autore (Eliade, 2016, p. 33). Il primo è uno scienziato, il secondo un poeta. Entrambi collaborano e studiano le pareti della caverna in cui si trovano. Quando raccolgono e catalogano le pietre, l'ambientazione rivela progressivamente nei due personaggi qualcosa di insolito, di tenebroso e insieme misterioso. Per Alexandru la grotta è luogo pieno di misteri, uno scenario oscuro ed enigmatico che suscita in lui angoscia e sgomento; l'atteggiamento di Petrus al contrario è più incoraggiante e fiducioso. L'opera si conclude con un dialogo in cui Petrus, con grande ottimismo scientifico, cerca di incoraggiare Alexandru a proseguire nella grotta. Tuttavia, quest'ultimo, ferito e stanco, non riesce a trovare le parole per descrivere il profondo dolore e sconforto che prova nell'essere gettato in quel luogo e si abbandona, infine, al silenzio. In *Uomini e Pietre* non vi è però una reintegrazione tra i due personaggi, che incarnano rispettivamente il notturno e il diurno. L'elemento apollineo, solare dello scienziato riesce a controbilanciare bene quello notturno e orfico del poeta.

Se in *Uomini e Pietre* la figura dello scienziato incarna l'operosità, la conoscenza contrapposta all'inerzia e all'oziosità del poeta, in un racconto come *Dayan* Eliade sembra invece ridurre l'atteggiamento positivo della scienza, facendo prevalere il mistero poetico e letterario sul procedere scientifico o, in altri termini, il notturno sul diurno. Il mistero qui arriva a configurarsi come una sorta di "ierofania letteraria" che supera ogni possibile forma di visione scientifica attraverso una diversa struttura temporale assoggettata ai dialoghi e agli eventi raccontati. In *Dayan* il notturno e il fantastico prendono il sopravvento e sovvertono l'idea lineare di tempo narrativo mediante il ricorso ai viaggi nel tempo. Questa volta non è un geologo o un biologo che si trova a dover catalogare pietre, piante o insetti, ma un fisico di nome Orobete, che sembra già assimilato agli eventi che accadono e che vive in prima persona degli intervalli di tempo spezzati, incapace di unificare la temporalità del racconto. Orobete, matematico di grande intelligenza che da tempo cercava una soluzione al quinto teorema, incontra l'uomo che si fa chiamare "l'Ebreo errante", che gli annuncia che a breve sarebbe diventato il più grande matematico di tutti i tempi. La condizione era semplicemente di lasciar "passare del tempo tra loro due"; non ci sarebbe stato bisogno di scervellarsi, né di trovare a tutti i costi la soluzione del "quinto teorema", perché questa sarebbe arrivata da sola. Il matematico, che non risolve il quinto teorema e viene ritrovato giorni dopo fisicamente e mentalmente distrutto, capisce di essere stato illuminato dall'Ebreo errante su come far convergere il problema fisico dello spazio-tempo rispetto al sistema quantistico Materia-Energia. Resta così in ospedale per giorni finché non gli viene presentata la sua futura tesi di dottorato con la data di pubblicazione. Nella tesi manca tuttavia la dimostrazione finale, e Orobete capisce che se avesse risolto quel vecchio teorema che da tempo lo attanagliava, avrebbe potuto in una certa misura sostituire l'uomo a Dio, sciogliendo definitivamente l'enigma del tempo che affligge ogni scienziato. Il racconto si conclude con un *climax* lovecraftiano: Orobete impazzisce e incontra nuovamente l'Ebreo errante, che gli domanda quando finirà il mondo.

Il notturno fa il suo ingresso nel diurno come un vero e proprio destino che fa violentemente irruzione sulla volontà del protagonista; l'elemento notturno di un destino artistico ed escatologico prende il sopravvento sul diurno di Orobete, sulla sua sanità mentale. In questo racconto è presente però una certa incapacità di riuscire a ricucire gli strappi temporali. Questo fa emergere a distanza effetti che a livello narrativo si manifestano sempre su una singola coscienza (di solito quella del protagonista), provocando vuoti di memoria causati da sovvertimenti temporali, flashback, *flashforward* laterali e previsioni avverate (o risultate false). A differenza di *Uomini e pietre*, in cui i temi scientifici trattati, nonostante la ristrettezza, emergono dalla narrazione in favore di una descrizione estremamente dettagliata, che mette in luce la differenza tra il diurno della scienza e il notturno della letteratura, in *Dayan* il rapporto di Orobete con la scienza deve essere mediato necessariamente dall'immaginazione poetica e letteraria. Questo succede non soltanto perché Orobete fin da giovane aveva avuto una grande passione per la poesia, ma anche perché la volontà gli suggerisce che il compimento della conoscenza scientifica sul problema del tempo non può che essere realizzata in una forma escatologica, intesa come profezia di sé e del mondo e della conoscenza nel suo insieme. Il continuo sfaldamento temporale che cala sui protagonisti, quasi fino a mostrarli come poeti o renderli insani, fornisce la possibilità di pensare che nel rapporto tra presente, passato e futuro si celi un senso di ambiguità. Il passato resta un enigma molto spesso inesplicato, che di volta in volta viene tuttavia indagato dal protagonista; il presente diventa ambiguo non soltanto per le situazioni oscure, magiche e inverosimili in cui il protagonista si trova, ma anche per la sua incapacità di essere ricomposto; il futuro, che rappresenta il vero momento insondabile della narrazione, si misura come quella dimensione temporale che confluisce nel passato e nel presente.

Ne *La mantella* Pantelimon e Pantazi cercano di ricostruire il loro passato e di agire nel presente indagando su un uomo di nome Zevedei che indossa sempre una misteriosa mantella. I continui collassi della linearità temporale (vuoti di memoria, stati di oblio) sembrano essere colmati da una mantella, che rappresenta la costante passata rispetto alle infinite variabili temporali vissute non come un flusso continuo di ricordi, ma come un rapporto di interruzione tra memoria e oblio, tra confessioni e silenzi che attraversano tutto il racconto. Questo elemento di interruzione continua fa sì che il presente non sia mai ricomposto totalmente dai due personaggi. Pantelimon e Pantazi hanno difficoltà, cioè, a ricostruire la catena temporale degli eventi che li hanno condotti fin dove sono. Infatti, man mano che emergono situazioni che richiedono di spiegare ciò che è accaduto nel passato, vengono offerti motivi per pensare che, proprio perché qualcosa del passato è rimasto senza spiegazione, i due protagonisti possono continuare a indagare e ricercare nel presente quel "Graal", ossia quel passato perduto ma indispensabile che sono destinati a perseguire.

Nel commento critico a *La Mantella*, Alexandrescu afferma che il tempo presente in quest'opera viene continuamente "ri-costruito, narrato sempre in avanti o indietro, i buchi nel tessuto narrativo si riparano spontaneamente, ma mai integralmente" (Alexandrescu, 2015, p. 182). Questa idea di un tempo che non riesce mai a ricomporsi nel racconto è l'espressione del tentativo vano di unificare le coscienze temporali dei personaggi rispetto alla trama. Infatti, provare a raccontare differenti forme temporali tra loro incompatibili produce un disorientamento, un estraniamento che culmina in un senso di sospensione e di incompiutezza da parte del lettore.

Questo è un punto centrale nella poetica eliadiana e non è in fondo molto lontano dai romanzi di Daumal, Meyrink o Perutz, laddove in essi la sospensione è espressa attraverso la continua evocazione di luoghi insoliti e occulti. In Perutz l'incompiutezza è misurata da un errare all'interno di labirinti, in Daumal la sospensione diventa l'attesa della scalata, in Meyrink l'estraniamento del lettore è legato alla fusione tra sonno e veglia. Tale rievocazione di un elemento enigmatico è realizzata attraverso continue sovrapposizioni temporali: in Meyrink il tempo del fantastico è tempo dell'incertezza, in Perutz è espressione di una spersonalizzazione, in Daumal è tempo di salita e di ascesi, di concentrazione. Insomma, come accadeva nel surrealismo di Breton, la letteratura aumenta di intensità proprio quando inizia a rompere ogni sorta di barriera introdotta dalla conoscenza, compresa quella temporale, e inizia a seguire i solchi già tracciati dall'onirico e dall'immaginario, come ad esempio fa, secondo Eliade, il teatro di Ionesco.

Il rischio dell'inserimento nel notturno è però quello dell'abbandono definitivo della terra ferma, del perdersi nel labirinto del tempo (come Pantelimon e Pantazi), del non trovare una via d'uscita dalla grotta (come Petrus e Alexandru), o di essere vinti dalla follia e votarsi all'irrazionale (come Orobete). L'inserimento nel notturno può condurre a una piena dispersione di sé nei molteplici luoghi onirici che Eliade crea, plasma e vive come se fosse un onironauta condotto in luoghi oscuri dai quali non avrebbe fatto più ritorno, e che quindi lo avrebbero allontanato definitivamente dal suo lato diurno e dalla sua ricerca scientifica.

In conclusione, "Eliade diurno" si adopera per decifrare secondo una *morfologia* o una *classificazione* – al pari di una tassonomia entomologica – i diversi fenomeni religiosi; lo "Eliade notturno", nel farsi prestigiatore e illusionista, riconosce l'importanza del negativo per la comprensione di sé che avviene sempre tramite una dissimulazione. Sembra che Eliade, nel raccontare la vita, sia propria che altrui, cerchi un modo per guardarsi dall'esterno e così sdoppiarsi. Raccontando, il primo io, narrante, prende le distanze dal secondo io, narrato; si tratta allora di ricomporre due soggettività in un singolo destino. Raccontare le vite degli altri nascondendo sé stesso nei propri romanzi e nelle proprie novelle serve a Eliade per fuggire dalla sua. Raccontare sé stesso in forma biografica o diaristica più diretta gli serve non soltanto per esorcizzare, scongiurare sé stesso, e in fondo liberarsi anche da sé ma, in misura maggiore, per affrancarsi dal suo destino e diventare un "uomo senza destino", come scrive Cioran (Cioran, 2019 [1933]).

Ma l'inserimento, spesso involontario, nel notturno può essere compreso anche come un tentativo di esplorazione finalizzato a trovare una rinascita personale, una esplorazione che ricerca l'"aurora del mattino" in seguito a una caduta – esattamente come indicava Gabriel Marcel in *Presenza* e *Immortalità*. L'introduzione del negativo, dello scacco e della morte nella vita fatta di salite e di cadute e a volte di virate, secondo un intensificarsi e un depotenziarsi di stati d'animo spesso contradditori e frammentati, non è soltanto il polo negativo di un diurno, ma è anche espressione di un cammino e di un destino di morte e rinascita. La forma destinale che ha come ultimo fine la morte è in realtà legata anche a un piano di rinascita che Eliade afferma di vivere continuamente. Questa forma destinale che può essere dipinta secondo un'immagine onirica è raccontata da Eliade quando durante le Conferenze di Eranos, Henry Corbin fa un sogno in cui Eliade muore e rinasce continuamente. Scrive Eliade nel suo *Giornale* nell'ottobre del 1950:

> Henry Corbin, che in questi ultimi tempi ho visto diverse volte, mi ha raccontato un sogno terrificante. Viene a sapere che io ho avuto un incidente e che sono morto. È afflitto e pieno d'immensa tristezza (mi aveva incontrato proprio quella notte e gli avevo parlato della "esperienza dell'immortalità"). Poi arriva qualcuno e gli dice che non è sicuro che io sia morto, c'è ancora speranza. Angoscia dell'attesa. Finalmente apprende che sono salvo… Dopo un po', nello stesso sogno, mi ritrova: steso su un divano, morto! Questa volta non c'è possibilità di dubbio. Intorno a me c'è molta gente. Qualcuno si avvicina e mi fa tintinnare vicino alle orecchie certi oggetti di metallo. Risuscito (Eliade, 1976 [1973], p. 99).

Questa tensione che riflette un destino di morte avviene attraverso una liberazione e un annullamento dell'individualità, una dispersione di sé nel tutto che si conclude con una riconciliazione: soltanto salendo la scala del notturno, vi è la possibilità di una reintegrazione. Questo movimento di salita attraverso le pareti del notturno, riscontrabile nella poetica bachelardiana e nei moduli archetipici durandiani, è visibile nella poetica eliadiana relativamente all'ammirazione per lo scrittore e drammaturgo statunitense Julien Green, che rappresenta per Eliade un genio, uno di quegli scrittori "inseriti nell'economia di un fantastico". Egli, infatti, è riuscito a mettere massimamente in luce nella salita un elemento notturno, rappresentato dal simbolismo della "scala". Lo stesso Julien Green in molteplici romanzi utilizza inconsapevolmente, secondo Eliade, questo simbolo del movimento, cioè la scala cui viene affidato l'atto di salita e di discesa. Salire e scendere da una scala maledetta e sciagurata, come fanno Mme. Grosgeorge nel Léviathan o Emily in Mont-Cinère, esprime un certo sentimento di ossessione, paura e angoscia. Nondimeno, l'aspetto interessante che Eliade coglie di questo simbolo è che i gradini che compongono questa scala, in fondo, rimandano a un cammino verso una "realtà assoluta" coincidente con l'annullamento dell'identità: "Quando l'Eros annulla l'individuale", la "realtà assoluta" analogamente si fa notturna (Eliade, 2000 [1943], p. 64). Come scrive Eliade nel suo diario, utilizzando le parole di Novalis, "amiamo la notte perché vogliamo liberarci dall'individualità. Ogni reintegrazione è una totalizzazione" (Eliade, 1976 [1973], p. 65). Annullarsi però è possibile solo attraverso un ingresso nel notturno, in quella tenebra in cui gli individui, le persone, le cose e gli eventi del mondo restano indifferenziati.

Eliade, in analogia a Gottfried Benn ne *La doppia vita*, è consapevole che vita e spirito non possono essere completamente unificati e ciò si ripercuote anche sul suo stesso stile di vita, evidentemente contraddittorio, frutto di scelte che possono sembrare giustificazioni per riuscire a saldare questa profonda dualità interna. Se in Benn, però, l'unità non può essere restituita che dalla scrittura, in Eliade è la volontà che riconosce un destino a cercare di ricomporre l'unità, sebbene sia sempre il destino a "decidere diversamente per lui" (Eliade, 1996 [1988], p. 191). Ma – esattamente come in *Le Fleuve Alphée* di Caillois, che propone una vera e propria forma di analogia tra la sua vita e il fiume Alfeo, un destino che dal mare torna alla sorgente seguendo così un tragitto obliquo, inclinato verso il basso e quindi sotterraneo, rappresentato dal corso del fiume della vita – Eliade ci conduce verso un percorso nascosto e inconfessato della letteratura. Attraversando quel lungo segreto (*longue confidence*, come lo chiama Caillois) in cui la trasformazione, la metamorfosi e quindi la conseguente liberazione di sé prevedono necessariamente una discesa, una caduta, Eliade scrittore e narratore intravede come questo movimento sfocia sempre in una rinascita.

NOTE

[24] Eliade ritiene che esistenza in filosofia consista in una espressione viva di una metafisica della cultura che si realizza in termini estetici e artistici. Tale concezione la eredita da Nae Ionescu ma la riconosce in Lucien Blaga. Secondo Blaga l'uomo moderno, che vive la sua esistenza in armonia con l'universo narrativo, non soltanto è portatore di una concezione profondamente metafisica del mondo, ma fornisce un senso a quest'ultimo mediante il suo *coraggio* che è sempre il risultato instabile di un universo di relazioni e di mediazioni di ordine simbolico: l'uomo è una delle tante espressioni di questo ordinamento metafisico della realtà. Blaga nella *Trilogia della cultura* esplora quelle radici metafisiche e non biologiche che appartengono alla cultura. Blaga però non è interessato a elaborare una filosofia della cultura in generale che si fonda su una concezione unica e univoca della cultura e della storia, ma affida allo stile l'elemento larvale e germinale di ogni cultura. Ogni cultura, infatti, possiede quindi uno stile e ogni stile è l'espressione diretta di una dimensione metafisica che si rivela sorretta da una morfologia estetica.

[25] Nel *Diario d'India* Eliade racconta di iniziare a praticare lo *yoga*, di essere entrato in contatto con diversi asceti che proponevano dei rituali tantrici (Eliade, 1995 [1936]).

[26] Scrive Eliade: "Sono molto corretto con i testi altrui, capace di impiegare anche cinque anni per scrivere un piccolo trattato scientifico. Ma sono maledettamente impaziente quando si tratta di scrivere i miei pensieri o sentimenti. Mentre ho scrupoli a non finire tutto ciò che presuppone tecnica, erudizione, riflessione" (Eliade, 2007 [1934], p. 5).

[27] Eliade sembra nascondersi o camuffarsi in Allan tanto da affermare che questo romanzo può definirsi a tutti gli effetti un romanzo semi-autobiografico (Eliade, 2002 [1978], p. 49). Eliade durante il suo soggiorno in India conosce effettivamente una donna di nome Maitreyi, che cercherà Eliade dopo più di quarant'anni. Eliade insieme a sua moglie Christinel incontrerà a Chicago Maitreyi e racconterà a Cioran questo incontro non senza un certo imbarazzo (Eliade, Cioran, 2019 [1933], p. 121). Quando il padre di Maitreyi allontana il protagonista dalla sua casa scoprendo l'inganno e il disonore a cui era stata sottoposta la figlia, ormai non più vergine, Allan accetta di allontanarsi; tuttavia, questo suo allontanamento che sembra coincidere con il suo abbandono dell'India ricorda molto il tentativo di fuga da parte di Eliade da Niska e Nora per perseguire ed estendere il suo destino amoroso, come si legge più volte in *Gaudeamus*.

[28] Questo è possibile notarlo anche quando Eliade sembra ricondurre anche la libertà di una decisione al destino. All'interno di *Diciannove Rose* (scritto tra il 1978 e il 1979 tra Eygalières e Chicago) numerosi momenti di eventi passati e presenti si sovrappongono, si giustappongono, ma non si eliminano mai a vicenda, vivono parallelamente. Questa esemplificazione di una libertà intesa come una differenza di destini esprime anche la dimensione esistenziale di una condanna, quella della libertà assoluta, Scrive nel finale il diciassettenne dopo aver consegnato delle rose senza dare troppe spiegazioni: "Siamo condannati alla libertà" (Eliade, 1987 [1979], p. 194).

[29] *La Foresta proibita*, si riferisce alla Foresta Hoia (*Pădurea Hoia*). Questo è il romanzo più esteso e corposo di Eliade e considerato il miglior romanzo da lui stesso scritto (Eliade, 1976 [1973], p. 125). La ricerca di una sospensione del tempo e la scoperta di quel tempo sacro sembrano avvenire da parte di Stefan proprio nella notte tra il 23 e il 24 giugno nella foresta Hoia durante la festa di San Giovanni. Questa

data è particolarmente importante per Eliade e per tutta la cultura romena poiché costituisce l'unica festa pagana di tutta la Romania che si svolge proprio in questa famosa foresta (Eliade, 1986 [1971]).

[30] Relativamente al fascismo eliadiano numerose critiche nel contesto antropologico dopo gli anni Cinquanta provenivano da Alfonso Maria di Nola, Furio Jesi e Vittorio Lanternari (Lanternari, 1986), tuttavia non mancano anche posizioni critiche contemporanee (Costantini, 2005) (Laignel-Lavastine, 2008[2002]). Nelle *Messi del Solstizio*, Eliade racconta che il 14 luglio del 1938, dopo aver lasciato la Romania, mentre era a Londra, viene effettuato un blitz nella sua casa per arrestarlo, con la motivazione di aver partecipato alla redazione culturale della Guardia di Ferro sotto Codreanu. Dopo questo evento Eliade afferma di aver commesso un errore fatale – tuttavia "non saprebbe dire con esattezza quale" – e, pur essendo consapevole del potere attrattivo e mortifero dei miti legionari, non ha mai riconosciuto il suo pieno coinvolgimento nel movimento e sembra non abbia mai ritrattato le sue posizioni giovanili. I riferimenti che seguono una scrittura più personale e irruente rispetto al passato politico di Eliade – in confronto ad altri testi autobiografici che invece appaiono più meditati e pensati (come le *Promesse dell'Equinozio*, le *Messi del solstizio*) – sono rintracciabili in particolar modo in *Gaudeamus*. In questo diario predomina una psicologia dell'eroismo, dell'esaltazione e dell'autocelebrazione, che abbraccia tanto le vicende sentimentali quanto quelle politiche. Sembra infatti che proprio in *Gaudeamus* il mitologo romeno presenti, in maniera meno nascosta e dissimulata, un forte senso di identità, di piena trasparenza di sé, che a sua volta ricerca una nuova autorità. Le numerose discussioni tra i personaggi, che diventano vere e proprie dispute, suscitano negli interlocutori un senso di insurrezione, di rivalsa verso il presente. "Mi inebriava, a quel tempo, il profumo dell'eroismo che fiorisce unicamente in un'anima forte e grande, rivelandosi a sé stesso nella solitudine. Ma l'eroismo, l'unica giustificazione della vita, per essere fertile ha bisogno di continue e atroci rinunce" (Eliade, 2012 [1929], p. 63). L'eroismo e il coraggio soggiacenti a questa insurrezione conducono a un'intesa nelle rappresentazioni ideologiche e nazionaliste con altri personaggi: nel capitolo XIII di *Gaudeamus*, in un dibattito con Marcu, suo amico d'infanzia, giovane sognatore, medico e fervente nazionalista, l'eroismo politico di Eliade viene colorato da toni decisamente maniacali ed esasperati. Un esempio di come la cultura borghese resta affascinata negli anni '30 in Romania è raccontato romanzo di Eliade *Gli Huligani* (Eliade, 2016 [1935]).

[31] Un esempio relativo non a un destino individuale, ma a un destino politico collettivo è presente in *1241*, una *pièce* teatrale che rimanda alla resistenza romena di fronte all'incedere senza tregua dell'Armata Rossa in Romania. Il dramma è ambientato in uno scenario montano, nella regione orientale del paese dei Carpazi. Alcuni villaggi sono caduti per mano di invasori tartari. Anziani, donne e bambini sono costretti a fuggire. Al centro della scena c'è il Pope, un sacerdote cristiano che cerca di coordinare la fuga e prega affinché il proprio popolo non subisca altre perdite. I dialoghi riflettono il terrore collettivo che è indicato metaforicamente dalla grande fuga di massa dell'avanzata sovietica verso l'Europa. Si intuisce il bisogno dell'autore di scrivere un romanzo che rispecchiasse in una certa misura le proprie esigenze di storico e di narratore, legate alla salvaguardia di una memoria culturale romena di fronte all'incedere dell'Armata Rossa.

[32] La stessa tensione sacrificale che avviene attraverso una soppressione viene esposta all'interno di un contesto saggistico nella ballata di Mastro Manole relativamente a riti del costruire. Eliade, spiegando come essi possano avere una relazione con la leggenda popolare e più in generale con un piano folklorico, integra all'interno della ballata elementi del sacrificio rituale. L'autore ritiene necessario un sacrificio del costruttore affinché l'opera architettonica possa essere conclusa e nella leggenda di Mastro Manole questa idea si esprime con un sacrificio umano (Eliade, 2017 [1943], pp. 29-34). Ogni forma di sacrificio produce una morte violenta, inaspettata e forzata, che in alcune variazioni di questa ballata viene ripetuta mediante il sacrificio di altri personaggi, "come il murare vivo un bambino". Gli uomini che sono in grado di animare e quindi dare un significato al luogo muoiono sempre di morte violenta lasciando qualcosa alle loro spalle, nella riformulazione della loro memoria.

[33] Nei giorni durante le conferenze di Eranos, Eliade soffre di insonnia, tanto da ritrovarsi in uno stato continuo di torpore, ma riesce a fare un sogno che racconta a Jung: "Durante il sogno sapevo il sanscrito meglio che nella realtà; mi sentivo parlare, cosa di cui non sono capace dal 1932. E udivo delle frasi esatte, reali, non semplici parole o suoni incomprensibili. Mi vedevo scrivere in sanscrito un intero quaderno, che prima Abegg e poi Tucci cercavano di decifrare" (Ivi, p. 115). Ma Eliade non è d'accordo con l'interpretazione junghiana del suo sogno: Ecco la sua spiegazione: l'uomo di scienza che è in me

era riuscito ad "uccidere" tutto ciò che è reale, vitale per il mio interesse per l'India: il sogno mi avrebbe riportato alla realtà". (Ibidem).

[34] Si potrebbe però aggiungere che a rendere esplicita tale frattura e a trovare una ripetizione a questa contrapposizione è proprio la scrittura narrativa e finzionale, esattamente come accade in Huxley. Huxley contrappone lo "spirito della vita associata", visibile in un legame troppo oppressivo e spesso insensato con la tradizione, e lo "spirito tecnico", che invece risulta essere totalmente pago delle proprie convinzioni, tanto da non avvertire l'esigenza di una rivoluzione morale e spirituale (Eliade, 2000 [1943], p. 201).

BIBLIOGRAFIA

Alexandrescu S., *I racconti di Mircea Eliade. Aldiquà e aldilà della realtà*, in *Mircea Eliade Dayan e altri racconti*, a cura di Horia Corneliu Cicortaş, Edizioni Bietti, Milano, 2015.

Cioran E., *Un uomo senza destino in Eliade Mircea*, Cioran Emil, *Una segreta complicità. Lettere 1933-1983*, a cura di M. Carloni e H.C. Circotaş, Adelphi, Milano, 2019 (ed. orig. *Omul fără destin*, 1933).

Costantini E., *Nae Ionescu, Mircea Eliade, Emil Cioran. Antiliberalismo nazionalista alla periferia d'Europa*, a cura di A. Pitassio, Morlacchi, Perugia, 2005.

Cugno M., *Mircea Eliade: Lo studioso e il narratore, "l'uomo diurno" e "l'uomo notturno"*, in *Confronto con Mircea Eliade. Archetipi mitici e identità storica*, a cura di Luciano Arcella, Paola Pisi, Roberto Scagno, Jaca Book, Milano 1998, pp. 27-42.

Eliade M., *Diario D'India*, a cura di Aldo Natale Terrin, Boringhieri, Torino, 1995 (op. orig. India, 1936).

Eliade M., *Diciannove rose*, a cura di Renato Minore, Jacabook, Milano, 1987 (ed. orig. *Nouăsprezece Trandafiri*, 1979).

Eliade M., *Fragmentarium*, a cura di Roberto Scagno, Jacabook, Milano, 2008 (ed. orig. *Fragmentarium*, 1938).

Eliade M., *Gaudeamus*, a cura di Roberto Scagno, Jaca Book, Milano, 2012 (ed. orig. *Gaudeamus*, 1929).

Eliade M., *Gli Huligani*, a cura di Cristina Fantechi, Milano, 2016, (ed. orig. Huliganii, 1935).

Eliade M., *Il Giornale*, a cura di Liana Aurigemma, Bollati Boringhieri, Torino, 1976 (ed. orig. *Fragments d'un journal*, 1973).

Eliade M., *Il mito della reintegrazione*, a cura di Roberto Scagno, Jaca Book, Milano, 2002 (ed. orig. *Mitul Reintegraru*, 1942).

Eliade, M., *Il serpente*, a cura di Sorin Alexandrescu, Jacabook, Milano, 1982 (ed. orig. *Şarpele*, 1937).

Eliade M., *Il segreto del dottor Honigberger*, a cura di Horia Corneliu Circotas, Bietti, Milano, 2019 (ed. orig. *Secretul doctorului Honigberger*, 1940).

Eliade M., *Il vecchio e il funzionario*, a cura di Marco Cugno Jaca Book, Milano, 1997 (ed. orig. *pe strada Mântuleasa*, 1963).

Eliade M., *Immagini e simboli*, a cura di Massimo Giacometti, Jaca Book, Milano, 2004 (ed. orig. *Images et symboles. Essai sur le symbolisme magico-religieux*, 1952).

Eliade M., *I riti del costruire. Commenti alla leggenda di Mastro Manole; La Mandragola e i miti della "Nascita miracolosa"; Le erbe sotto la croce*, Jaca Book, Milano, 2017 (ed. orig. Comentarii la Legenda Meşterului Manole, 1943).

Eliade M., *L'isola di Euthanasius*, a cura di Cristina Fantechi, Bollati Boringhieri, Torino, 2000 (ed. orig. *Insula lui Euthanasius*, 1943)

Eliade M., *La foresta proibita*, a cura di Silvia Tomasi, Jaca book, Milano, 1986 (ed. orig. *Noaptea de Sânziene*, 1971)

Eliade M., *La prova del labirinto. Intervista con C. H. Rouchet*, a cura di Massimo Giacometti, Jaca book, Milano, 2002 (ed. orig. *L'épreuve du labyrinthe*, 1978).

Eliade M., *Le messi del solstizio. Memorie 2 (1937-1960)*, a cura di Roberto Scagno, Jaca Book, Milano, 1996 (ed. orig. *Mémoire Ilème (1937-1960). Le moissons du solstice*, 1988).

Eliade M., *Miti, mode culturali stregonerie*, a cura di Elena Franchetti, Sansoni, 2004 (ed. orig. *Occultism, Witchcraft and Cultural Fashions*, 1976).

Eliade M., *Miti, sogni, misteri*, a cura di Giovanni Cantoni, Lindau, Torino, 2007 (ed. orig. *Mythes, reves et mystères*, 1957).

Eliade M., *Mito e realtà*, a cura di Giovanni Cantoni Borla, Roma, 2007 (ed. orig. *Myth and reality*, 1963).

Eliade M., *Oceanografie*, a cura di Roberto Scagno, Jaca Book, Milano, 2007 (ed. orig. *Oceanografie*, 1934).

Eliade M., *Uomini e Pietre* in *Tutto il teatro 1939-1970*, a cura di Horia Corneliu Circotaş, Bietti, Milano, 2016, (ed. orig. *Oameni şi pietre*, 1985).

Jesi F., *Mito*, Isedi, Milano, 1973.

Kerényi K., *Rapporto con il divino e altri saggi*, a cura di Fabio Cicero, Bompiani, Milano, 2014 (ed. orig. Umgang mit Gottlichem, 1955).

Laignel-Lavastine A., *Il fascismo rimosso: Cioran, Eliade, Ionesco. Tre intellettuali romeni nella bufera del secolo*, Utet, Torino, 2008. (ed. orig. *Cioran, Eliade, Ionesco. L'oubli du fascisme : trois intellectuels roumains dans la tourmente du siècle*, 2002).

Lanternari V., *Ripensando a Mircea Eliade*, in *La critica sociologica n. 79*, Pisa-Roma, 1986.

Léon Stapper, Peter Altena, Michel Uyen, *Miti e personaggi della modernità*, a cura di Silvia Contarini, Raffaella Novità, Franco Paris, Mondadori, Milano, 1998 (ed. orig. *Van Abélard tot Zoroaster*, 1994).

Scagno R., Mircea E., *Un Ulisse romeno tra Oriente e Occidente*, in *Confronto con Mircea Eliade. Archetipi mitici e identità storica*, a cura di Luciano Arcella, Paola Pisi, Roberto Scagno, Jaca Book, Milano, 1998, pp. 9-26.

L'arco ermeneutico autobiografico come pratica di riconciliazione con sé stessi

Francesco Ferrari

"OCCORRONO TROPPE VITE PER FARNE UNA".
E. Montale

Introduzione

Il presente studio presenta l'autobiografia come la narrazione di sé che, posta in opera da uno sguardo retrospettivo, connette il particolare di un singolo accadimento e l'universale dato dalla percezione della propria vita come un "che di intero". Tale articolo fa parte di un'indagine più ampia intorno al concetto di riconciliazione dopo Auschwitz. Attraverso il confronto con autori contemporanei come Lejeune, Ricœur e Taylor, esso entra in dialogo con gli scritti di superstiti della Shoah come Améry e Frankl. Obiettivo è mostrare in quale misura la narrazione della storia della propria vita costituisca una pratica ermeneutica di riconciliazione con sé stessi. Come messa in intreccio di accadimenti in prima istanza contingenti e irrelati ("irrevocabile potenziale"), l'autobiografia esprime un processo di appropriazione e di dispiegamento di un'identità narrativa, reso possibile da un conferimento di senso a ciò che accade, il che richiede, a sua volta, il quadro di riferimento di un orientamento valoriale. L'autobiografia si traduce, quindi, nel ripercorrimento diacronico della storia di sé come storia dell'attuazione di quella capacità di agire (*agency*), indispensabile per l'adempimento del proprio progetto di vita buona, che si lega, a sua volta, alla percezione della propria vita come un "che di intero". Nel mettere in contatto il singolo accadimento entro la percezione della propria vita come un "che di intero", è tesi di chi scrive che l'autobiografia tracci un arco ermeneutico dal particolare all'universale, la cui posta in gioco è la riconciliazione con sé stessi.

La conoscenza dell'*autós*

Innumerevoli sono le prospettive con cui possiamo avvicinarci all'autobiografia (Wagner-Egelhaaf, 2019). Possiamo interrogarla come un genere letterario, e tentare una determinazione che ne enuclei affinità e divergenze con scritture contigue quali il diario, le memorie, o il romanzo di formazione. Possiamo riflettere intorno al legame che interessa il narratore e il protagonista, scoprendoli, almeno in prima istanza, come coincidenti. Possiamo, quindi, dipanare itinerari storico-culturali, che ci mostrino quando, dove e perché l'autobiografia sia emersa (Weintraub, 1975; Gusdorf, 1980), e come essa si sia ritradotta e riplasmata da autori e contesti che liquidano l'io come "odioso" (Pascal, 1995) ad altri che lo pongono come fondamento dell'episteme-uomo (Foucault, 1967). Per quanto tali vie siano importanti, la domanda da cui questo articolo prende avvio è differente, ovvero, in che modo l'autobiografia costituisce una pratica ermeneutica di riconciliazione con sé stessi.

Autobiografia. La parola, lo si evince rapidamente, è tripartita: *auto*, *bio*, *grafia*. Scrivere da sé la (storia della) propria vita. Quella dell'autobiografia è "grafia" di un *autós*, che si interroga (scrivendo) sulla (propria) vita. Ma chi è l'*autós* dell'autobiografia? Nell'autobiografia risiede un problema gnoseologico, quello relativo alla conoscenza di sé. Chi attende alla stesura della medesima, chiedendosi: "Che cosa è stata la mia vita?", risponde prima di tutto a un quesito, sovente implicito, ovvero: "Che cosa posso sapere di me?". Rispondere a queste domande attraverso la scrittura autobiografica significa sviluppare un racconto in forma scritta, in cui il "pensiero narrativo" (Bruner, 2005) articola la conoscenza dell'*autós* in una prospettiva diacronica.

Porre la narrazione autobiografica come problema relativo al sapere di sé mostra un'ulteriore peculiarità di questa rispetto ad altre forme di scrittura. In essa, infatti, si realizza la coincidenza tra colui che pone il problema (il cercante, il "soggetto") e il problema medesimo (il cercato, l'"oggetto"). Riflessioni seminali a riguardo sono quelle di Wilhelm Dilthey: "Un certo *corso di vita* costituisce l'elemento esterno, il fenomeno sensibile, da cui l'intendere si spinge a ciò che ha prodotto questo corso entro un determinato ambiente. E *colui che intende tale corso* è appunto *identico con colui che lo ha prodotto*" (Dilthey, 1954, pp. 304-305 – corsivo mio). Tale concezione del processo autobiografico presuppone una certa idea di sovranità, compattezza e autotrasparenza dell'io, che per noi, eredi di una parabola di dislocazione e decostruzione del soggetto che va da

Freud a Derrida, non è più immediatamente sostenibile (Pelgreffi, 2015). Interrogare l'autobiografia è impresa complessa e insidiosa, esposta a innumerevoli condizioni, limiti e aporie, proprie di una "verità narrativa" (Spence, 1987) che, in quanto tale, è costitutivamente immersa nel tempo.

Non meno dell'autobiografia, i percorsi della riconciliazione si articolano nel corso del tempo, come processi di riparazione di relazioni che appaiono, se non distrutte, quantomeno severamente danneggiate (Leiner, 2018) da un accadimento violento, riconosciuto eticamente come evento irrevocabile, ovvero, come cesura del continuum del tempo vissuto (Jankélévitch, 1974; Ferrari, 2019), quanto psicologicamente come trauma, in quanto frammentazione (Fisher, 2017), dis-sociazione (Van der Kolk, 2015; Van der Hart et al., 2011), financo dis-integrazione (Bettelheim, 1981) delle trame con cui il soggetto tesse la coesione del proprio sé. La cura del trauma è un momento centrale nei percorsi della riconciliazione con sé stessi, in quanto ripristino del sé. Nelle parole di Pumla Gobodo Madikizela, guarire dal trauma implica un "recupero del proprio senso di controllo della memoria, della capacità di riflettere, capire e percepire le cose come sono o erano. Esso richiede la trasformazione della memoria traumatica in memoria narrativa" (Gobodo-Madikizela, Van der Merwe 2007, p. VII).

L'autobiografia è allora oggetto del presente saggio come una *pratica* che, posta di fronte all'irrevocabile (quantomeno "potenziale") di ciò che accade, può offrire una nuova interpretazione (*ermeneutica*) al proprio tempo vissuto, e può quindi offrire un importante contributo nei processi di riconciliazione con sé stessi. Georges Gusdorf ha saputo individuare la rilevanza esistenziale che sottende l'autobiografia come pratica di *riconciliazione con sé stessi*, affermando: "il compito dell'autobiografia è, prima di tutto, un compito di *salvezza personale*. [...] Per colui che si cimenta nell'impresa, si tratta di concludere un *trattato di pace* e una nuova alleanza *con sé stesso e con il mondo.* L'uomo maturo o l'uomo già anziano che proietta la sua vita nella narrazione testimonierebbe così di *non essere esistito invano*; non sceglie la rivoluzione ma la *riconciliazione*, e la realizza nell'atto stesso di *ricomporre gli elementi dispersi di un destino* che gli sembra essere valso la pena di vivere" (Gusdorf, 1980, p. 39 – corsivo mio).

Nel porsi in opera, la narrazione autobiografica traccia, come vedremo, un arco ermeneutico (cfr. Ricœur, 1989), che riconduce il particolare del singolo accadimento all'universale dell'unità della propria vita, percepita come un "che di intero". La prassi autobiografica riscatta così la contingenza attraverso un conferimento di senso che, a sua volta, richiede un orientamento valoriale. Forte di ciò, l'autobiografia esprime i processi di appropriazione delle proprie esperienze vissute, presupposto, a sua volta, imprescindibile per un soggetto dotato di *agency*. In quanto dotata di *agency*, la soggettività autobiografica riconosce sé stessa nel corso del tempo, come capace di rispondere, di volta in volta, a ogni singolo accadimento con un'azione. Questa è quindi deliberata e attuata come momento particolare all'interno dell'universale di un progetto di vita buona, tale per cui la vita individuale, testimoniata dall'autobiografia, appare come un "che di intero".

Un gioco di specchi

Un gioco di specchi ha luogo nella scrittura autobiografica. In essa non accade *sic et simpliciter* che io "ritragga" me stesso: io ritraggo quel me stesso di allora, anzi: quei me stesso (poiché molteplici sono i momenti rammemorati e riattinti), su cui poso il mio sguardo oggi, inaugurando quello che è stato opportunamente definito "tempo autobiografico" (Brockmeier, 2000).

Lejeune ha affrontato con profondità e chiarezza la questione, articolando la tesi per cui l'autobiografia è "in fondo un racconto, la [cui] *visione* sarà principalmente *retrospettiva* – e questo costituisce un aspetto *ermeneutico* tutt'altro che innocuo. Il soggetto deve essere principalmente la vita individuale, la 'genesi della personalità'" (Lejeune, 1986, p. 13 – corsivo mio). Con questa riflessione egli individua tre elementi decisivi per il presente discorso, che chiamo, rispettivamente: a) retrospezione autobiografica, ovvero: circolo ermeneutico autobiografico; b) *Genesi della personalità*, ovvero: teleologia retrospettiva; c) Produzione di significato (*meaning-making*), ovvero: costruzione di senso autobiografico.

a. Retrospezione autobiografica, ovvero: Circolo ermeneutico autobiografico

Dalla definizione di Lejeune emerge che l'atto con cui si instaura la pratica autobiografica è quello di uno sguardo che si volge indietro nel tempo, a partire dalle condizioni specifiche di un dato presente. Chiamo questo atto "retrospezione autobiografica". In virtù di esso l'autobiografia sorge come un processo ermeneutico, in cui determinati accadimenti del passato si destano alla coscienza. All'interno della temporalità lineare e irreversibile, il porsi in opera della retrospezione autobiografica instaura una torsione: se la vita si vive in avanti, giorno dopo giorno, lungo una retta orientata avente un unico verso, quello dell'avvenire, la retrospezione autobiografica procede in direzione opposta. La coscienza si apre a quel "tempo vissuto" (Minkowski, 1971), che è caratterizzato dalle opportunità e dai pericoli del volgersi indietro a sé (cfr. Freeman, 2009), in primis, quei sentimenti morali, peculiarmente refrattari alla riconciliazione (risentimento, rimorso, rimpianto, nostalgia), che Jankélévitch (Jankélévitch,

1974) opportunamente chiama "malattie della temporalità" (cfr. Ferrari, 2019).

Non tutto il vissuto è però ricordato; anche l'oblio, quindi, si dice in molti modi (Assmann, 2019). Non tutto il ricordato è inoltre, a sua volta, raccontato. L'autobiografia è un processo autonomo e libero, una selezione, che sancisce cosa sarà rilevante (e cosa no). Ciò che in essa trova forma scritta è il frutto di una decisione. *Ex negativo*, né l'oblio né la rammemorazione erronea sono banali lacune o trascurabili sbagli. Anch'essi parlano di quell'io che instaura la retrospezione autobiografica. La verità della scrittura di sé è una verità narrativa, istituita a partire dall'impossibilità strutturale di un approccio assiologicamente neutro al materiale osservato dalla retrospezione autobiografica. In altre parole: nello sguardo retrospettivo dell'autobiografia si rende manifesto che ogni tentativo di una conoscenza di sé avviene necessariamente in prospettiva ermeneutica. La retrospezione autobiografica parte da un inizio, ovvero da un "oggi", sempre disponibile all'interno della sequenza della temporalità lineare e irreversibile. Partendo da tale inizio-oggi, il termine *ad quem* della retrospezione autobiografica è il passato. Come ha opportunamente mostrato Brockmeier (Brockmeier, 2015), questo processo non ricava immagini inerti che, come depositate in un archivio mnestico, sarebbero riproducibili senza modifica alcuna, ogniqualvolta sottoposte a interrogazione. Convocare un'immagine a partire da un certo "oggi" significa invece entrare ermeneuticamente in contatto con essa, instaurare una "seconda lettura" (Gusdorf, 1980) satura di conseguenze.

Nell'atto presente della retrospezione autobiografica si getta il proprio sguardo verso il passato. È tale passato che, di volta in volta, ha condotto, co-creandolo, a questo presente. Il presente è il presente di tutto il nostro passato. Ma il passato è, nondimeno, sempre letto dal punto d'osservazione del presente, e non può, pertanto, essere recuperato nella sua passeità. Analogamente al circolo ermeneutico, si può allora parlare di un "circolo ermeneutico autobiografico", che oscilla tra l'"inizio" (*Anfang*) che inaugura oggi il tempo autobiografico, e l'origine (*Ursprung*) in questione, di cui si va alla ricerca interrogando il passato.

b. Genesi della personalità, ovvero: Teleologia retrospettiva

Secondo Lejeune, l'esito della retrospezione autobiografica consiste, quindi, nel resoconto di una vita individuale nei termini di "genesi della personalità". Si badi bene: non è la semplice "persona" di cui la pratica autobiografica va rintracciando l'origine. L'autobiografia ha invece a che fare con la costruzione di una "personalità" e diventa occasione preziosa in quanto permette al sé di oggi, sovente smarrito nell'indigenza dell'"inizio", di ritrovare quei momenti sorgivi, testimoniando una fedeltà più o meno consistente verso l'opulenza dell'"origine". Per l'esistenza che si svolge in cammino lungo il tempo irreversibile, scrivere la propria autobiografia, inaugurare il tempo autobiografico, significa tentare un risalimento alle *archái*: ricercare quella voce quotidianamente soffocata del proprio *daimon* (Hillman, 1996), tentare la riscoperta del proprio sé (Miller, 1979). Come Nietzsche (Nietzsche, 1974) esprime in maniera paradigmatica, l'autobiografia è attestazione del progressivo disvelarsi di carattere, vocazione, destino. Di più: è espressione di un passaggio dalla potenza all'atto, di un *telos* che insuffla e forgia un intero arco di vita, da essa ripercorso a ritroso. In un'epoca come la nostra, però, dove lo scetticismo verso ogni forma di ordinamento finalistico è una sottaciuta precomprensione, tutto questo può sembrare eccessivamente enfatico, risibile, o addirittura delirante.

Eppure, non possiamo non prendere sul serio l'autobiografia, quale testo in cui il cammino dell'esistenza del singolo esprime la propria verità narrativa, personale e unica. Essa, in quanto tale, emerge e si offre nel tempo, testimonianza del co-irretimento tra la propria piccola storia individuale e la grande storia universale (Schapp, 2017). Si intuisce come la posta in gioco della pratica autobiografica sia altissima: la "genesi della personalità", di cui questa va alla ricerca, è recuperata e documentata attraverso un resoconto scritto, in cui si esprime l'adempimento (o meno) della propria destinazione etica. Nelle parole di Alberto Caracciolo: "L'autobiografia è, nella sua sostanza ultima, evocazione e ripensamento del nostro irripetibile *cammino col e nel tempo* del mondo mortale, come *dramma della verità intesa nel senso via via emerso*" (Caracciolo, 1993, pp. 230-231 – corsivo mio), "Essa è testimonianza dell'"esistente irripetibile, ma nella sua irripetibile *ipseità, universalmente umano*" (Ivi, p. 226 – corsivo mio).

L'autobiografia emerge allora come storia di un'identità che, messa alla prova tanto da una pluralità di accadimenti imprevedibili, quanto dal torpore della media quotidianità, trova connessione attraverso una narrazione unitaria, anzi: unificante. La "genesi della personalità" può quindi essere ricostruita come l'origine celata di un sé, grazie all'effetto riconciliante prodotto dalla narrazione autobiografica.

In virtù del succitato circolo ermeneutico autobiografico, è l'"inizio" dell'oggi che va alla ricerca di una sua "origine". Vi è una indubbia tensione tra la percezione della vita in tempo reale, come qualcosa di frammentario e dall'esito incerto, e l'operare della retrospezione autobiografica, che, nel leggere a ritroso la storia di una vita, legge il suo svolgersi nel corso del tempo stabilendo connessioni di significato, sovente come l'adempimento di uno sviluppo, se non come l'esplicazione di una finalità progressivamente all'opera, tendenzialmente attribuita a posteriori. Non senza un velo di sarcasmo, Lejeune ci esorta a essere cauti, e a considerare l'autobiografia come l'espressione paradigmatica della "legge di ogni racconto: il senso determina gli avvenimenti, e non viceversa. Tutti i racconti son costruiti partendo dalla fine" (Lejeune, 1986, p. 266). Un simile meccanismo, particolarmente pervasivo nelle filosofie della storia di stampo hegeliano, sarà definito da Raymond Aron come "illusione retrospettiva di fatalità" (Aron, 1938, p. 230; p. 291). Esso sarà quindi definito da Pierre Bourdieu nei termini di "illusione biografica" (Bourdieu, 1986, pp. 71-79).

Il rapporto tra retrospezione autobiografica e attribuzione di finalità è stato quindi opportunamente definito da Jens Brockmeier nei termini di "teleologia retrospettiva", descrivendo il processo ermeneutico per cui: "la propria vita, una volta *configurata* e ordinata sequenzialmente come un *evento narrativo*, appare come una sorta di *sviluppo* verso una certa *meta* – come se la fine (cioè il presente dell'evento narrativo) fosse la *destinazione* del proprio viaggio" (Brockmeier, 2001, 251 – corsivo mio). Il qui e ora che inaugura il tempo autobiografico appare, in virtù della teleologia retrospettiva, come l'apice di un processo compiuto, di cui, muovendo da un finale che coincide con l'istante in cui la retrospezione autobiografica si pone in opera, si ricercano e si raccontano *ad hoc* origini ("genesi della personalità") e peripezie, quasi fossero i presupposti ineludibili di una paradossale "necessità retroattiva" (Ricœur 1993, p. 239). Decisivo sarà allora se tale meta, ovvero il *telos* della narrazione autobiografica, sia stato definito come verità narrativa *in itinere*, o se invece sia stabilito *a posteriori*, contestualmente all'esercizio dello sguardo retrospettivo che inaugura il tempo autobiografico.

c. Produzione di significato (meaning-making), ovvero: Costruzione di senso autobiografico

È un *topos* letterario consolidato quello del narratore autobiografico onnisciente, che, provvisto del cosiddetto "senno di poi", sa comprendere retrospettivamente, ad anni e anni di distanza, il significato di un avvenimento toccatogli in sorte in gioventù. Il "dopo" interpreta il "prima", attraverso la "produzione di significato (*meaning-making*) che un evento non aveva, né poteva avere al tempo del suo accadere" (Freeman e Brockemeier, 2001, p. 82; cfr. Bruner, 2006). Il circolo ermeneutico autobiografico è qui all'opera attraverso un ulteriore processo interpretativo di ritorno su di sé e di revisione di sé: il "senso autobiografico".

Nella lingua italiana il lemma "senso" possiede tre declinazioni distinte e relate al tempo stesso. Anzitutto si dà senso come facoltà percettiva: da Eraclito a Deleuze, la filosofia occidentale è interrogazione sul senso come percezione "sensoriale", i cinque "sensi", e, per estensione, i "sentimenti". In secondo luogo, il senso si dà come significato. Che ci si chieda il senso di una parola o di una vita, il senso come significato decodifica una porzione di realtà mediante segni e permette di comprendere qualcosa che prima era oscuro. Vi è infine senso come direzione. Che si percorra una strada "a doppio senso" o a "senso unico", il senso si dà come linea orientata, e indica movimento, percorso. Si dà senso autobiografico in tutte e tre le accezioni: tanto come percezione della vita, quanto come significato della vita e quindi ancora come direzione della vita. In tutte le accezioni il senso autobiografico implica sempre e comunque connessione.

Chi attende alla stesura della propria autobiografia, così Wilhelm Dilthey, "ha già costituito da vari punti di vista una connessione della propria vita che ora deve esser posta in luce" (Dilthey, 1954, p. 305 – corsivo mio). È il senso autobiografico che conferisce, attraverso la produzione di significato (*meaning-making*), connessione al materiale frammentario, contingente, episodico delle singole tracce mnestiche. Lo sguardo della retrospezione autobiografica contempla, infatti, una moltitudine di immagini, che rimangono però una mera collezione irrelata di istantanee, epifenomeno sovente doloroso della frammentazione del sé. Occorre un criterio ordinatore delle medesime, e la mera successione cronologica è ben lungi dall'essere all'altezza di un simile compito. Ciò che dà connessione alla moltitudine di tracce non è un deterministico rapporto causa-effetto. Ricordare, raccontare, ma anche comprendere un avvenimento passato richiede invece l'esercizio del "pensiero narrativo" (Bruner, 2005) nei termini di costruzione di senso autobiografico che, come meaning-making, connette e integra gli avvenimenti rammemorati, inserendoli nella trama di una storia di sé. Attraverso la mediazione del significato, l'autobiografia "traccia il percorso di una vita, dandole senso attraverso una narrazione" (Freeman e Brockmeier, 2001, 79). Un tale processo è fondamentale, tanto per la definizione dell'identità personale, quanto per i percorsi di riconciliazione con sé stessi.

L'identità narrativa come modello di conciliazione del sé

In antitesi alle concezioni essenzialistiche della soggettività e dell'identità, Paul Ricœur ha indagato con impareggiabile capillarità i processi con cui la narrazione può offrire il fondamento dell'identità personale attraverso la nozione di "identità narrativa". Questa tesi viene introdotta quale termine e culmine dei tre volumi di *Tempo e racconto* (Ricœur, 1988, pp. 372-380), per poi dispiegarsi in maniera più articolata nel sesto studio di *Sé come un altro* (Ricœur, 1993, pp. 231-262), e tornare, infine, nelle grandi opere della vecchiaia del filosofo come *La memoria, la storia, l'oblio* (Ricœur, 2003, pp. 340-355) e *Percorsi del riconoscimento* (Ricœur, 2005, pp. 117-122). Se la comprensione dell'identità narrativa richiede in *Tempo e racconto* un confronto serrato tanto con grandi filosofi come Aristotele e Agostino, quanto con un ampio dibattito di teorie narratologiche e storiografiche, in Sé come un altro essa poggia invece su un'indagine di due modelli ermeneutici che soggiacciono al concetto stesso di identità: identità-*idem* e identità-*ipse* (Ricœur, 1993, pp. 204-214).

Il modello di identità-*idem* esprime l'ideale della medesimezza incondizionata verso un sé pregresso, da recuperare come coerenza verso un "*idem*" immutato, nella purezza della sua passeità, senza tener conto di come un simile atto sia condannato a essere ermeneuticamente fallimentare. Unicità, somiglianza, continuità sono le sue parole chiave. Il modello di identità-*ipse*, di contro, si emancipa dall'imperativo della medesimezza, e si pone come riconoscimento della persistenza di sé stessi ("*ipse*") nel corso del tempo. Le identificazioni dell'identità-*ipse* sono acquisite con l'esperienza vissuta, come l'altro da cui il medesimo si lascia permeare e riplasmare. Pluralità, differenza, discontinuità sono le sue parole chiave. L'identità-*ipse* pone l'alterità nel processo di costituzione di un sé che oscilla costitutivamente tra estraneità e appropriazione. Il sé dell'identità-*ipse* è una totalità porosa, la cui conclusione è sempre provvisoria, costantemente esposta al nuovo accadimento potenzialmente disaggregante, che assume quindi le connotazioni di un "irrevocabile potenziale" (Jankélévitch, 1974). Laddove l'identità-*ipse* paga con la vulnerabilità il prezzo della sua apertura a "diversità, variabilità, discontinuità, instabilità" (Ricœur, 1993, p. 232), essa trova nell'identità narrativa il processo ermeneutico che sa offrire coesione, connessione e riconciliazione del sé.

La narrazione operante nell'identità narrativa si pone in opera come un "atto configurante" (Ricœur, 1986, pp. 108-117) che mette insieme e integra accadimenti contingenti, episodici ed eterogenei, costruendo una storia (nella fattispecie dell'autobiografia, una storia di vita) attraverso il loro inserimento in una trama. Una mera successione di accadimenti, propria della temporalità lineare e irreversibile, diventa così, come configurazione del tempo narrativo, espressione del "tempo vissuto". Tale processo ermeneutico opera come "messa in intreccio", che, riconducendo il particolare del singolo episodio all'universale della storia,

> fa mediazione tra *eventi* o accadimenti individuali e una *storia* intesa come un tutto. A questo proposito, si può dire che l'intreccio ricava una storia sensata *da* una diversità di eventi o di accadimenti (le *pragmata* di Aristotele); oppure che trasforma gli eventi o accadimenti *in* una storia. (Ricœur, 1986, p. 109)

La configurazione costituita dalla messa in intreccio è il principio motore dell'identità narrativa. Essa tesse e ritesse incessantemente la trama del sé a partire da una pluralità disgregata di accadimenti, e opera, pertanto, come una "sintesi dell'eterogeneo" (Ricœur, 1986, p. 110).

Tali accadimenti appaiono in prima istanza come frammenti irrelati, schegge di una contingenza radicale, per non dire estraniante. La messa in intreccio opera su di loro come una "concordanza discordante" (Ricœur 1986, 74), rendendoli intellegibili e quindi tollerabili grazie al conferimento di quel "senso autobiografico" che, nei termini di *Durcharbeiten* teorizzato da Freud (Freud, 1975, pp. 353-361), sostituisce "a dei brandelli di storie insieme inintelligibili e insopportabili, una storia coerente e accettabile, nella quale chi fa l'analisi possa riconoscere la propria ipseità" (Ricœur, 1988, p. 377). Senza implicare un armonicismo forzato, l'identità-*ipse* ospita allora, nella trama narrativa che la costituisce, anche quegli accadimenti "terribili e penosi", che, in quanto tali, sono "la principale minaccia per la coerenza dell'intreccio" (Ricœur, 1986, p. 75). Come "concordanza discordante", la configurazione narrativa operata dalla messa in intreccio è posta dinnanzi a forze dis-integranti, generate da vissuti traumatici (Ricœur, 2020), ed è esposta, parimenti, a quei punti di svolta e di rottura peculiari dell'irrevocabile. La narrazione alla base dell'identità narrativa si mostra qui come risorsa imprescindibile per il processo ermeneutico di riconciliazione con sé stessi.

Nelle parole dell'autore, tale identità può essere compresa come narrativa in quanto

> riposa su una struttura temporale conforme al modello di *identità* dinamica frutto della composizione poetica di un testo *narrativo*. Il se-stesso può così esser detto *rifigurato* dall'applicazione riflessiva delle *configurazioni narrative*. A differenza dell'identità astratta del *Medesimo*, l'identità narrativa, costitutiva dell'*ipseità*, può includere il cambiamento, la mutabilità, nella *coesione* di una vita. Il soggetto appare allora costituito ad un tempo come *lettore* e come *scrittore* della propria vita, secondo l'auspicio di Proust. Come viene verificato dall'analisi letteraria, dell'*autobiografia*, la storia di una vita non finisce mai di essere rifigurata da tutte le storie veridiche o di finzione che un soggetto racconta a proposito di sé. questa *rifigurazione* fa della vita stessa un *tessuto di storie raccontate* (Ricœur, 1988, p. 376 – corsivo mio).

L'identità narrativa, operante paradigmaticamente nella scrittura autobiografica (come riconosce Ricœur medesimo) è un dispositivo ermeneutico fondamentale per la riparazione e la (ri)costruzione del sé, ergo, per la riconciliazione con sé stessi. Facendo propria la logica dell'atto configurante, l'identità narrativa dà connessione e ordine al materiale amorfo e confuso degli accadimenti, permettendo così di interpretare l'azione, individuando fini, motivi, agenti, circostanze, interazioni, esito (Ricœur, 1986, p. 95), e di iscriverla entro la totalità intelligibile di una storia "sensata" di sé. La narrazione, istituita dalla messa in intreccio di eventi, traspone, come identità narrativa, il campo di tale trama dall'azione al soggetto che scrive.

Come espressione di un'identità narrativa, l'autobiografia mostra la storia di un soggetto che sa riconoscersi nel proprio passato, in quanto sa rispondere di sé in quanto "chi è" dell'azione (Ricœur, 1988, p. 375, in riferimento ad Arendt 1964). Già Dilthey (Dilthey, 1954, p. 201) riconosceva che comprendere la vita non implica un semplice atto descrittivo. Al contrario, il racconto della medesima sorge attraverso una connessione tra singoli episodi legati tra di loro dal giudizio morale, mediante categorie pratiche come quella di valore, di scopo e di significato. L'identità narrativa profilata da Ricœur funge parimenti da ponte tra il descrivere e il prescrivere. Da essa emerge un soggetto autobiografico responsivo e responsabile, dotato di "*agency* narrativa" (Brockmeier, 2015, p. 177), ovvero, capace di offrire un resoconto delle azioni di cui la propria narrazione di sé si compone, quale legittimo agente di esse. Tale agire comprende altresì la non meno formativa esperienza del patire, ovvero l'essere esposto a quegli accadimenti in cui l'identità-*ipse* passa attraverso il tormento del non-scelto. Tutto questo diventa cruciale, allorché il soggetto dell'identità narrativa è posto di fronte all'irrevocabile e all'inconciliabile.

Di fronte all'irrevocabile e all'inconciliabile

La media quotidianità, affaccendata e scarsamente riflessiva, raramente ha il potere di innescare la retrospezione autobiografica. Questa implica la sospensione della temporalità lineare e irreversibile e l'interrogazione degli abissi del tempo vissuto, inaugurando il "tempo autobiografico". Nella volontà di affrontarli, l'autobiografo è talvolta accompagnato dalla percezione del carattere di parabola della propria esistenza, come nelle *Confessioni* di Agostino (Agostino, 2012), talaltra dal sentimento di unicità di essa, come in quelle di Rousseau (Rousseau, 1976). Talvolta è la percezione di una risonanza tra la propria storia particolare e la grande storia universale alla base della scrittura di sé, come in *Poesia e verità* (Goethe, 2020), talaltra, è la disponibilità a dare voce a quel moto dialettico per cui la scrittura della vita si torce in una scrittura della morte e del lutto (Derrida, 1995; cfr. Ferraris, 1992). Per la presente trattazione, affinché il tempo autobiografico venga inaugurato, si rivela decisivo un punto di svolta riconosciuto come irrevocabile, in cui l'umana apertura al mondo ci espone drammaticamente in tutta la nostra vulnerabilità all'esperienza vissuta del dolore.

I numerosi volumi autobiografici di sopravvissuti dei campi di concentramento e di sterminio hanno alla base l'imperativo di offrire testimonianza dell'evento irrevocabile e traumatico di Auschwitz, momento di cesura tanto del tempo della grande storia universale (Diner, 1988 ha parlato a riguardo di "rottura di civiltà") quanto del tempo vissuto della propria storia particolare. I superstiti, in diversi casi ben lungi dal sentirsi scrittori di professione, si volgono alla scrittura autobiografica mossi dall'imperativo etico di dare memoria all'irrevocabile di un'esperienza che pose milioni di esseri umani innocenti di fronte all'estremo (Todorov, 1992). Nel fare questo, ci consegnano il racconto di una vita spezzata dall'evento dell'irrevocabile in un "prima" e "dopo", profondamente scossa, se non dis-integrata nella propria conciliazione di sé. Nelle parole di Bruno Bettelheim, psicologo e superstite dei Lager egli stesso: "Quando si parla degli effetti psicologici della prigionia nei campi di concentramento, bisogna sempre tenere presente che si è trattato di un'esperienza così fortemente *traumatica* da distruggere completamente o in misura molto notevole l'*integrazione* personale" (Bettelheim, 1981, p. 38 – corsivo mio). La prassi della scrittura autobiografica che affronta la atrocità dei campi di concentramento e di sterminio è un'esperienza dialettica e ambigua per il sopravvissuto. Da un lato, dobbiamo a Viktor Frankl la tesi per cui l'attribuzione di un significato al trauma del Lager attraverso l'enunciazione della narrazione di sé ha un valore fortemente terapeutico in termini di riconciliazione con sé stessi. D'altra parte, tale rievocazione mnestica può essere estremamente dolorosa, persino ritraumatizzante, come testimoniano paradigmaticamente Jean Améry e Jorge Semprùn (Semprùn, 1994).

La presente trattazione prende in particolare in esame le opere di due sopravvissuti della Shoah come Viktor Frankl e Jean Améry, agli antipodi nel loro itinerario di vita e pensiero, eppure convergenti su un punto fermo: nulla è più come prima. Le vicende umane e filosofiche di Améry e Frankl attestano le memorie dei superstiti di Auschwitz come il luogo estremo, e dunque cruciale, per l'autobiografia che, posta di fronte all'irrevocabile, può tentare di fare l'impossibile come pratica ermeneutica di riconciliazione con sé stessi.

a. Jean Améry

L'opera di Jean Améry testimonia come il soggetto dell'autobiografia dopo Auschwitz rompa con il racconto di quell'io sovrano che poteva orgogliosamente ripercorrere le diverse stazioni di una vita autogovernata, espressione del porsi in opera di una teleologia immanente che prevale su ogni accidente, ben esemplificata dal romanzo di formazione (*Bildungsroman*) e dal nietzschiano "come si diventa quel che si è" (Nietzsche, 1974). La sua riflessione ha alla base il dualismo tra tempo naturale e tempo morale, in singolare consonanza con Jankélévitch (Jankélévitch, 1974). Alla riconciliazione prodotta dal progressivo scorrere del tempo lineare, Améry (non meno di Jankélévitch) contrappone il risentimento, qualificandolo come quel sentimento morale che, protestando contro l'oblio ratificato dall'irreversibile, esprime la resistenza di chi riconosce un certo evento come irrevocabile:

> Nei due decenni dedicati alla riflessione su ciò che mi accadde, credo di aver compreso che la remissione e l'oblio provocati da una pressione sociale sono *immorali*. … È diritto e privilegio dell'essere umano non dichiararsi d'accordo con ogni evento naturale, e quindi nemmeno con il *rimarginarsi biologico* provocato dal *tempo*. [...] La *resistenza morale* ha in sé la *protesta*, la *rivolta* contro la realtà, che è ragionevole fintanto che è *morale*. L'uomo morale esige la *sospensione del tempo* (Améry, 2008, p. 115 – corsivo mio).

La rivalutazione del risentimento come sentimento morale è l'esito coerente del pensiero incarnato di chi ha potuto conoscere l'azione soltanto come reazione, come attesta la radicale esposizione di sé alla tortura e alla detenzione in Lager. Questo va di pari passo col ripensamento di uno sguardo retrospettivo che pone la malattia come tratto integrante della personalità, fino a riconoscere nella condizione di distorsione della "vita offesa" (cfr. Adorno, 2015), che il risentimento esprime, una moralità più elevata rispetto alla postura dei cosiddetti sani (Améry, 2008). Ponendo il risentimento a fondamento della morale, Améry filtra, nella formulazione della sua etica, un vissuto in cui la contingenza di ciò che tocca in sorte ha prevalso tragicamente su ogni finalità autodeterminata. Trattandosi di Auschwitz, si tratta di un evento capace di oscurare la trascendenza dello spirito sulla realtà (Améry 2008, p. 36) e, quindi, spegnere ogni produzione di senso, compreso il senso autobiografico. Nelle sue parole:

> Ad Auschwitz non siamo divenuti più *saggi*. … Neanche nel campo siamo diventati più "*profondi*". [...] Inutile

> aggiungere, credo, che ad Auschwitz non siamo nemmeno divenuti *migliori*, più *umani*, più "*benevoli*" nei confronti dell'uomo e più maturi moralmente. Non si assiste a fatti e misfatti dell'uomo disumanizzato senza che vengano messe in discussione tutte le idee circa l'innata dignità dell'uomo. Dal Lager uscimmo denudati, derubati, svuotati, *disorientati* e ci volle molto tempo prima che riapprendessimo il linguaggio quotidiano della libertà (Améry, 2008, p. 52 – corsivo mio).

Opportunamente, allora, Améry stesso qualificherà una tale narrazione nei termini di "romanzo di deformazione" (*Entbildungsroman*) (Améry, 1971). In essa, prende la parola una soggettività sistematicamente esposta alla tortura e alla violenza, condannata al patire che è proprio di una radicale passività. Essa è destituita tanto della propria "fiducia nel mondo" (Améry, 2008, p. 62; p. 77) quanto, nella rottura di una dialettica che lega conoscere e riconoscere, della capacità di parlare e agire (*agency*) (Améry, 2008, 85). L'opera di Améry ci consegna un rifiuto della riconciliazione (con sé e con l'altro) che, attraverso un perdurante risentimento, descrive una perdita di senso e di *agency* cui corrisponde una diffusa alienazione (Améry, 2008, p. 144; Améry, 1971; cfr. Ferrari 2017) e infine, come esito ultimo di tale processo, la perdita del proprio sé. Nelle parole dell'autore: "Ero un uomo che non poteva più dire noi, e che quindi per abitudine, ma senza avere la sensazione di possedere appieno sé stesso, diceva io" (Améry, 2008, p. 81).

b. Viktor Frankl

Posto dinnanzi alla radicale sofferenza dei campi di concentramento, da lui stesso vissuta in prima persona, Viktor Frankl sviluppò un plesso argomentativo antitetico rispetto ad Améry, legando accadimento-senso-valore. Nel suo volume autobiografico, intitolato *Trotzdem ja zum Leben sagen*, egli scrive:

> La vita conserva il suo *senso* anche quando si svolge in un campo di concentramento, quando non offre quasi più nessuna possibilità di realizzare dei *valori*. … Se la vita ha un significato in sé, allora deve avere un significato anche la *sofferenza*. [...] A seconda di ciò che accade, l'uomo realizza o perde i possibili *valori morali* che la sua dolorosa situazione e il suo duro destino gli consentono, e, seconda dei casi, è 'degno del suo tormento' o non lo è. (Frankl, 2013, p. 116 – corsivo mio).

Il senso è contemporaneamente ciò che viene scosso dalla sofferenza e ciò che può permettere di superare tale sofferenza. Questa, ci insegna Frankl, non proviene solo da un accadimento in sé, ma dalla frustrazione esistenziale legata all'impossibilità di trovare un senso per esso. Egli individua in un "orientamento verso un senso e verso valori" una risposta a quegli accadimenti dell'irrevocabile-trauma che, nel loro toccarci in sorte, scuotono e sconvolgono la trama della nostra esistenza (Frankl, 1982, p. 5). Tale orientamento conferisce la "forza di reazione dello spirito" (*Trotzmacht des Geistes*) (Frankl, 1982, p. 30), ed è grazie ai valori, quindi, che l'essere umano vive in maniera attiva la propria costitutiva "apertura al mondo" (cfr. Scheler, 2010).

Frankl ridefinisce tale apertura nei termini di "autotrascendenza" (Frankl, 1982) allorché scrive: "Per essenza l'uomo è *aperto, aperto al mondo*. Essere uomo significa andare aldilà di sé stessi. L'essenza dell'esistenza umana si trova nel proprio *autotrascendimento*. Essere uomo vuol dire essere sempre *rivolto* verso qualcosa o qualcuno" (Frankl, 1982, p. 33 – corsivo mio). Laddove la nostra esistenza implica un andare aldilà di noi stessi, rivolgendosi a qualcosa o qualcuno, è come "responsabilità verso i valori" (Frankl, 1982, p. 33) che diamo un senso alle relazioni interumane, e la vita umana può, quindi, avere e mantenere il suo senso. Si può allora trovare riconciliazione solo mediando l'unicità di una situazione attraverso i valori, che Frankl opportunamente definisce come "universali di senso riferibili alla condizione umana in quanto tale" (Frankl, 1982, p. 58). Il soggetto di Frankl è, quindi, tanto aperto al mondo quanto strutturato storicamente dai propri vissuti. La riconciliazione con sé stessi emerge dalle sue pagine come un costante lavoro narrativo che, come egli stesso riconosce, comporta un *tollere et conservare* nel senso di una *Aufhebung* à la Hegel (Frankl, 1982, p. 47), che non ignora la permanenza, anzi esige l'eternità dell'irrevocabile.

La tesi di Frankl sull'attribuzione di senso attraverso valori è stata sviluppata in concomitanza con una sofferenza così radicale dal renderne l'attuazione difficile, se non impossibile per molti altri suoi compagni di prigionia. Améry stesso ratificherà tuttavia, per così dire, *ex negativo*, la tesi dell'autotrascendenza di Frankl (Améry, 2008), riconoscendo come "la morsa della realtà dell'orrore era meno forte, laddove la realtà era da sempre inserita in uno schema spirituale fisso" (Améry, 2008, p. 44), di natura religiosa o politica (cfr. Frankl, 2013, pp. 113-139). Esiste, quindi, un legame tra irrevocabile-trauma, senso e *agency* per cui la crisi di senso post-traumatica, quella che Améry chiamava perdita di "fiducia nel mondo" (Améry, 2008) si riverbera in un'alienazione che immobilizza l'agire, mentre il conferimento di senso autobiografico nei termini di orientamento valoriale proposto da Frankl contribuisce al mantenimento di sé in quanto soggetto agente. L'identità narrativa si pone in opera nell'autobiografia come costruzione di quel "sé autobiografico" che opera attraverso la "produzione di significato (*meaning-making*)" (Bruner, 2006). Nella diversità dei loro percorsi, tanto Améry quanto Frankl ci insegnano come produrre significato attraverso un riferimento valoriale a ciò che accade, in particolare all'irrevocabile-trauma, è un presupposto imprescindibile per l'esercizio della propria *agency*, e, tramite essa, per la riconciliazione con sé stessi.

Appropriazione, agency e progetto di vita buona come risorse per la riconciliazione con sé stessi

Nell'autobiografia non si constata semplicemente un passato, bensì è essenziale poterlo rappresentare a sé stessi come il *proprio* passato. Esso non è solo qualcosa che mi è capitato, e mi ha travolto con la sua contingenza, consegnandomi a una condizione di passività, come un "che di dato" inesorabile. Al contrario, suggerisce Peter Bieri, posso relazionarmi in maniera ermeneutica agli episodi del mio passato attraverso un conferimento di senso. In tal modo quanto appariva estraneo e, in quanto tale, straniante, viene compreso come parte della propria storia, e, in essa, di un'unità: "Come persona devo provare a *prendere possesso* di esse [le cose che mi sono capitate nel passato] e a comprenderle come *parti di me*, cosicché non mi appaiano più come *estranee*. Detto diversamente, questo ideale afferma che io devo provare a portare un'*unità* nella mia vita passata" (Bieri, 1986, p. 273 – corsivo mio).

Rahel Jaeggi ha accuratamente ricostruito tale processo, con cui l'estraneo (*Fremd*) del singolo accadimento, nuovo e contingente, porta con sé una minaccia di estraniazione (*Ent-fremdung*), e può essere tuttavia capovolto nel proprio (*Eigen*), attraverso un processo ermeneutico di appropriazione (*An-eignung*). Laddove, in una simile prospettiva, "l'alienazione può essere compresa come il danneggiamento dei rapporti di appropriazione" (Jaeggi, 2017, p. 78), che si riverbera attraverso frammentazione, bassa percezione di autoefficacia (Bandura, 1982) e paralisi dell'*agency*, l'autobiografia opera una riconciliazione con sé stessi nei termini di superamento dell'estraniazione attraverso l'appropriazione.

Un tale processo fa appello alla dialettica particolare-universale che, mediata dal senso autobiografico, mette in relazione il frammento del singolo accadimento alla storia di sé, dispiegando così quella che MacIntyre chiama "unità narrativa della vita". Con essa, egli intende una soggettività che poggia su un concetto di "io la cui unità risiede nella unità di una narrazione che collega la nascita alla vita e alla morte, come l'inizio di un'opera letteraria è collegato al suo centro e alla sua fine" (MacIntyre, 2007, p. 250). Tale nozione mostra che non esiste "vita buona" se non in una vita che si percepisce come un'unità, come un "tutto", come un "che di intero". La narrazione, in particolare la narrazione autobiografica, è una pratica ermeneutica che articola la "vita come un tutto" come dispiegamento progressivo di un "piano di vita" che, di volta in volta all'opera nelle singole azioni, è, in quanto tale, testimonianza del proprio "progetto" di "vita buona".

L'autobiografia narra allora la storia della propria identità, come processo orientato e definito da una certa idea di ciò che è Bene (Taylor, 1993), articolato attraverso il riconoscersi e l'appropriarsi di sé stessi nei singoli accadimenti particolari della medesima. Tanto l'estraniazione di sé implica frammentazione, bassa percezione di autoefficacia, ridotta capacità di azione, e, quindi infelicità, quanto l'appropriazione di sé come un "che di intero", resa possibile dal senso autobiografico, appare essere condizione imprescindibile per la vita buona. L'autobiografia è infatti, come già aveva intuito Dilthey (Dilthey, 1954, p. 199), l'esposizione di quelle connessioni di significato per cui ogni momento particolare ricordato possiede un proprio valore in quanto legato al senso dell'intero.

Mediazione tra il particolare del singolo accadimento e l'universale del progetto di vita buona, la pratica autobiografica non sarebbe possibile senza la capacità di giudizio di ciò che è buono, esercitato tanto nei confronti dell'azione nella situazione presente, quanto come punto di vista a posteriori sui singoli accadimenti passati. L'autobiografia è allora la ricostruzione retrospettiva del proprio progetto personale di "vita buona", e della sua relativa attuazione nel corso del tempo. È la capacità di giudizio a dare un senso a ciò che accade, attraverso i valori. Abbiamo già avuto modo di sostare sulla tesi di Frankl per cui è possibile dare senso a un accadimento o a un'azione sempre e solo in riferimento a un orientamento valoriale. Il senso autobiografico opera parimenti come mediazione tra il particolare del singolo accadimento e l'universale dei valori. Questi, secondo Charles Taylor, costituiscono parametri per il giudizio, e permettono l'esercizio dell'agency attraverso "distinzioni qualitative" e "valutazioni forti" (Taylor, 1985; pp. 15-44; Frankfurt, 1971), istruendo un quadro di riferimento di universali con cui è possibile dare un senso al singolo accadimento o alla singola azione particolare.

Sussumendo un accadimento sotto un valore, il conferimento di senso autobiografico si attualizza non solo come capacità di giudizio, ma soprattutto come capacità di azione (*agency*). Mediando tra il particolare del singolo atto e l'universale del valore, la produzione di significato (*meaning-making*) diventa condizione di possibilità per l'azione (Bruner, 2006). In particolare, il proprio progetto di "vita buona", articolato attraverso l'orientamento valoriale, è riconoscibile (o meno) nei singoli accadimenti e nelle singole azioni attraverso la mediazione di un "piano di vita". La narrazione di sé dell'autobiografia è quindi la storia dell'esercizio della propria *agency*, e, mediante essa, storia del proprio progressivo avanzare (o retrocedere), attraverso singole azioni e accadimenti, nella realizzazione del "piano di vita", e, tramite esso, del proprio ideale di "bene" alla base del progetto di "vita buona". Nelle parole di Taylor: "Dare *senso* alla mia *azione* presente interroga la mia posizione presente nei confronti del *bene* e richiede una *comprensione narrativa* della mia vita, per cui: il *senso* di ciò che sono diventato può essere chiarito solo attraverso una *storia*" (Taylor, 1993, p. 48). L'importanza di una simile tesi emerge con particolare forza se considerata *ex negativo*, osservando la crisi di conciliazione del sé innescata dall'essere privati del proprio quadro di riferimento dei valori con cui identificare cosa è Bene. Al non poter dare un senso a ciò che accade segue, secondo Taylor, il disorientamento della capacità di giudizio, e, quindi, il non avere criteri per la capacità di azione (*agency*). Come abbiamo appreso già dalla testimonianza di Améry, l'irrevocabile-trauma fa irruzione come evento inaudito che fa tremare le trame narrative della conciliazione del sé e impedisce ogni moto di appropriazione nei confronti della propria circostanza. La sofferenza che accompagna un simile vissuto può scuotere ogni senso, e danneggia parimenti chi la esperisce nella propria *agency*, facendo crollare il quadro di riferimento valoriale alla base del proprio progetto di vita buona.

L'autobiografia emerge allora come una narrazione di sé che, attraverso uno sguardo retrospettivo, articola la mediazione del particolare di un singolo accadimento all'interno dell'universale della percezione della propria vita come un "che di intero", strutturato in modo tale che la storia della propria vita costituisce una pratica ermeneutica di riconciliazione con sé stessi. Come messa in intreccio di accadimenti in prima istanza contingenti e irrelati ("irrevocabile potenziale"), l'autobiografia si pone in opera come un processo di appropriazione e di dispiegamento di un'identità narrativa, reso possibile da un conferimento di senso a ciò che accade, richiedente, a sua volta, il quadro di riferimento di un orientamento valoriale. Essa si traduce, quindi, nel ripercorrimento diacronico della storia di sé come storia dell'attuazione di quella capacità di agire (agency), indispensabile per l'adempimento di quel proprio progetto di vita buona, che istruisce, a sua volta, la percezione della propria vita come un "che di intero". Nel mettere in contatto singolo accadimento, senso, valori, appropriazione, agency, progetto di vita buona e percezione della vita come un "che di intero", l'arco ermeneutico autobiografico è allora teso tra il particolare e l'universale, e la sua posta in gioco è la riconciliazione con sé stessi.

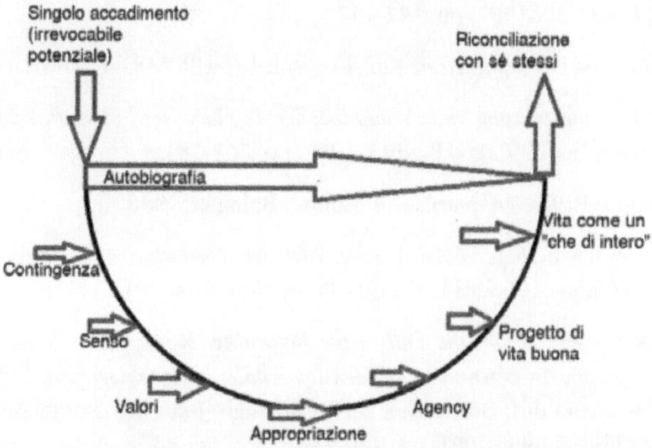

BIBLIOGRAFIA

Adorno T. W., *Minima moralia. Meditazioni della vita offesa*, Einaudi, Torino, 2016.

Agostino, *Confessioni*, Bompiani, Milano, 2012.

Améry J., *Intellettuale ad Auschwitz*, Bollati Boringhieri, Torino, 2008.

Améry J., *Unmeisterliche Wanderjahre*, Klett, Stoccarda, 1971.

Arendt H., *Vita activa*, Bompiani, Milano, 1964.

Aron R., *Introduction à la philosophie de l'histoire. Essai sur les limites de l'objectivité historique*, Gallimard, Parigi, 1938.

Auschwitz dopo Auschwitz, a cura di E. S. Storace, Meltemi, Roma, 2017, pp. 49-65.

Assmann A., *Sette modi di dimenticare*, Il Mulino, Bologna, 2019.

Bandura A., *"Self-Efficacy Mechanism in Human Agency"*, in *«American Psychologist»*, 37, 1982, pp. 122-147.

Bettelheim B., *Sopravvivere e altri saggi*, Feltrinelli, Milano, 1981.

Bieri P., *Zeiterfahrung und PersonalitätZeit in Natur und Mensch*, a cura di H. Burger, Berlin Verlag, Berlino, 1986, pp. 261-281.

Bourdieu P., *Ragioni pratiche*, Il Mulino, Bologna, 1986.

Brockmeier J., *Beyond the Archive. Memory, Narrative, and the Autobiographical Process*, Oxford University Press, New York, 2015.

Brockmeier J., *From the End to the Beginning. Retrospective Teleology in Autobiography*, in *Narrative and Identity. Studies in Autobiography, Self, and Culture*, a cura di J. Brockmeier – D. Carbaugh, John Benjamins, Amsterdam & Philadelphia 2001, pp. 246-280.

Brockmeier J., *Autobiographical Time*, in *«Narrative Inquiry»*, 10/1, 2000, pp. 51-73.

Bruner J., *La ricerca del significato*, Bollati Boringhieri, Torino, 2006.

Bruner J., *La mente a più dimensioni*, Laterza, Roma-Bari, 2005.

Caracciolo A., *Politica e autobiografia*, Morcelliana, Brescia, 1993.

Derrida J., *Memorie per Paul De Man. Saggio sull'autobiografia*, Jaca Book, Milano, 1995.

Dilthey W., *Critica della ragione storica*, Einaudi, Torino, 1954.

Ferrari F., *Vladimir Jankélévitch's "Diseases of Temporality" and Their Impact on Reconciliatory Processes* in *Contemporary Perspectives on Vladimir Jankélévitch*, a cura di M. La Caze–M. Zolkos, Rowman & Littlefield, London, 2019, pp. 95-116.

Ferrari F., *Der ewige Fremde. Jean Améry e la ricerca della Heimat dopo*

Auschwitz in M. Latini -

Ferraris M., *Mimica. Lutto e autobiografia da Agostino a Heidegger*, Bompiani, Milano, 1992.

Fisher J., *Guarire la frammentazione del sé*, Cortina, Milano, 2017.

Foucault M., *Le parole e le cose*, Rizzoli, Milano, 1967.

Frankfurt H., *Freedom of the Will and the Concept of a Person*, in «*The Journal of Philosophy*», 68/1 (1971), pp. 5-20.

Frankl V., *Uno psicologo nei lager*, Ares, Milano, 2013.

Frankl V., *Ärztliche Seelsorge*, Deuticke, Vienna, 1982.

Freeman M., *Hindsight. The Promise and Peril of Looking Backward*, Oxford University Press, New York, 2009.

Freeman M., Brockemeier J., *Narrative Integrity: Autobiographical Identity and the Meaning of the "Good Life"*, in *Narrative and Identity. Studies in Autobiography, Self, and Culture*, a cura di J. Brockmeier, D. Carbaugh, John Benjamins, Amsterdam & Philadelphia, 2001, pp. 75-99.

Freud S., *Ricordare, ripetere e rielaborare*, in Id., Opere, Vol. VII, Boringhieri, Torino, 1975, pp. 353-361.

Gobodo-Madikizela P., Van der Merwe Chris N., *Narrating our Healing. Perspectives on Working through Trauma*, Cambridge Scholars Publishing, Newcastle, 2007.

Goethe J. W., *Dalla mia vita. Poesia e verità*, Bompiani, Milano, 2020.

Gusdorf G., *"Conditions and Limits of Autobiography"*, in *Autobiography. Essays Theoretical and Critical*, a cura di J. Olney, Princeton University Press, Princeton, 1980, pp. 28-48.

Hillman J., *Il codice dell'anima*, Adelphi, Milano, 1996.

Jaeggi R., *Alienazione*, Castelvecchi, Roma, 2017.

Jankélévitch V., *L'irréversible et la nostalgie*, Flammarion, Parigi, 1974.

Leiner M., *From Conflict Resolution to Reconciliation*, in *Alternative Ap-*

proaches in Conflict Resolution, a cura di M. Leiner, C. Schliesser, Palgrave Macmillan, Cham, 2019, pp. 175-185.

LEJEUNE P., *Il patto autobiografico*, Il Mulino, Bologna, 1986.

MACINTYRE A., *Dopo la Virtù*, Armando, Roma, 2007.

MILLER A., *Il dramma del bambino dotato e la scoperta del vero sé*, Bollati Boringhieri, Torino, 1979.

MINKOWSKI E., *Il tempo vissuto: fenomenologia e psicopatologia*, Einaudi, Torino, 1971.

NIETZSCHE F., *Ecce homo*, Adelphi, Milano, 1974.

PASCAL B., *Pensieri*, Guaraldi, Rimini, 1995.

PELGREFFI I., *La scrittura dell'autos. Derrida e l'autobiografia*, Galaad, Giulianova, 2015.

RICŒUR P., *Attorno alla psicoanalisi*, Jaca Book, Milano, 2020.

RICŒUR P., P*ercorsi del riconoscimento*, Cortina, Milano, 2005.

RICŒUR P., *La memoria, la storia, l'oblio*, Cortina, Milano 2003.

RICŒUR P., *Sé come un altro*, Jaca Book, Milano, 1993.

RICŒUR P., *Dal testo all'azione*, Jaca Book, Milano, 1989.

RICŒUR P., *Tempo e racconto III*, Jaca Book, Milano, 1988.

RICŒUR P., *Tempo e racconto I*, Jaca Book, Milano, 1986.

ROUSSEAU J. J., *Le confessioni*, Garzanti, Milano, 1976.

SCHAPP, W., *Reti di storie*, Mimesis, Milano, 2017.

SCHELER M., *La posizione dell'uomo nel cosmo*, Armando, Roma, 2010.

SEMPRÙN J., *La scrittura o la vita*, Guanda, Parma, 1994.

SPENCE D., *Verità narrativa e verità storica*, Giunti, Firenze 1987.

TAYLOR CH., *Etica e umanità*, Vita e Pensiero, Milano 2004.

Taylor Ch., *Radici dell'io*, Feltrinelli, Milano 1993.

Todorov T., *Di fronte all'estremo*, Garzanti, Milano 1992.

Van der Hart O., Nijenhuis Ellert, R. S.; Steele K., *Fantasmi nel sé. Trauma e trattamento della dissociazione strutturale*, Cortina, Milano, 2011.

Van der Kolk B., *Il corpo accusa il colpo*, Cortina, Milano, 2015.

Wagner-Egelhaaf M., *Handbook of Autobiography/Autofiction*, De Gruyer, Berlino, 2019.

Weintraub Karl J., *Autobiography and Historical Consciousness*, in «*Critical Inquiry*», 1/4 (1975), pp. 821-848.

Zivilisationsbruch. Denken nach Auschwitz, a cura di D. Diner, Fischer, Frankfurt a. M., 1988.

Il ruolo terapeutico della narrazione nella psicoanalisi freudiana

Marco Stucchi

Un non detto nella psicologia del profondo

Obiettivo del presente articolo è chiarire il ruolo della narrazione nel metodo psicoterapeutico elaborato da Sigmund Freud. Il principale ostacolo – che pure già rappresenta un motivo di interesse – a questa operazione è la totale mancanza di riferimenti al tema della narrazione nel *corpus* freudiano. L'autore non si è mai occupato esplicitamente né direttamente del fenomeno. Se consultassimo l'accurato indice analitico delle *Opere complete* dell'edizione Bollati Boringhieri, non troveremmo le voci 'Narrazione', 'Raccontare' *et similia*. È noto che, durante gli anni di formazione dello psicanalista viennese, Wilhelm Dilthey si adoperava per la legittimazione delle scienze storiche, ponendo di riflesso una certa attenzione sull'atto del narrare. Non risulta tuttavia che Freud entrò in contatto con i testi del filosofo tedesco (Cappelletti, 1997, p. 42). Del resto, sappiamo che scuole di pensiero e ambienti accademici di matrice positivista, materialista e darwinista influenzarono significativamente il padre della psicoanalisi, e forse ciò spiega, in parte, l'assenza di un interesse teorico per una tematica lontana dalle riflessioni che si diramarono da tali indirizzi.

Eppure, nonostante quanto appena scritto sia difficilmente contestabile, anche colui che non è specialista del pensiero freudiano può facilmente intuire la centralità che spetta all'atto del narrare nella prassi terapeutica psicoanalitica. Il paziente che si sottopone alle sedute psicoanalitiche viene anzitutto invitato dallo psicoanalista a *raccontare*. E se la psicoanalisi, come affermò il suo creatore (Freud, 1932, p. 261), è un metodo curativo prima di essere una teoria psicologica, sembra doveroso dedurre che la narrazione risulta fondamentale rispetto alla totalità dell'estensione del pensiero freudiano.

La teoria psicoanalitica, nonostante la sua ampiezza e articolazione, tace allora su un fenomeno che occupa un ruolo centrale rispetto al suo stesso ambito di interesse? Sembra dunque che nella psicoanalisi, nella psicologia del profondo, che fa del disvelamento del "non detto" il cuore del suo metodo, risieda paradossalmente un "non detto". Obiettivo di queste pagine è tentare di chiarire la natura di questo "paradosso".

Dovremo quindi fare affidamento solo sui nostri sforzi concettuali e interpretativi per rispondere alla seguente domanda: perché, secondo Freud, raccontare[35] guarisce i pazienti o almeno li aiuta a guarire? La domanda può essere riformulata nel seguente modo: data la teoria psicoanalitica freudiana, è possibile render conto del potere terapeutico della narrazione? Premesso che non è nostra intenzione sostenere che il narrare abbia *effettivamente* un potere terapeutico, sappiamo però che Freud era di questo parere. Invece di domandarci se egli abbia avuto ragione o meno in termini assoluti, desideriamo avanzare alcune riflessioni finalizzate a un chiarimento circa il ruolo della narrazione una volta che si è assunto il suo metodo curativo.

Tale metodo prevede[36] che, durante le sedute terapeutiche, il paziente, in buona sostanza, parli, raccontando delle cose. La narrazione in sé e per sé, tuttavia, non risulta sufficiente: è fondamentale anche il ricordare con i suoi condizionamenti emotivi (ad esempio, è decisiva la dinamica del transfert). È addirittura problematico ritenere che siano fattori di guarigione *tutte* le narrazioni che i pazienti producono: si pensi alle narrazioni deliranti del Presidente Schreber, che sono propriamente forme sintomatiche. Assegnare un ruolo preciso all'atto del narrare non è pertanto semplice. Sarà quindi di aiuto una definizione di narrazione quanto più possibile precisa. Dato che non è possibile attingere a una definizione scaturita dalla penna freudiana, prenderemo in considerazione una definizione generica che sia il più possibile semplice, vicina al senso comune e che possa pertanto esser verosimilmente accolta senza obiezioni anche da chi adopera il metodo psicoanalitico. La definizione che suggeriamo è la seguente: riferire, verbalmente o per iscritto, eventi o fatti più o meno collocati nel tempo e più o meno connessi tra loro.

Riteniamo che tale definizione, generica e minimale, possa incontrare felicemente le intuizioni che la maggior parte di noi hanno a proposito del significato di 'narrare' e possa compendiare ciò che facevano i pazienti di Freud durante le sedute psicoanalitiche almeno a livello "comportamentale". Prima di procedere, un banale ma opportuno chiarimento su tale definizione: il "più o meno", in riferimento alla collocazione temporale e al grado di connessione di ciò che viene raccontato, denota vaghezza ma è comunque opportuno. Per rendersene conto è sufficiente immaginare dei casi estremi, quali una lista di fatti che non solo non sono collocati in un tempo "assoluto" ma che non presentano neanche il minimo indizio rispetto alla loro interna successione temporale, oppure una lista di fatti che non solo non intrattengono tra loro alcuna connessione – causale, sostanziale, o altro –, ma che neanche *pretendono*[37] di esser connessi tra loro. Saremmo senz'altro tutti d'accordo nell'espungere tali casistiche dalla narrazione o dal racconto. D'altro canto, nessuno riterrebbe necessario che, affinché una certa sequenza di parole possa esser definita 'narrazione', debba presentare solo eventi precisamente collocati nel tempo e totalmente interconnessi tra loro.

Il narrare nella terapia freudiana

Abbiamo dunque proposto una definizione di 'narrare': riferire, verbalmente o per iscritto, eventi o fatti più o meno collocati nel tempo e più o meno connessi tra loro. Rispetto però a ciò che fanno i pazienti di Freud durante le sedute, tale definizione pone qualche questione. Mettere a fuoco questi problemi ci permetterà di comprendere meglio in che senso diciamo che, nelle sedute terapeutiche, i pazienti raccontano (o narrano) delle cose. Procediamo allora con ordine, ponendo la definizione sotto la lente dell'analisi concettuale.

Innanzitutto, nonostante sia corretto ritenere che l'atto del narrare possa prodursi verbalmente o per iscritto, in relazione alla psicoterapia freudiana dobbiamo ammettere solo la prima modalità. Le eccezioni che incontriamo in tal senso nella carriera di Freud – il caso del piccolo Hans e quello del Presidente Schreber – non sono veramente tali: semplicemente si pongono al di là del confine della prassi terapeutica freudiana. Il piccolo Hans non è sottoposto a sedute, e la sua storia clinica è riportata dal padre; anche Schreber non seguì un percorso con Freud, ma fu lo psicoanalista a riprendere, peraltro anni dopo, il suo diario commentandolo come caso studio. La psicoanalisi freudiana prevede quindi solo una narrazione orale e diretta.

La seconda osservazione è di maggior interesse. La nostra definizione fa infatti riferimento a "eventi o fatti", e la natura di questi termini rende opportuno qualche chiarimento, specialmente in riferimento ad alcuni snodi importanti nell'evoluzione della teoria psicoanalitica. Per quanto concerne i primi anni del pensiero freudiano, almeno fino agli inizi del Novecento, si potrebbe parlare di fatti o eventi semplicemente assumendo il senso comune, interpretandoli secondo un "realismo ingenuo": il paziente racconta e dovrebbe raccontare cose realmente accadute. Possiamo desumere ciò da una lettura dei casi presentati negli *Studi sull'isteria*. Tale impostazione "realistica" sarà poi portata da Freud alle estreme conseguenze con la formulazione della teoria della seduzione (Freud, 1896a; Freud, 1896b), la quale assegna al racconto del paziente un alto grado di affidabilità, cosicché la terapia finiva per svelare un atto di aggressione o di abuso sessuale che il paziente aveva *realmente* subito in giovanissima età.[38]

Con le due svolte fondamentali di inizio secolo, quella edipica e quella pulsionale, tale prospettiva è però messa in discussione e in buona sostanza viene rigettata.[39] Una volta che le pulsioni infantili vengono messe al centro dell'interesse teoretico e *clinico*, l'approccio connotato da un realismo ingenuo diventa assai problematico, e Freud sarà costretto a fare i conti con questa difficoltà fino alla fine della sua carriera (Freud, 1937b). Le pulsioni si collocano infatti al confine tra lo psichico e il corporeo (Freud, 1905, p. 479), e benché il loro statuto di realtà non sia messo in discussione, è certamente problematico il loro rapporto con situazioni fattuali empiriche (che possono essere relazionali e/o fisiche) esterne, meglio concettualizzabile con una sorta di corrispondentismo per cui la validità di elementi linguistici e proposizionali (i discorsi del paziente) sarebbe data dalla corrispondenza a situazioni "concrete" esterne. Non è ora importante approfondire un problema di carattere filosofico, lontano dalla sensibilità di Freud; anche se è certamente interessante notare in questa sede che, verso la fine della sua carriera, – e da ciò hanno preso le mosse diverse "scuole" post-freudiane (Foschi e Innamorati, 2020) – il padre della psicoanalisi pare sposare una concezione della narrazione secondo cui all'atto del narrare sarebbe consustanziale una certa finzionalità, e quindi un distacco dalla realtà, concezione già inaugurata da Nietzsche e più tardi promossa da pensatori come Roland Barthes e Hyden White (Carroll, 1990). Man mano che Freud si allontana dalle prime intuizioni, secondo cui i racconti del paziente dovevano corrispondere a eventi *reali*, e prende progressivamente consapevolezza dell'influenza che il complesso edipico esercita anche sullo stesso "principio di realtà" (Freud, 1921, p. 302), diventa comunque più problematica la relazione tra l'atto del narrare del paziente e l'oggetto del narrare. È nostro auspicio che la presente trattazione, pur non occupandosi primariamente di tali questioni, sappia offrire spunti e strumenti concettuali capaci anche di far luce su questo punto.

Il prossimo scoglio che incontriamo nell'analisi della nostra definizione di narrazione è naturalmente il concetto di tempo. Il problema si riallaccia all'ampia discussione appena accennata, ma cercheremo di presentarlo ora in modo chiaro e coinciso. Sicuramente i pazienti di Freud propongono delle narrazioni in cui l'elemento temporale è ben presente. Il primo punto che va però sollevato è il seguente: i pazienti ricorrono spontaneamente alla collocazione temporale o ciò viene incoraggiato dal terapeuta? Una questione sottile, ma di sicuro rilievo. Da una parte troviamo la cosiddetta "regola psicoanalitica fondamentale" (Freud, 1912, p. 528), secondo cui il paziente deve *comunicare* all'analista tutto ciò che gli viene in mente; dall'altra parte vi è però la prassi concreta freudiana, che – si evince da una lettura attenta dei suoi stessi resoconti – tradisce una sorta di azione di orientamento rispetto a tale comunicazione teoricamente *libera*. In diversi casi clinici, peraltro quelli più paradigmatici[40], notiamo che Freud inaugura il percorso terapeutico chiedendo al paziente di *raccontare* la *storia* della propria malattia. È bene mettere subito a fuoco tale tensione, spesso non notata dai critici: nonostante il principio teorico *fondamentale* che prescrive il lasciar scorrere le libere associazioni del paziente, il medico curante spesso esordisce chiedendo al paziente di raccontare la storia della sua malattia, e quindi di elaborare *narrazioni* che prevedono in quanto tali una temporalizzazione. Tale questione si ripresenta nel momento in cui analizziamo questa operazione di temporalizzazione. Sappiamo bene che nella psicoanalisi freudiana, l'operazione di temporalizzazione richiesta deve risalire fino ai primi anni d'infanzia del soggetto. Anche in questo caso, una volta che Freud, già nei primi anni della sua ricerca, individuò nell'infanzia il periodo fondamentale per la costituzione psichica dell'individuo, anche per quanto riguarda l'origine di eventuali processi di patogenesi, diventa evidentemente difficile capire quando è il paziente che giunge in autonomia a elaborare narrazioni sulla sua infanzia, e quando invece è il terapista a richiedere, più o meno esplicitamente, di operare in tal modo, spingendo proprio fino a quel periodo il "processo di temporalizzazione".

Il problema fondamentale, tuttavia, sempre in relazione al concetto di tempo, risiede altrove. Una tesi cardine della psicoanalisi freudiana è l'atemporalità[41] dell'inconscio. Dire che l'inconscio è atemporale significa affermare la mancanza del senso temporale del sistema *Inc.*, o, più precisamente, significa smarcare le pulsioni, le rappresentazioni inconsce, o qualsiasi "cosa" risieda nell'inconscio, da una qualsivoglia caratterizzabilità temporale. È evidente quindi che se il rimosso è in quanto tale inconscio[42], esso sarà atemporale. L'agente primo della malattia mentale, ossia una rimozione del complesso edipico infantile non adeguata o non perfettamente compiuta, non può quindi esser temporalizzato in quanto tale. Cercando per il momento di evitare alcune notevoli difficoltà tecniche che il punto solleva, al lettore basti notare che l'atto di collocare nel tempo – poiché il suo oggetto è ciò verso cui protende tutta la terapia psicoanalitica (ossia il rimosso) – non può costituire il punto di partenza della terapia freudiana, bensì si configura come l'auspicato punto di arrivo. Secondo Freud, guarire – lo vedremo meglio in seguito – significa render conscio un qualcosa che (r)esiste nell'inconscio. Il processo di temporalizzazione risiede quindi al livello del sistema della coscienza. Temporalizzare ciò che è stato rimosso è l'esito di un percorso terapeutico, e non dovrebbe esser confuso con uno *strumento* terapeutico o, anche se così pare a uno sguardo superficiale, con ciò che il paziente *fa* fin dalla prima seduta.

Procediamo con la definizione data. Il prossimo concetto non scontato che incontriamo è 'connessione'. Affinché si dia una narrazione, le cose narrate devono essere più o meno connesse tra loro; ma quali sono le condizioni affinché due eventi siano connessi? La domanda, di nuovo, esula nel complesso dalla presente trattazione. Basterà appuntare la nostra attenzione sul fatto che quanto detto per la temporalizzazione vale anche per il legame di connessione. Il rimosso – o l'Es[43], se optiamo per la terminologia freudiana più tarda e raffinata – non presenta all'interno del suo dominio legami logici di nessun tipo. La logica in sé è bandita dall'Es, in quanto è a esso sconosciuto il principio di non contraddizione (Freud, 1932, p. 185). Di nuovo siamo quindi portati a individuare nella narrazione non tanto una condizione di partenza del processo terapeutico freudiano, quanto piuttosto il fine (*e la fine*) dell'analisi. I collegamenti logici, così come le collocazioni temporali, sono infatti operate a livello del sistema C. (coscienza).

Un ultimo appunto riguardante la definizione che abbiamo offerto. Nelle sedute terapeutiche può darsi il caso che il paziente non esegua delle vere e proprie narrazioni, ma si dedichi anche a un'operazione che sarebbe più corretto chiamare 'descrizione', più connotata in senso statico rispetto a un racconto. Il paziente può ad esempio descrivere un ricordo, un'immagine mentale, o un sogno, senza formulare necessariamente narrazioni. Il medico è comunque tenuto a considerare attentamente queste verbalizzazioni. Ma non solo: sappiamo che Freud prestava una certa attenzione anche ad atti non verbali, quali gesti, espressioni facciali, tic, etc. Si tratta di materiale analitico importante, eppure non di narrazioni, almeno secondo il senso che stiamo indagando. Gesti, descrizioni (statiche e atemporali), ma anche ovviamente lapsus e atti mancati, devono più precisamente esser catalogati come sintomi. E bisogna pur tener conto della duplice lettura freudiana rispetto ai sintomi: da una parte spie di una malattia mentale e quindi da combattere; d'altra parte, tuttavia, l'emersione del sintomo e la sua corretta individuazione sono tappe necessarie sul cammino della guarigione. Nonostante questa precisazione, resta il fatto che proprio la mancanza dei caratteri della narrazione, sembra radicare questi atti nel rimosso (di cui sono espressioni) il quale deve essere portato a coscienza, ossia verbalizzato e narrato.

Il fine (o i fini) della terapia freudiana

Dato che Freud non si è mai soffermato sul concetto di narrazione, non ebbe modo di render conto del fine del suo metodo terapeutico in funzione di esso. Vediamo allora come l'autore, secondo le sue parole, interpretava il fine e le modalità della sua psicoterapia. Nel corso dei suoi cinquant'anni di produzione intellettuale, Freud ha utilizzato concetti diversi – solitamente tra loro in rapporto di complementarità, non di contraddizione – per cercare di comprendere meglio il fine del processo di guarigione. Riteniamo che siano cinque le formulazioni più importanti che traducono in termini tecnici la guarigione e che quindi pongono l'obiettivo della psicoanalisi quale prassi medica. Il fine della psicoanalisi è stato definito come: I) l'abreazione di un affetto che è rimasto incapsulato in una rappresentazione (Freud, 1892-95, pp. 179-180) (formulazione risalente alla "teoria della catarsi"); II) colmare una lacuna mnestica; III) sostituire alla rimozione una condanna (Freud, 1908, pp. 586-587); IV) rafforzare l'Io, ampliando il suo campo percettivo e perfezionando la sua organizzazione (Freud, 1932, p. 190); V) ridurre le pretese del Super-Io (Freud, 1929, p. 628).

Nonostante il concetto di narrazione non compaia in nessuna di queste formulazioni, è possibile comunque illustrare come l'atto del narrare venga in realtà sempre chiamato in causa. L'abreazione, ad esempio, prevede l'uso della parola: secondo la terapia catartica la quantità di eccitamento psichico non abreagita opportunamente in precedenza, deve esser fatta sfociare nel *racconto* del paziente. Narrare è quindi strumento dell'abreazione e della guarigione. Rispetto alla concezione II) si potrebbe ipotizzare che il raccontare del paziente aiuti a riportare alla memoria gli episodi in qualche modo "traumatici". Dobbiamo parlare con cautela di un'ipotesi, in quanto Freud non si pone la questione del rapporto tra raccontare e ricordare, o tra raccontare e innescare il coinvolgimento emotivo. Egli affermò a più riprese che ricordo e abreazione non possono funzionare terapeuticamente se non vi è un coinvolgimento emotivo del paziente. Se però il narrare è uno strumento che predispone di per sé alla "scarica" emotiva terapeutica, o se questa si accompagna estrinsecamente e contingentemente al racconto, non è questione verso cui mostrò interesse. La concezione III), purtroppo poco considerata dalla critica, fa riferimento alla condanna, e si potrebbe notare che la narrazione può aver qui un duplice ruolo. Da una parte la condanna, in quanto giudizio, è portata all'espressione verbale; dall'altra parte, il processo di colpevolizzazione richiede almeno un minimo di temporalizzazione e di connessione: la colpa, infatti, si dà nel tempo segnando un prima e un poi rispetto a sé stessa; inoltre, individuare un colpevole significa stabilire delle connessioni di qualche tipo (almeno causali in senso generale) tra il colpevole e la colpa. La formulazione IV) fa riferimento al rafforzamento dell'Io e al miglioramento della sua organizzazione. L'elaborazione di narrazioni, in quanto prevede la formazione di connessioni (tra pensieri, ricordi, rappresentazioni, desideri) può allora esser interpretata come miglioramento dell'organizzazione e come una sorta di esercizio di sintesi, attività psichica a cui sarebbe preposto l'Io (Freud, 1925, p. 248). Circa la formulazione V) possiamo limitarci a notare che, ammesso che i rapporti di forza tra Io e Super-Io siano dei "giochi a somma zero", al rafforzamento dell'Io – ossia a un incremento della sua capacità di sintesi, e quindi di comporre narrazioni – corrisponderebbe necessariamente un indebolimento del Super-Io.

Abbiamo cercato di far emergere il ruolo della narrazione, non tematizzato da Freud, rispetto alle formulazioni tradizionali del fine della terapia psicoanalitica. Non è stato però possibile stabilire se la narrazione sia contingentemente o intrinsecamente terapeutica. Quanto scritto finora, tuttavia, ci porta a propendere per la tesi secondo cui la narrazione sia strumentale rispetto alla vera azione terapeutica che porta alla guarigione. Vogliamo ora chiederci, sempre assumendo l'impianto teorico e speculativo psicoanalitico nella sua complessità, se la narrazione *in quanto tale* possa risultare terapeutica, in virtù di quali caratteristiche, e se una maggior attenzione a questo fenomeno avrebbe potuto facilitare Freud nel formulare in maniera più compatta e univoca il fine della prassi terapeutica psicoanalitica.

Il ruolo terapeutico della narrazione

La risposta di chi scrive a questo punto è affermativa: la narrazione in quanto tale ha un potere terapeutico di cui è possibile render conto facendo ampio ricorso alle categorie freudiane. Riprendiamo la definizione di narrazione qui considerata: riferire, verbalmente o per iscritto, eventi o fatti più o meno collocati nel tempo e più o meno connessi tra loro. Ci apprestiamo ora a scomporre nuovamente tale concetto, evidenziando questa volta quei fattori che ci possono aiutare nella riformulazione del fine della terapia freudiana.

Anzitutto vogliamo soffermarci sul significato di 'riferire'. Narrare, secondo la definizione data – la quale, ricordiamo, è stata scelta appositamente in virtù della sua sobrietà concettuale e della sua intuitività, tale da poter essere accettata senza particolari riserve dai più –, è riferire. La caratteristica generale che qui ci interessa rispetto all'atto di riferire è la sua transitività: c'è *chi* riferisce e *ciò* che è riferito. Il riferire in quanto tale comporta quindi una differenziazione, tra un soggetto che riferisce e un oggetto di cui si riferisce. L'importanza di questa proprietà viene alla luce se riflettiamo sul fatto che la psicoterapia freudiana, come visto, cerca di ristabilire il dominio dell'Io sull'Es e sulle pulsioni. La malattia mentale, secondo Freud, è l'irruzione di pulsioni inconsce, incontrollate e "incomprese" nella quotidianità dell'Io, il quale non sa, e non ha saputo (al momento del superamento del complesso edipico) reagire opportunamente a esse. Il paziente *racconta* soprattutto – e se ne dovrebbe render progressivamente conto, man mano che vengono abbattute o aggirate le resistenze (mentre il medico lo sa fin dall'inizio) – i moti pulsionali da cui nascono i sintomi che contribuiscono a incrementare la sua sofferenza. Facendo ciò si segna una differenza, e quindi un distanziarsi, tra chi riferisce, l'Io del paziente – del resto il narrare è un'azione condotta a livello conscio – e ciò che viene riferito. Più precisamente, in termini che Freud definirebbe dinamici, possiamo notare che il riferire, se non differenzia *ex abrupto*, è almeno sforzo costante, una tensione al differenziamento. Riferendo, l'Io del paziente prende le distanze dalle pulsioni verso cui deve migliorare il proprio controllo. Il controllo delle pulsioni, del resto, gli è precluso fintanto che esse si annidano, senza che siano sorvegliate, in regioni "interne" all'Io stesso.

Procedendo con l'analisi della nostra definizione, un discorso simile a quello appena accennato va fatto a proposito della collocazione nel tempo. Narrare, abbiamo detto, significa anche temporalizzare. Il narrare del paziente si colloca nel presente (rispetto all'atto stesso e alla terapia), mentre ciò che è narrato viene collocato nel passato. Di nuovo emerge il tema della differenziazione, dell'allontanamento. Il successo terapeutico psicoanalitico richiede una differenziazione in più sensi. L'Io adulto deve portare a termine il processo di differenziazione rispetto all'Io-bambino – che nel frattempo, se è vero che il bambino è il padre del futuro adulto (Freud, 1913, p. 265), è diventato Super-Io – e alle sue scandalose pretese pulsionali. Qualcosa che è rimasto inconscio – si ricordi la formulazione II) – va differenziato nel senso che va portato (o riportato) alla coscienza ricordando. Collocando in un tempo lontano, ossia nell'infanzia, le pulsioni, gli eventi, o le *scene* (o costellazioni), che vengono individuate quali cause determinanti della malattia psichica, il procedimento terapeutico psicoanalitico aspira a creare una separazione e quindi una differenza. Si potrebbe addirittura ipotizzare – qui procedendo però apertamente contro il dettato freudiano – che l'individuazione dell'infanzia come radice prima eziologica, risponda innanzitutto all'esigenza di allontanare il più possibile – non al punto però che scompaia la possibilità dell'emersione di un ricordo – la causa della malattia dal malato (il paziente adulto). Il narrare viene allora incontro a tale esigenza, in quanto il paziente ordina nel tempo eventi e/o pulsioni, differenziandoli, e in particolare li assegna a un passato particolarmente distante.

C'è una terza caratteristica del narrare che può esser messa in luce al fine di migliorare la nostra comprensione dell'efficacia terapeutica della psicoanalisi; migliorare, si intende, anche rispetto alla comprensione che Freud stesso ha saputo elaborare nel corso delle sue ricerche. Soffermiamoci sul carattere di connessione che la narrazione richiede per esser tale. Se prendiamo in considerazione i casi clinici freudiani, emerge piuttosto chiaramente che la tipologia di connessione più rilevante è dettata dal legame di causalità. Il livello di connessioni interne a un resoconto clinico può esser misurato in buona sostanza tramite il ricorso della categoria di causalità, sia in termini quantitativi sia in termini qualitativi. La causalità che ritroviamo nei racconti dei pazienti non è certo quella logica e "asettica" della critica kantiana: nella prassi terapeutica freudiana è evidente che il rintracciare le cause è parte di un processo di individuazione di una colpa, o di un colpevole. Siamo riportati così all'emblematica sovrapposizione semantica resa dal termine greco *αἰτία*, che significava tanto la causa quanto la colpa e l'accusa.

Il fatto che la connessione e la coerenza del resoconto clinico sia interpretata soprattutto in funzione a un *processo* – un gioco di parole evocativo – di individuazione di una colpa era estremamente chiaro – forse *troppo* chiaro, visto che Freud abbandonò presto tale teoria – ai tempi della teoria della seduzione (tra il 1895 e il 1897). Se la malattia è anzitutto una forma di sofferenza, è lecito pensare a chi o a ciò che l'ha scatenata come un colpevole. Anche dopo la "rivoluzione" edipica e pulsionale è in realtà ancora possibile interpretare la terapia psicoanalitica in tal senso: le pulsioni edipiche infantili diventano in qualche senso colpevoli della malattia. Per la teoria della seduzione, invece, valeva esattamente l'opposto: il colpevole è l'adulto sessualmente aggressivo verso il bambino. In entrambi i casi, tuttavia, l'individuazione di una colpa diventa il fine del processo terapeutico stesso, come del resto abbiamo ricordato con la formulazione III), risalente al caso del piccolo Hans. Il narrare ha quindi una funzione terapeutica in quanto si configura come un rintracciare, elaborare ed esplicitare – e forse, con l'ultimo Freud, potremmo aggiungere *costruire* – *cause* nel senso di *colpe*.

Cerchiamo infine di mettere a fuoco più da vicino il portato terapeutico della narrazione nell'ambito della psicoanalisi. Potrebbe qui sembrare che ci allontaniamo pericolosamente dalla teoria psicoanalitica "ortodossa". È però possibile dimostrare – e in parte dovremmo esserci riusciti in queste pagine – che quanto segue non è affatto in contraddizione con il pensiero di Freud, ma che piuttosto esplicita – come suggerivamo in apertura – un non detto in seno alla cosiddetta psicologia del profondo. Il narrare è atto poietico nel senso che crea temporalità e produce sintesi e connessioni. È terapeutico quindi in quanto rafforza l'Io – rendendolo più robusto davanti alle minacce di Es, Super-Io e mondo esterno –, ed è terapeutico in quanto atto creativo e, diremmo con René Girard (Girard, 1980; Girard, 1983), *fondativo*, in quanto basato sull'espulsione di ciò che si condanna (Stucchi, 2021). La colpevolizzazione e l'espulsione – si intende, va da sé, condotta a livello psichico – fanno tutt'uno con la creazione di un nuovo ordine mentale grazie a cui il paziente, in ottica freudiana, può dirsi guarito. Non vogliamo in questa sede affermare che tutte le narrazioni siano necessariamente riducibili a un processo di colpevolizzazione violenta. Riteniamo però di aver mostrato che su queste caratteristiche della narrazione Freud abbia fatto leva al fine di garantire alla sua *talking cure* l'efficacia terapeutica su cui si fonda buona parte del pensiero psicoanalitico.

L'approfondimento della narrazione che abbiamo offerto in queste pagine dovrebbe permettere una migliore comprensione della psicoanalisi freudiana stessa. Il raccontare del paziente si fa tecnica e dispositivo di differenziazione e di distanziamento, nel senso che la narrazione stessa può esser capace di differenziare un indifferenziato che, in quanto tale, è causa della malattia psichica. Ricordare una dimenticanza, verbalizzare un non detto, condannare un'azione (o un pensiero, un desiderio) non precedentemente giudicata sono tutte modalità di una stessa operazione di differenziazione, che Freud è stato capace di perfezionare ricorrendo alla narrazione. Il fatto che il raccontare dei pazienti non consista tanto in un *prendere coscienza* di una differenza, quanto piuttosto in un *determinare* la differenza, rappresenta paradossalmente il principale punto di forza e di debolezza della terapia freudiana. La debolezza risiede nell'incapacità di giustificare fino in fondo la novità che la psicoanalisi dovrebbe aver portato rispetto alle cosiddette terapie "suggestive" dell'Ottocento. Questo problema, teorico e clinico, rappresentò una vera e propria spina nel fianco per tutta la vita di Freud, fino ai suoi ultimi anni (Freud, 1926; Freud, 1937a; Freud, 1937b). Il vantaggio, invece, è dato dall'efficacia con cui questa operazione di differenziazione è in grado, fattualmente, di migliorare le condizioni psichiche della persona in cura. Lo statuto ambiguo delle narrazioni dei pazienti diventa allora la "pietra di scarto", ossia il non detto, su cui si fonda la psicoanalisi freudiana, e con essa una parte rilevante delle psicoterapie ancora oggi in uso.

NOTE

[35] I termini 'narrare' e 'raccontare' saranno approssimativamente usati come sinonimi.

[36] Forse solo alcuni dei primi casi clinici, risalenti al periodo definibile 'pre-psicoanalitico', fanno eccezione, anche se solo parzialmente.

[37] Tale specifica è necessaria proprio per contemplare anche un racconto come quello del Presidente Schreber.

[38] La teoria della seduzione andrebbe articolata maggiormente per rendere pienamente giustizia al suo portato, ma relativamente alla nostra trattazione non risulta necessario un congruo approfondimento.

[39] Se non proprio completamente ribaltata, in quanto l'infante, finora essenzialmente passivo, diventa ora pienamente e altrettanto "essenzialmente" attivo.

[40] Per quanto ovviamente possa essere paradigmatico un caso clinico. Facciamo riferimento, ad esempio, a quello di Dora (Freud, 1901, p. 312), ma anche a diversi casi clinici, come l'uomo dei lupi o l'uomo dei topi, in cui il titolo del primo capitolo del resoconto parla della *storia* della malattia.

[41] Posizione già *in nuce* nel 1896 (Freud, 1986c, p. 358), e più tardi ripetutamente confermata.

[42] Freud arriverà anzi, infine, ad affermare che il rimosso è "il modello dell'inconscio" (Freud, 1919, p. 104).

[43] Siamo consapevoli che le due nozioni, per Freud, non erano da pensarsi come sovrapponibili. Chiediamo però di accettare qualche semplificazione al fine di rendere più agevole la lettura e più comprensibile l'argomentazione di fondo anche al lettore non specialista.

BIBLIOGRAFIA

Cappelletti V., *Introduzione a Freud*, Laterza, Roma-Bari, 1997.

Carroll N., *Interpretation, History and Narrative*, in «The Monist», Vol. 73 No. 2, *The Theory of Interpretation*, 1990, pp. 134-166.

Foschi R., Innamorati M., *Storia critica della psicoterapia*, Raffaello Editore, Milano, 2020.

Freud S., *Studi sull'isteria*, (1892-95), in *Freud Opere Vol. 1*, Bollati Boringhieri, Torino, 1967.

Freud S., *L'ereditarietà e l'etiologia della nevrosi*, (1896a), in *Freud Opere Vol. 2*, Bollati Boringheri, Torino, 1968.

Freud S., *Nuove osservazioni sulle neuropsicosi da difesa*, (1896b), in *Freud Opere Vol. 2*, Bollati Boringhieri, Torino, 1968.

Freud S., *Etiologia dell'isteria*, (1986c), in *Freud Opere Vol. 2*, p. 358, Torino, 1968.

Freud S., *Frammento di un'analisi d'isteri*a, (1901), in *Freud Opere Vol. 4*, Bollati Boringhieri, Torino, 1970.

Freud S., *Tre saggi sulla teoria sessuale*, (1905), in *Freud Opere Vol. 4*, Bollati Boringhieri, Torino, 1970.

FREUD S., *Analisi della fobia di un bambino di cinque anni*, (1908), in *Freud Opere Vol. 5*, Bollati Boringhieri, Torino, 1972.

FREUD S., *Dinamica della traslazione*, (1912), in *Freud Opere Vol. 6*, Bollati Boringhieri, Torino, 1974.

FREUD S., *L'interesse per la psicoanalisi*, (1913), in *Freud Opere Vol. 7*, Bollati Boringhieri, Torino, 1975.

FREUD S., *Il perturbante*, (1919), in *Freud Opere Vol. 9*, Bollati Boringhieri, Torino, 1977.

FREUD S., *Psicologia delle masse e analisi dell'Io*, (1921), in *Freud Opere Vol. 9*, Bollati Boringhieri, Torino, 1977.

FREUD S., *Inibizione, sintomo e angoscia*, (1925), in *Freud Opere Vol. 10*, Bollati Boringhieri, Torino, 1978.

FREUD S., *Il problema dell'analisi condotta dai non medici*, (1926), in *Freud Opere Vol. 10*, Bollati Boringhieri, Torino, 1978.

FREUD S., *Il disagio della civiltà*, (1929), in *Freud Opere Vol. 10*, Bollati Boringhieri, Torino, 1978.

FREUD S., *Introduzione alla Psicoanalisi*, (1932), in *Freud Opere Vol. 11*, Bollati Boringhieri, Torino, 1979.

FREUD S., *Analisi terminabile e interminabile*, (1937a), in *Freud Opere Vol. 11*, Bollati Boringhieri, Torino, 1979.

FREUD S., *Costruzioni nell'analisi*, (1937b), in *Freud Opere Vol. 11*, Bollati Boringhieri, Torino, 1979.

GIRARD R., *La violenza e il sacro*, Adelphi, Milano, 1980.

GIRARD R., *Delle Cose nascoste fin dalla fondazione del mondo*, Adelphi, Milano, 1983.

STUCCHI M., *Is Freudian Psychotherapy an example of scapegoat mechanism?*, in *The ancient trail of the wicked. René Girard and the Book of Job*, a cura di M. Stucchi e B. Nogara Notarianni, Dialegesthai, 2021.

Il ruolo della narrazione in Parmenide

Leonardo Franchi

Il presente contributo non affronterà quel plesso di tematiche spesso accostate al tema della narrazione nell'opera di Parmenide come, per esempio, il rapporto che in essa intercorre tra racconto mitico e argomentazione filosofica, oppure la scelta, a questo collegata, di affidare a figure mitiche, e soprattutto all'esametro dell'*epos*, l'esposizione di contenuti speculativi (questioni già diffusamente indagate, e con studi talvolta notevoli, dei quali mi limito a menzionare, per una panoramica generale Jaeger, 2009, p. 92; Bowra, 1937, pp. 97–112; Böhme, 1986, pp. 33–85; Martinelli, 1987, pp. 169–186; Floyd, 1992, p. 263; Arrighetti, 1983, p. 11; Cordero, 1990, pp. 207–214; Montaner, 1976-78, p. 138; ma anche Nestle, 1940; Buxton,1999; Solana Dueso, 2006; 2018, pp. 88-99; Pulpito, 2020; Mansfeld, 2021, pp. 200-237).

Piuttosto, si cercherà di mettere in luce un particolare ruolo speculativo svolto dalla narrazione nell'opera di Parmenide: quello di luogo, nonché di condizione di possibilità, del guadagno conoscitivo. Infatti, proprio come *Le mille e una notte*, il poema di Parmenide offre una narrazione nella narrazione, dove il ruolo della principessa Shahrazād, quello di personaggio narrato e narrante, nella più antica opera parmenidea è affidato a una dea. Come è noto, Parmenide narra in prima persona un viaggio, momento privilegiato del quale è il suo giungere al cospetto di questa dea, che a sua volta avvia una narrazione (μῦθος) attraverso la quale il pensatore progressivamente conosce un fondamentale contenuto della sua opera: τὸ ἐόν, "l'essente; ciò che è".

L'autore inserisce dunque un elemento di differita e di mediazione tra il sé stesso conoscente e l'oggetto a cui il suo conoscere perviene: la narrazione. L'ἐόν, infatti, non si configura come un contenuto che – seppur all'interno della narrazione del filosofo – si apprende in modo diretto da chi conosce, per esempio attraverso contemplazione. La dea non mostra a Parmenide l'ἐόν, conducendo il filosofo al suo cospetto e facendoglielo contemplare. Piuttosto, nella narrazione di Parmenide accade che, affinché egli apprenda l'ἐόν, occorre un'ulteriore narrazione, quella della dea, attraverso la quale avviene la sua acquisizione. Sembra dunque che, affinché l'ἐόν diventi un contenuto apprendibile, occorra che sia narrato, e quindi la presenza di un narratore che, narrandolo, crei la condizione per la sua apprensione. Su tali basi, si tenterà di determinarne il significato teorico della cogenza conoscitiva della narrazione, prendendo immediatamente le mosse dalle fondamenta speculative che sorreggono la dottrina di Parmenide, per poi di lì progressivamente considerare alcuni suoi temi e alcune sue aporie.

La κρίσις parmenidea

Nel corso del fr. 8, dove progressivamente si determina l'ἐόν, la dea evoca esplicitamente la modalità con cui procede a tale determinazione. Infatti, dopo aver mostrato come all'ἐόν non convengano generazione e dissoluzione (fr. 8, 13-14 DK: οὔτε γενέσθαι / οὔτ' ὄλλυσθαι), afferma "la κρίσις riguardo queste cose è in questo: 'è' o 'non è'" (fr. 8, 14-15: ἡ δὲ κρίσις περὶ τούτων ἐν τῷδ' ἔστιν / ἔστιν ἢ οὐκ ἔστιν.), laddove i referenti di "queste cose", sulle quali la κρίσις verte, non possono che essere i caratteri (σήματα) dell'ἐόν, tra i quali rientrano l'ingeneratezza e l'immortalità a esso precedentemente ascritte. Κρίσις è spesso tradotta con "decisione" o "scelta", e tale traduzione è senz'altro accettabile (Fattal, 2018, p. 116, n. 12.): considerato il carattere deduttivo dell'esposizione della dea, quanto esso guadagna contempla certamente l'assunzione di alcuni elementi e l'esclusione di altri. Tuttavia, alla luce del fondamentale ruolo svolto dalla κρίσις nell'opera parmenidea, sembrerebbe opportuno non tradurre immediatamente il vocabolo: oltre la generale ampiezza del tema semantico di κρίσις, nel più circoscritto contesto dell'opera parmenidea il sostantivo esprime un plesso di operazioni speculative, imprescindibili all'edificazione della dottrina da essa veicolata; e sarebbe estremamente arduo, se non impossibile, comprimerle ed esprimerle con un'unica parola. Per esempio, traducendo con "scelta; decisione", certamente si offre un'operazione che è nel tema semantico di κρίσις, e che vi rimane anche nella sua occorrenza all'interno del dettato parmenideo; tuttavia, tale traduzione non restituisce pienamente il significato con cui occorre in esso, poiché lascia fuori tutta una serie di operazioni prescindendo dalle quali non si coglie pienamente il procedimento parmenideo. Per meglio comprendere in cosa tali operazioni consistano, è opportuno considerare un altro luogo di quanto rimane dell'opera.

Nel fr. 28 B 6. 5-6, la dea, denunciando la cattiva condotta conoscitiva dei "mortali che nulla sanno", afferma che il loro νόος è condotto dall'ἀμηχανίη: dunque, all'interno della raffigurazione del conoscere attraverso immagini motorie, cara a Parmenide, non è un elemento, ma la mancanza di un elemento, che svolge per loro, sul piano conoscitivo, il ruolo di guida. Ora, ἀμηχανίη significa mancanza di μηχανή (Galgano, 2017, pp. 39-76), ossia di "mezzo; strumento; risorsa". Così, della mancanza di mezzo e di risorsa sono conoscitivamente in balia i mortali insipienti. Ma di che mezzo e di che risorsa si tratta? A ben vedere, il testo risponde immediatamente, poiché subito dopo i mortali sono raffigurati come una "massa" (φῦλα) a cui conviene un significativo aggettivo: ἄκριτα. Ora, ἄκριτα φῦλα viene solitamente reso con "massa confusa; priva di senno"; ma anche qui, di nuovo, sembra che tale traduzione, sebbene accettabile, non colga pienamente la portata di ἄκριτα, che, prima di altro, designa la massa come "priva di κρίσις", ossia come priva del mezzo servendosi del quale la dea determina i tratti dell'ἐόν. Considerando dunque la κρίσις come ciò attraverso cui la dea coglie le componenti della fisionomia dell'ἐόν, è possibile individuare proprio in tale κρίσις quel "mezzo" (μηχανή) di cui l'ἀμηχανίη denuncia la mancanza. Come ulteriore prova di quanto detto, basti notare come ἄκριτα si connette a ἀμηχανίη nella misura in cui entrambi i vocaboli denunciano una mancanza: la folla dei mortali guidati dalla "mancanza di mezzo" è subito dopo detta esser "priva di κρίσις", sembra allora che proprio nella κρίσις sia da individuare quel mezzo la cui mancanza conduce i mortali a una cattiva condotta conoscitiva.

Il fr. 8. 15-16 mostra che tale κρίσις delinea due alternative: "è" oppure "non è" (ἔστιν ἢ οὐκ ἔστιν); dopodiché, rivela anche come la sua applicazione – espresso dal κέκριται del v. 16, che annuncia il suo avvenuto impiego – trovi il suo esito non già nella veduta separazione di essere e non essere, ma nell'eliminazione del secondo dei due in seguito a tale separazione, poiché i successivi versi vietano di concepire e persino di nominare la via che pertiene all'οὐκ ἔστιν (fr. 8. 17-18: τὴν μὴν ἐᾶν ἀνόητον ἀνώνυμον / οὐ γὰρ ἀληθής ἔστιν ὁδός). È importante cogliere tale momento conclusivo della corretta applicazione della κρίσις; altrimenti, si manca di comprendere pienamente non solo il procedimento della dea, ma anche la condanna da lei diretta contro la massa dei mortali sprovvista di κρίσις, e segnatamente un punto fondamentale di tale condanna. Infatti, subito dopo aver connotato come priva di κρίσις la massa dei mortali insipienti, nel fr. 6. 8-9 viene spiegato il motivo di tale connotazione mediante l'illustrazione di quanto essi hanno stabilito, ossia che "essere e non essere sono lo stesso e non lo stesso" (πέλειν τε καὶ οὐκ εἶναι ταὐτὸν νενόμισται / κοὐ ταὐτόν).

Ora, se la κρίσις della dea si esaurisse nella separazione di essere e non essere, si capirebbe la sua condanna avente per oggetto l'assunzione, da parte dei mortali, di essere e non essere come lo stesso, ma non quella riguardante la loro posizione come diversi. Differenziandoli, non avrebbero essi operato una loro separazione, in accordo con quanto prescrive la dea? Tuttavia, guardando quanto stabilito dai mortali nei vv. 8-9 del fr. 6 alla luce del momento conclusivo della κρίσις della dea, ossia l'esclusione del non essere, si coglie il motivo della scorrettezza della distinzione di essere e non essere da essi operata, ma anche, con più completezza, il senso della condanna avente per oggetto l'altra loro operazione, ossia la posizione dei due come lo stesso e, con ciò, il senso dell'assimilazione della loro attività speculativa all'immagine del cammino che torna su sé stesso (fr. 6. 9: παλίντροπός ἐστι κέλευθος), nonché la più generale fisionomia dialettica che informa la composizione di questi versi.

La distinzione di essere e non essere eseguita dai mortali è condannata dalla dea perché, ponendo essere e non essere come "non lo stesso", assume comunque entrambi come sussistenti. In altri termini, essa non esclude il non essere, come invece fa la κρίσις della dea, in favore dell'affermazione dell'essere. Del resto, come argomenterà anche Porfirio in sede di ricostruzione del ragionamento di Parmenide nel *Commentario alla Fisica di Aristotele* di Simplicio (116, 9-17), l'assunzione di due elementi come distinti contempla quella della sussistenza di entrambi (τὰ γὰρ διαφέροντα πρότερον εἶναι δεῖ, τὰ δὲ μὴ ὄντα οὐδὲν διαφέρει ἀλλήλων). Pertanto, l'assunzione di essere e non essere come distinti presuppone quella della sussistenza del non essere.

Inaspettatamente, aiuta a comprendere la fisionomia della distinzione operata dai mortali quanto afferma Eracle nell'*Alcesti* di Euripide in risposta ad Admeto. Quest'ultimo, alla domanda del primo riguardante l'esser o il non esser morta di Alcesti, guardando al destino della sposa risponde in modo 'duplice'(διπλοῦς): Alcesti lo è e non lo è (ἔστιν τε κοὐκέτ' ἔστιν). Eracle, tuttavia, trova la risposta di Admeto priva di senso (ἄσημα), poiché "l'essere e il non essere sono ritenuti diversi/separati" (χωρὶς τό τ' εἶναι καὶ τὸ μὴ νομίζεται). Prescindendo dagli elementi di contatto che il brano menzionato – almeno sul piano teorico – intrattiene con il testo parmenideo, è invece opportuno rilevare quelli di rottura. Per Eracle, che si fa portavoce di quanto comunemente stabilito (νομίζεται), "essere" e "non essere" sono due diversi componenti del reale che manifestano una certa incompatibilità reciproca, poiché il momento occupato dalla presenza dell'uno non sembra poter contemporaneamente accogliere anche quella dell'altro. Ma la problematicità della loro convivenza non significa che non appartengano entrambi al reale. Ora, affermando la sussistenza di entrambi, lo scenario tratteggiato da Eracle è in profondo disaccordo con quello affrescato dalla dea di Parmenide, che afferma il solo "essere" attraverso l'esclusione del "non essere". Discordando con quello della dea, tale è tuttavia in accordo con quello dei mortali da lei condannati, i quali pure distinguono essere e non essere, e per ciò stesso li ammettono entrambi. Ciò sembra del resto manifestarsi, almeno sul piano formale, nel fr. 8. 55, ove la dea afferma che anche i mortali applicarono una κρίσις (ἐκρίναντο), dalla quale fecero risultare due elementi distinti e opposti nelle loro strutture, attribuendo a ciascuno di essi dei tratti reciprocamente opposti (fr. 8. 55-56: τἀντία δ'ἐκρίναντο δέμας καὶ σήματ'ἔθεντο / χωρὶς ἀπ'ἀλλήλων), laddove la κρίσις della dea termina con l'affermazione di un elemento e con l'esclusione dell'altro, e attribuisce σήματα solo all'elemento accolto continuando a servirsi dell'esclusione dell'elemento contrario. Allora, l'essere ἄκριτα della massa dei mortali non significa tanto la loro assoluta incapacità di operare qualsivoglia κρίσις, ma piuttosto il loro non essere in grado di eseguirla compiutamente. Anch'essi, infatti, hanno operato una κρίσις; ma essa non giunge dove dovrebbe, ossia all'esclusione di uno dei due elementi in virtù dell'affermazione dell'altro. Pertanto, la distinzione tra essere e non essere operata dai mortali nel fr. 6. 8-9 non può essere accolta dalla dea, poiché distingue il non essere dall'essere senza escluderlo e senza decretarne l'insussistenza.

Non escludendolo, tale distinzione considera il non essere, sotto il rispetto della sussistenza e della verità, allo stesso modo dell'essere. Così, nel fr. 6. 8-9, si chiarisce ulteriormente anche il senso della precedente condanna, avente per oggetto la posizione, da parte dei mortali, di essere e non essere come identici, nonché l'immagine del "cammino che torna su sé stesso": anche quando essere e non essere sono distinti, lo sono in un modo che continua a considerarli entrambi, allo stesso modo, sussistenti. Con ciò, nonostante i mortali provino a distinguerli, sotto tale rispetto essi continuano ad assumerli come lo stesso. L'appropriata distinzione dei due, infatti, li distinguerebbe anche rispetto alla sussistenza e alla verità, di modo che, attribuendo tali caratteri all'uno, non potrebbe parimenti attribuirli all'altro.

In tal modo, dalla comprensione delle ragioni che conducono la dea a condannare la posizione di "essere" e "non essere" come distinti, si coglie un nesso con la precedente condanna, avente per oggetto la loro posizione come la stessa cosa. Quest'ultima operazione nel fr. 6. 8-9 è la prima a essere polemicamente evocata: assumendo essere e non essere come la stessa cosa, essa non compie nemmeno quell'iniziale distinzione che consente il discernimento dei due elementi di segno contrario, che a sua volta permetterebbe l'affermazione dell'uno e la conseguente esclusione dell'altro.

Ma in che senso i mortali hanno posto "essere" e "non essere" come lo stesso? Nell'opera parmenidea, una risposta alla domanda può ricavarsi nel fr. 7. 1, o nel 8. 39-41. Nel fr. 7. 1 la dea vieta l'attribuzione dell'essere alle cose che non sono (εἶναι μὴ ἐόντα). Affinché tale divieto abbia un senso compiuto, occorre che, almeno nell'erronea concezione dei mortali, le stesse cose siano suscettibili di apparire ora come essenti e ora come non essenti: come essenti, nella misura in cui esse possono essere – sebbene erroneamente – rese soggette a εἶναι; non essenti, nella misura in cui sono direttamente definite μὴ ἐόντα, e per poter essere così definite, devono poter anche essere soggette a μὴ εἶναι. Dopodiché, il fr. 8. 39-41 consente di meglio cogliere la fisionomia di questi μὴ ἐόντα, ai quali si vieta di attribuire l'εἶναι. In questi versi, infatti, la dea descrive tutta una serie di realtà e situazioni di realtà che, sebbene siano stimate vere dai mortali (fr. 8. 39: πεποιθότες εἶναι ἀληθῆ), sono da essa denotate come meri nomi da loro posti (Ivi, 38-39: πάντ'ὄνομα ἔσται / ὅσσα βροτοὶ κατέθεντο), e dunque come prive di statuto ontologico positivo. Tra esse, vengono menzionati gli atti di nascere e perire, di spostarsi di luogo e di mutare di colore. Capire fino in fondo perché siano giudicate insussistenti tali situazioni significa toccare un punto decisivo della dottrina di Parmenide: il debito che essa intrattiene con la sfera del linguaggio, nonché il ruolo da esso svolto nella sua genesi (Calogero, 2012; Mourelatos, 1970; Aubenque, 1987, 102-134). Su questo punto si tornerà con maggiore proprietà in seguito, anche in vista della cogenza che l'ambito linguistico gode in relazione alla narrazione. Per ora basti osservare che, guardando esclusivamente a come le situazioni menzionate e giudicate fallaci dalla dea si manifestano, e non a come esse si esprimono linguisticamente, non risulterebbe chiaro il motivo della loro condanna.

La prima coppia di verbi è composta da "nascere" (γίγνεσταί) e "perire" (ὄλλυσθαι); a rigore, ciò che nasce e perisce potrebbe ben determinarsi come essente nell'intervallo di tempo inscritto tra i due atti, e come non essente soltanto al di fuori di esso. Invece, considerando l'espressione linguistica dell'oggetto, ecco che diviene possibile l'affermarsi di quella norma – che avrà notevole fortuna nel successivo pensiero metafisico – secondo la quale, affinché l'oggetto possa porsi come pienamente essente, esso deve configurarsi come sempre essente, pena la perdita o la svalutazione del suo rango di essente. Ciò che è soggetto a generazione e dissoluzione, infatti, si dirà essente dopo la generazione e prima della dissoluzione, e non essente prima della generazione e dopo la dissoluzione; sul piano dell'espressione linguistica esso si configurerà, in altre parole, come tale da essere e da non essere. Se poi si aggiunge, all'interno di tale piano, la mancanza di una distinzione dei sensi rispetto ai quali esso è detto essere o non essere – distinzione che, come è noto, sarà successivamente realizzata da Aristotele – ecco che lo stesso oggetto, al lume della sua dicibilità, si costituirà come eseguente gli atti di essere e di non essere, e dunque dotato di fisionomia fallace, in quanto autocontraddittoria. In termini più propriamente parmenidei, sul piano della dicibilità tanto la nascita quanto la morte non possono non implicare, per l'oggetto a esse soggetto, il "non è", l'οὐκ ἔστιν, che la κρίσις della dea esclude del tutto. Che l'oggetto che nasce e perisce si configuri linguisticamente tanto (ingannevolmente) come essente – da cui l'esortazione della dea nel fr. 7. 1 a non assumere che siano le cose che non sono – tanto come non essente, emerge del resto non appena si consideri come tanto il γίγνεσταί quanto l'ὄλλυσθαι siano verbalmente esprimibili con quella forma di εἶναι, ora affermata e ora negata, che sarà successivamente definita come il suo senso esistenziale. Discorso sostanzialmente analogo vale per la seconda situazione evocata, ossia il χρόα φανὸν ἀμείβειν, il "mutar di colore". Il colore è una delle qualità visibilmente constatabili che un oggetto può possedere, e restando sul piano della contemplazione non si capirebbe il motivo dell'insussistenza dell'oggetto che cambia colore: si avrebbe, più semplicemente, che l'oggetto ora è in un modo, e ora è in un altro modo. Invece, considerando il tutto attraverso il piano linguistico, si può notare come la qualità trovi la sua più immediata espressione attraverso quella forma di εἶναι successivamente detta "predicativa", e che il cambiare colore la trovi nella sua negazione: cambiando qualcosa colore, si dirà che "è" di un colore e che "non è" più del colore di prima. Non diversamente con il τόπον ἀλλάσσειν, lo "spostarsi di luogo": lo stato in luogo di un oggetto, infatti, è immediatamente esprimibile attraverso quel senso di εἶναι più tardi definito "locativo"; conseguentemente, la locomozione dell'oggetto, qui espressa dall'ἀλλάσσειν, trova espressione nella sua negazione; si dirà, pertanto, che l'oggetto "è" ora in un posto e "non è" più in un altro.

Tutti gli esempi addotti da Parmenide, dunque, realizzano quella crasi di ἔστιν e οὐκ ἔστιν a cui la dea oppone la sua κρίσις. Per realizzarsi tale crasi, tuttavia, essi devono essere considerati dal piano della loro dicibilità. La loro espressione linguistica attraverso εἶναι genera l'inganno di ritenerli essenti; il loro implicare, sempre all'interno di tale loro espressione linguistica, il μὴ εἶναι, li sancisce irrimediabilmente come non essenti (fr. 7. 1: μὴ ἐόντα).

Ora, se il linguaggio è il luogo dove si realizza quella crasi di essere e non essere che condanna gli esempi evocati a essere meri nomi privi di autentica sussistenza e verità, seguono due conseguenze: la prima, più generale, è che è l'espressione linguistica dell'oggetto ciò che determina il suo statuto ontologico, e che nella fattispecie lo determina negativamente; la seconda, più specificamente riguardante il procedimento della dea, è che se di natura linguistica è quella crasi tra essere e non essere il cui prendere corpo in seno all'oggetto condanna quest'ultimo all'insussistenza, della medesima natura sarà anche quella κρίσις che risolve tale crasi separando i suoi due componenti ed eliminando quello negativo, così da conquistare quell'oggetto il cui atto di essere, a differenza delle realtà contraddittorie prima osservate, in nessun modo implica quello di non essere. Al fine di meglio cogliere quest'ultimo punto, occorre ora brevemente tornare all'esplicita illustrazione della κρίσις da parte della dea, nel fr. 8. 15-18. In questo luogo la dea innanzitutto afferma che per determinare i tratti definitori dell'ἐόν occorre compiere una separazione (κρίσις) tra "è" e "non è", e con essa una scelta (κρίσις) che consiste nell'assunzione del primo e nella concomitante esclusione del secondo; dopodiché dichiara che tali operazioni già sono state compiute, nella misura in cui la via di ricerca il cui nucleo è costituito dal non essere e dalla sua necessità (fr. 2. 5: οὐκ ἔστιν τε καὶ ὡς χρεών ἐστι μὴ εἶναι) è stata esclusa mentre quella avente come nucleo l'essere insieme all'impossibilità di non essere (fr. 2. 3: ἔστιν τε καὶ ὡς οὐκ ἔστι μὴ εἶναι) è stata assunta come vera. Il rinvio alle due vie di ricerca, il cui ruolo di fondamenta dell'edificio teorico parmenideo non può essere qui esaustivamente indagato, conduce inevitabilmente al fondativo fr. 2, dove la struttura delle vie viene per la prima volta enunciata e, con ciò, vengono espressi i cardini della speculazione parmenidea.

Non è possibile qui analizzare nel dettaglio i dati che stabiliscono una relazione tra il fr. 8. 15-18 e le vie del fr. 2 (Mansfeld, 1964, 44-62); ma è il caso di considerare che l'"è" e il "non è" sui quali verte la κρίσις nel fr. 8. 15-18 corrispondono ai nuclei delle due vie di ricerca del fr. 2, l'"è" a quella veritiera del v. 3 e il "non è" a quella fallace del v. 5, le quali nel fr. 8. 15-18 sono peraltro espressamente richiamate, ricordando come la κρίσις abbia determinato l'espunzione di quella fallace, che è fallace proprio in quanto, anziché eliminare la negazione d'essere, la assume come necessaria, laddove la via veritiera la esclude in assoluto. Pertanto, sembra potersi preliminarmente affermare che la prima applicazione della κρίσις è quella che porta alla distinzione e al discernimento delle due vie di ricerca di segno contrario, nella misura in cui i due rispettivi segni distintivi delle vie corrispondono alle due eventualità delineate dalla κρίσις. Ma c'è di più: appurato che l'intera struttura e l'intero svolgersi della κρίσις della dea contemplano la separazione e il discernimento tra "essere" e "non essere" in funzione dell'approdo alla piena affermazione del primo attraverso la piena esclusione del secondo, occorre notare come questo iter speculativo sia sintetizzato per intero già dalla struttura della via veritiera, che nel fondativo fr. 2. 3 viene così espressa: "che è e che non può non essere" (ὅπως ἔστιν τε καὶ ὡς οὐκ ἔστι μὴ εἶναι); dunque, affermazione dell'essere e coeva esclusione del non essere. *Quaestio* assai *vexata* è il fatto che tanto "è" (ἔστιν) quanto "non può non essere" (οὐκ ἔστι μὴ εἶναι) sono privi di soggetto. Il paradigma interpretativo che meglio mi sembra risolvere tale difficoltà, è quello che non assegna un soggetto ai due verbi, ma sottintende un *verbum dicendi* a reggere la dichiarativa. In tal modo, risulta che la via "<afferma> che è e che non è possibile che non sia". Corrobora questa scelta il fatto che, nel fr. 1. 2, nella primissima apparizione della via nell'opera essa è connotata come πολύφημον, di cui possibile traduzione è "che enuncia molte cose": se la via enuncia, allora, a mio vedere, nel fr. 2. 3 essa può ben compiere, sottinteso, l'atto di affermare. Il ché, di nuovo, attesta la centralità della narrazione: la stessa via di ricerca, narrata dalla dea, viene da ella prospettata come a sua volta, in certo modo, narrante; così, la metafora motoria che vuole il corretto apprendere corrispondere al percorrere questa via – e quello erroneo al vagare confusamente sull'altra – può a sua volta essere prospettato come l'ascolto della narrazione della via. Non a caso, quando nel fr. 8 le parole della dea decreteranno la fisionomia dell'ἐόν, quel che lì si affermerà sarà detto corrispondere al "racconto della via" (fr. 8. 1: μῦθος ὁδοῖο).

Prima di meglio esaminare questo punto, è bene soffermarsi sull'altra scelta interpretativa concernente il fr. 2. 3: quella di leggere come prive soggetto le sue due occorrenze di εἶναι. Nel fr. 8. 38-41 si è visto come la dea abbia condannato come fallaci non degli oggetti, ma piuttosto degli atti: per esempio, prima che ciò che nasce (τὸ γιγνόμενον) o perisce (ὀλλύμενον), fallaci sono detti il "nascere" e il "perire" (fr. 8. 39: γίγνεσθαι τε καὶ ὄλλυσθαι). L'atto, e dunque il verbo, sancisce lo statuto ontologico – nella fattispecie negativo – dell'oggetto che tale atto compie, e dunque del soggetto agente. In estrema sintesi, nel precedente fr. 2. 3, avviene esattamente la stessa cosa, sebbene in termini opposti e in modo speculativamente più cogente: innanzitutto l'atto di essere, e quindi il verbo εἶναι, e non piuttosto un suo eventuale soggetto, è oggetto di attenzione.

Con ciò, credo che per cogliere l'autentico significato del fr. 2. 3 occorra considerare quell'elemento che meno di altri ha ricevuto attenzione: τε καὶ, sovente reso con una generica congiunzione "e", tra "è" e "non può non essere". Il τε καὶ sicuramente opera una congiunzione; ma quale è il senso di tale operazione? A mio vedere, esso collega "è" e "non può non essere" in modo che il secondo espliciti pienamente il significato del primo, che la sola lettura del quale non renderebbe sufficientemente chiaro. In tal modo, la via veritiera esprime, sintetizzandolo, l'intero processo che soggiace alla κρίσις della dea: discernimento e separazione di "essere" e "non essere", poiché da un lato si pone l'affermazione d'essere, e dall'altro la sua negazione; esclusione della negazione d'essere attraverso la posizione della sua affermazione, poiché all'assunzione dell'affermazione d'essere viene fatta corrispondere l'espunzione della sua negazione fin nella sua possibilità.

Ora, non potendo qui dedicare al punto l'approfondita analisi che meriterebbe, ci si limiterà a constatare come non sia possibile collocare l'operazione svolta nella via veritiera in alcun altro luogo al di fuori del linguaggio, e come essa, per lo sguardo contemporaneo, in niente consista di più che in un'attribuzione e di una fissazione di un valore semantico. La via la cui persuasione porta ad approssimarsi alla verità è quella il cui μῦθος afferma che "è" vale l'"impossibilità di non essere". L'altra via, la quale, nel codice N del *Commentario al Timeo* di Proclo (I 345. 12), si costituisce come la via che solleva persuasioni fallaci (παναπειθέα), è invece quella il cui μῦθος afferma "non è" e che non ne può fare a meno. Del resto, se nel fr. 8. 1-3 si dice che il μῦθος della via che afferma "è" è l'unico che sopravvive, allora, prima che nel racconto della dea ciò avvenga, deve darsi più di un μῦθος. E se il μῦθος della via che dice "non è" non sopravvive, è perché, affermando necessariamente "non è", necessariamente offrirà cose che del "non è" saranno i soggetti adeguati, ossia cose che, in qualche modo, non sono, la cui conoscenza ed enunciazione mai sarà completamente fattibile. Riguardo queste, s'è visto in precedenza il motivo della loro persuasione ingannevole: esse sono suscettibili di dirsi – e di far credere che effettivamente siano – essenti, pur implicando il loro essere di necessità il "non essere", e corrispondendo *ad unguem* alla struttura della via fallace. Il loro essere non è, come quello della via veritiera, tale da escludere ogni possibilità al non essere; al contrario, esso non può pronunciarsi senza implicare, di necessità, la sua negazione. Così, laddove la via veritiera è quella che, ospitando la κρίσις e lasciandosi da essa informare, divide categoricamente essere e non essere per escludere totalmente il secondo, e dunque quella il cui essere vale l'assoluta negazione del non essere, la via ingannevole è quella della crasi tra i due, e segnatamente quella dove l'essere di necessità implica il non essere.

Vittima della via ingannevole cade il νόος, che si trova su di essa a errare condotto dall'ἀμηχανίη, ossia, come visto, dall'assenza di κρίσις. Vaga su questa via, mai procedendo realmente, perché quel cammino "torna su sé stesso", la direzione dell'"è" mai escludendo quella, opposta, del "non è", come invece sempre avviene, secondo κρίσις, sulla via veritiera. Offrendo questa via ingannevole numerose esperienze, altrettanto ingannevoli, l'inganno si reitera, e diventa condotta consuetudinaria, abitudine ad ammettere la sussistenza del non essere. Così, il νόημα del νόος costretto sulla via fallace, dacché privo di κρίσις e assuefatto a tale mancanza, assume, ingannandosi, che siano le cose che non sono (εἶναι μὴ εόντα).

Come evitare l'inganno? Per rispondere alla domanda è bene cominciare ricordando come sia stato rilevato che la garanzia della natura veritiera delle parole della dea non si esaurisce nella loro provenienza divina (Benzi, 2018, pp. 30-31); del resto, la dea stessa, esortando a riflettere sul suo racconto, ne libera la credibilità dalla sua autorità. Una prova significativa è un invito da lei stessa rivolto a Parmenide: κρῖναι δὲ λόγῳ πολύδηριν ἔλεγχον/ἐξ ἐμέθεν ῥηθέντα. Interpretando κρῖναι come "valuta; giudica", ἔλεγχον come "prova; disamina", e soprattutto il dativo strumentale λόγῳ come "con la ragione", risulta che la dea ridimensiona la sua autorità, ed esalta la capacità di riflessione dell'uditore, nonché il più generale esercizio del λόγος. In altri termini, dicendo "valuta con la ragione la prova molto dibattuta da me enunciata", lei *de facto* afferma che la sua parola è credibile non perché è una divinità ad affermarla, ma lo è a condizione che superi il vaglio critico del λόγος. Così, all'autorità del divino si sostituisce quella del λόγος. Tuttavia, tale lettura si può approfondire – senza eliminarne il suo fondamentale guadagno, ossia la subordinazione della divinità al λόγος – evidenziando come l'invito della dea contenga indicazioni su come approdare all'ἐόν, vincendo l'inganno.

A proposito di ἔλεγχος, le traduzioni più frequenti sono "controversia", "prova; disamina" o "confutazione". Furley ha mostrato come l'originario significato di ἔλεγχος, sia quello di "shame" oppure "disgrace"; di lì, sarebbe progressivamente giunto a quello – filosoficamente assai cogente e più noto attraverso il contesto socratico – di "confutazione", che troverebbe senso anche nel dettato parmenideo a partire dal fatto che nel fr. 8. 1-2 la dea afferma che un solo μῦθος sopravvive (fr. 8. 2: λείπεται), e che quindi gli altri sono stati confutati dall'ἔλεγχος del fr. 7. 5 (Furley, 1973, 1-15, ma anche Furth, 1968, pp. 111-132). Anche Lesher, dopo attenta e puntuale rassegna delle occorrenze presocratiche di ἔλεγχος, ha decretato che, a partire dal significato originario determinato da Furley, a significare "confutazione" ἔλεγχος giunge passando per quello di "esame; messa alla prova; valutazione", che permane nella socratica accezione di ἔλεγχος. Ed è precisamente questo il significato con cui, per Lesher, ἔλεγχος occorre in Parmenide. Partendo dal fr. 7. 6, dove l'ἐξ ἐμέθεν ῥηθέντα della dea colloca la πολύδηριν ἔλεγχον del fr. 7. 5 in brani precedenti il fr. 7. 5-6, Lesher individua quest'ἔλεγχος nelle complessive illustrazione e valutazione di tutte le possibili vie a disposizione del pensare euristico, e la conseguente accettazione di una, che si configura come quella corretta, a discapito di altri procedimenti, meno efficaci. Pertanto, l'ἔλεγχος sarebbe non la confutazione o il rifiuto di una possibilità euristica, ma la più ampia valutazione che, tra l'altro, precede e determina quella confutazione e quel rifiuto (Lesher, 1984, pp. 1-30).

È poi da considerare l'aggettivo di ἔλεγχος, πολύδηρις, nonché come lo scenario cambi determinando la sua valenza come attiva ("molto contestante") o come passiva ("molto contestata"). Se l'ἔλεγχος è "molto contestata", allora il sostantivo cui tale connotazione si riferisce ha, per ciò stesso, accezione negativa; in tal caso essa vale come "disgrazia; controversia" (Calogero, 2012, p. 99), e corrisponde alle credenze dei mortali, che appunto sono molto contestate dalla dea (salvo intendere che l'ἔλεγχος è "molto dibattuta"; in tal modo essa può essere la "disamina" complessiva fornita dalla dea, che viene molto di dibattuta da lei stessa. Se invece essa è "molto contestante", allora essa può essere la "confutazione" procurata dalla dea verso le credenze, e l'aggettivo è un rafforzativo per sottolineare la portata demolitrice del discorso della dea. Ovviamente, intendendo ἔλεγχος come "confutazione", il suo referente rimane circoscritto alla *pars destruens* del discorso della dea, mentre se la si intende, in termini più generali, come "disamina; prova", allora il suo referente può essere esteso anche alla sua *pars construens*.

Restano tuttavia alcuni elementi da considerare. Innanzitutto, sulla base ἐξ ἐμέθεν ῥηθέντα, "da me enunciata" la πολύδηριν ἔλεγχον dovrà identificarsi in qualcosa di enunciato prima del fr. 7. 6 (Verdenius, 1942, p. 42; Zucchello, 2015, p. 135, n. 34). Ora, nonostante l'anteriorità e la successione dei versi e dei frammenti parmenidei non sia questione definitivamente risolta, attraverso Sesto Empirico (*Contro i matematici*, VII, 111,7-36) e, meno direttamente, Simplicio (*Commentario alla Fisica*, 78, 2-23), risulta la precedenza del fr. 7. 5-6 rispetto al fr. 8, laddove quasi tutti i significati di ἔλεγχος osservati troverebbero nella successiva argomentazione del fr. 8 il suo più naturale referente. Con ordine, se ἔλεγχος è la prova, l'esame o la disamina, che la dea procura, allora nessun luogo più del fr. 8 è indicato per essere il referente di tale esame o disamina, poiché è lì che la dea argomenta le sue tesi, talvolta operando una sorta di *reductio ad absurdum* di quelle contrarie alle sue (Mourelatos-Pulpito, 2018, 121-138). In quanto precede il fr. 8 vi sono solenni affermazioni, ma non ancora, propriamente, dimostrazioni. Inoltre, accordando tale significato a ἔλεγχος, difficilmente potrebbe πολύδηρις significare "molto contestata", poiché in tal caso la dea connoterebbe la sua stessa argomentazione come "controversa".

Non tanto diversamente assumendo ἔλεγχος come confutazione: prima del fr. 8 la dea condanna più che confutare. La confutazione, intesa come assunzione momentanea della tesi contraria a quella che si vuole sostenere, per svilupparla e mostrarne le assurdità, avviene infatti anch'essa nella sua forma più compiuta nel corso dell'argomentazione del fr. 8. Prima di ciò, la dea pone delle premesse, al lume delle quali condanna le condotte conoscitive non rispettose di queste, ma trattasi di condanna e di denuncia, piuttosto che di più o meno metodica confutazione. Anche in questo caso, comunque, πολύδηρις dovrebbe sottolineare quel carattere dell'ἔλεγχος per cui essa è molto contestante, e non il fatto che essa è suscettibile di essere molto contestata, poiché in tale ultimo caso il testo svaluterebbe il suo rigore argomentativo. In sintesi, collocando il ῥηθέντα del fr. 7. 6 l'ἔλεγχος del fr. 7. 5 prima del fr. 8, risulta problematico attribuirgli i significati prevalentemente accordatigli. E infatti, Cordero, proponendo un differente ordine dei frammenti parmenidei, sul quale non ci soffermeremo, in riferimento alla "enigmatic expression that alludes to a 'πολύδηριν ἔλεγχον' *already exposed*", nota che "*before* fragment 7, there is no ἔλεγχος, controversial or not" (Cordero, 2011, pp. 148-152).

C'è tuttavia un significato, quello originario, che può essere attribuito a ἔλεγχος in modo che essa si riferisca a qualcosa che precede il fr. 7. 6 e il fr. 8. Lesher ha mostrato come a ἔλεγχος, nei secoli VII e VI, convengano i significati di "disgrazia" o di "vergogna", legati a un fallimento (Lesher, 1984, pp. 4-5, richiamando Esiodo, *Teogonia*, 26-27, oppure Omero, *Iliade*, XI, 312-315; *Odissea*, XXI, 424-425). Nel contesto, chiaramente conoscitivo, di Parmenide, quale può essere quella 'disgrazia', suscettibile di essere anche motivo di 'vergogna', poiché recante a un fallimento? Per rispondere, è sufficiente ripercorrere a ritroso i versi, e vedere cosa hanno in comune l'assumere che siano le cose che non sono (fr. 7. 1-2), o che essere e non essere siano lo stesso e non lo stesso (fr. 6. 8-9), o l'essere in balia dell'ἀμηχανίη (fr. 6. 5-6), fino a giungere alla struttura intima della via fallace, affermante la negazione d'essere e la sua necessità (fr. 2. 5: οὐκ ἔστιν; χρεών ἐστιν μὴ εἶναι). Quel che salda insieme tutto questo altro non è la mancata esclusione, e dunque l'ammissione, della negazione d'essere (οὐκ ἔστιν). Intendere ἔλεγχος come "disgrazia" lo concilia col ῥηθέντα del fr. 7. 6, dacché una 'disgrazia', che conoscitivamente conduce a un fallimento, è stata ampiamente enunciata dalla dea: essa è la negazione d'essere, la cui ammissione comporta – e dipende da – una fallimentare condotta gnoseologica. Pertanto, credo che ἔλεγχος, inteso come "disgrazia; controversia", sia il vocabolo con cui la dea si riferisce alla negazione d'essere, assunta come imprescindibile dalla via ingannevole e dalle credenze fallaci dei mortali che la frequentano.

L'operazione che, mediante λόγος, la dea esorta a compiere su tale disgrazia (ἔλεγχος) è espressa da κρῖναι. Anche qui, assumere, come spesso è stato fatto, che il verbo esprima un atto di valutazione e di giudizio significa non dare adeguato peso al fatto che κρῖναι è pure verbo della κρίσις, la quale svolge un ruolo di capitale importanza speculativa, sorreggendo l'intero procedimento parmenideo. Come veduto, lo svolgimento per intero della κρίσις prevede il discernimento e la distinzione, dopodiché la valutazione, e infine l'accettazione e il rifiuto delle possibilità che tali precedenti operazioni hanno progressivamente delineato. Ora, nel fr. 2. 3 è possibile assistere all'impiego immediato, seppur sintetizzato, della κρίσις: affermazione e negazione d'essere sono immediatamente distinte in funzione della categorica esclusione della negazione. Nel fr. 8. 15-18 la κρίσις delinea di nuovo due possibilità, rammentando come già la loro valutazione abbia portato all'esclusione di quella negativa. Tale valutazione, esprimibile con κρίνειν e κρίσις, presuppone il precedente discernimento delle possibilità da valutare, anch'esso esprimibile con κρίνειν e κρίσις. Se κρῖναι evoca la κρίσις, mezzo (μηχανή) e cura per debellare tale disgrazia conoscitiva, allora il significato sostanziale del fr. 7. 5-6, del tutto in accordo col procedimento di Parmenide, si configura come l'invito a operare la κρίσις su quella disgrazia, ossia sulla negazione d'essere. Se l'applicazione della κρίσις implica la separazione di ἔστι e οὐκ ἔστι, al fine ottenere una loro distinzione a sua volta funzionale all'espunzione dell'οὐκ ἔστι, allora, verosimilmente, tutte queste operazioni, in certo modo, sono sottese dal κρῖναι del fr. 7. 5. Volendo tuttavia ulteriormente circoscrivere la sua valenza, è da notare come la κρίσις del fr. 8. 15-16 si soffermi prioritariamente sulla distinzione – piuttosto che sulla conseguente scelta – delle possibilità che da tale operazione risultano. Il κέκριται del successivo v. 16, invece, evidenzia proprio questa scelta, e la valutazione che ha portato all'esclusione di una possibilità e alla completa assunzione dell'altra. Per completare il quadro, sembra che il κρῖναι del fr. 7. 5, pur richiamando tutti i momenti procedurali impliciti alla κρίσις, ponga l'accento su quello della separazione: occorre "separare" quella "disgrazia" conoscitiva dall'οὐκ ἔστι, affinché sia possibile eseguire la sua esclusione e conoscitivamente guadagnare il vero. Lasciando l'οὐκ ἔστι nella sua crasi con l'ἔστι, e per ciò stesso mancando di isolarlo, neppure è possibile approdare alla realtà dell'ἐόν, informata dalla piena affermazione dell'εἶναι, il cui valore semantico corrisponde all'esclusione della sua negazione, e di conseguenza caratterizzata proprio dall'esclusione di ogni οὐκ ἔστι.

Un'obliqua riprova di ciò è la probabile breve distanza che separa il fr. 7. 5-6 dal l fr. 8 (O'Brien, 1987, p. 33; Sider, pp. 365-366): se nel fr. 8 la dea determina ciò a cui solo conviene il titolo di essente, tale determinazione, seppur con modalità talvolta eterogenee, è sempre sorretta dalla separazione e dall'esclusione della negazione d'essere. Così, appare più che verosimile che, prima di procedere a questa determinazione, si dichiari la modalità con cui svolgerla, la quale presuppone l'isolamento della negazione d'essere in vista della sua esclusione. Tale proposta di lettura pare anche meglio accordarsi con la connotazione di πολύδηρις riferita all'ἔλεγχος, riprendendo, seppur a partire da una differente angolatura, la proposta di Lesher, per il quale essa può avere una valenza tanto attiva quanto passiva (Lesher, 1984, p. 23). L'ἔλεγχος, ossia la negazione d'essere, crea molta discordia perché è ovunque, come lo sono le false credenze e le false cose credute che la ospitano (fr. 1. 32: διὰ παντὸς πάντα), e offre molta battaglia (δῆρις) perché, evidentemente, si insinua costantemente nella credenza degli uomini. Vale qui quanto notano Lesher e – in certa misura – Long (Lesher, 1984, p. 23; Long, 1963, p. 97), ossia che lo stesso Parmenide, nonostante abbia udito il veritiero μῦθος della dea, avente per oggetto la verità (fr. 8. 50), deve essere poi ulteriormente istruito sulle credenze dei mortali affinché esse non possano fuorviarlo (fr. 8. 60-61): se le parole della dea consegnassero una volta per tutte la verità a Parmenide, non vi sarebbe alcun bisogno di quest'ulteriore accortezza; evidentemente, anche in seguito all'ascolto di queste parole, il rischio d'inganno continua a sussistere, le false credenze continuano a tentare di affermare i loro contenuti erronei, e su tutti quello che le marchia come fallaci. Non per nulla, come più volte sottolineato, esse sono ingannevoli (fr. 8. 52); per esser tali, devono avere un potere persuasivo, ribadito obliquamente dalle ulteriori precauzioni prese dalla dea contro di esse. Ma tale disgrazia conoscitiva è anche molto contrastata e combattuta dalla dea, la quale, anche prima di procedere alla sua più compiuta confutazione, a più riprese la avversa, denunciandone l'effetto conoscitivamente deleterio.

La parte più rilevante per la presente indagine, tuttavia, riposa nel fatto che l'intervento di separazione e di esclusione (κρῖναι) da operare sulla "disgrazia" (ἔλεγχος) conoscitiva, onde evitare l'inganno, deve essere eseguito mediante λόγος. Ora, stante il ruolo qui accordato al λόγος, occorre considerare alcuni dati. Un primo è che λόγος è uno dei vocaboli con cui la dea si riferisce al suo racconto, o a quello della via che avvicina al vero: quando questo inizia (fr. 2. 1-2), e quando è l'unico che rimane valido (fr. 8. 1-3), è definito μῦθος; quando esso termina, è definito λόγος (fr. 8. 50-51); con ciò, anche λόγος, come μῦθος, può avere la valenza di "racconto". Un secondo è che la stessa operazione del μῦθος della via veritiera, ossia la fissazione della valenza di "è" come "impossibilità di non essere", si è detto non potersi collocare in altro luogo che non sia il λόγος, e segnatamente il suo versante linguistico-semantico. Un terzo è quella testimonianza di Aristotele che afferma τὸ ὄν essere per Parmenide ἁπλῶς λεγόμενον, e dunque, attraverso il λεγόμενον, che è dal λόγος, e non da altro. che l'ontologia di Parmenide prende le mosse. È bene iniziare col vagliare quest'ultimo punto, nonché la sua correlazione col secondo.

Aristotele e il λόγος di Parmenide

Simplicio, prima di citare il fr. 2. 3 di Parmenide, in cui si affianca l'"è" all'"impossibilità di non essere", afferma che quei versi mostrano come Parmenide sostenga τὸ ὄν essere μοναχῶς λεγόμενον, e riporta un brano di Eudemo che pure sostiene Parmenide assumere τὸ ὄν in tal modo (Simplicio,

Commentario alla Fisica, 115, 15). La formula dell'ὄν come μοναχῶς λεγόμενον parmenideo di Eudemo e Simplicio richiama quella di Aristotele affermante l'ὄν parmenideo essere ἁπλῶς λεγόμενον, giacché lo stesso Aristotele dimostra che con ἁπλῶς intende "univocità", denunciandone immediatamente la scorrettezza e il bisogno di correggerlo con πολλαχῶς (Fisica, I, 3, 186 a 24-25). Ma oltre che univocità, l'avverbio ἁπλῶς, in Aristotele connotante l'azione svolta dal λόγος parmenideo, può significare tanto "assolutamente" quanto "rudimentalmente", e in effetti tanto assoluto quanto rudimentale è secondo Aristotele il modo con cui il λόγος di Parmenide pone τὸ ὄν. Nell'ἁπλῶς di Aristotele vi sono tutti e tre i significati; tuttavia, se i successivi resoconti di Eudemo, e poi di Simplicio, enfatizzeranno l'univocità, sostituendo ἁπλῶς con μοναχῶς, in Aristotele l'univocità, da cui deriva il carattere rudimentale dell'ὄν parmenideo, è a sua volta conseguenza della sua assolutezza: l'ὄν parmenideo è μοναχῶς λεγόμενον perché è ἁπλῶς λεγόμενον; non viceversa. In cosa consiste questa assolutezza? Come vedremo, nella sua totale esclusione della negazione d'essere, da cui, tra l'altro, deriva il suo monismo.

Aristotele illustra questo punto adducendo l'esempio basato sull'essere in quanto tale e sulla sua eventuale proprietà della bianchezza: in Parmenide la determinazione dell'essere bianco, posseduta dall'essere in quanto tale come proprietà, non potrebbe che costituirsi come negazione d'essere assoluta e nullificante: "poiché diverso dall'essere, quel che non gli corrisponde non sarà: sarà non essere" (Fisica, I, 2, 186 a35-b1: ἕτερον γὰρ τοῦ ὄντος ἔσται τι ἄρα οὐκ ὄν) intendendo quella negazione come "non un qualche non essere (= un non essere relativo a qualcosa), ma proprio assoluto non essere" (Fisica, I, 2, 186 b9-10: οὐδὲν γὰρ ὂν ὃ οὐχ ὅπερ ὄν [...] οὐχ οὕτω δὲ ὥσπερ τι μὴ ὄν, ἀλλ'ὅλως μὴ ὄν).

È bene vedere come alcuni luoghi fondamentali del dettato parmenideo concordino con quanto afferma Aristotele in riferimento all'esclusione della negazione d'essere, da Parmenide avvertita come sempre nullificante. Tale esclusione, ancor prima di essere esplicitata attraverso l'evocazione della κρίσις nel fr. 8. 15-16, già emerge in tutta la sua chiarezza nell'enunciazione della via veritiera del fr. 2. 3 (οὐκ ἔστι μὴ εἶναι). Se "essere" vale l'"impossibilità di non essere", allora il soggetto che compie tale atto, per compierlo, mai potrà compiere quello negativo a esso corrispettivo: mai potrà non essere. Come visto, conseguenza del fatto che ciò che è in Parmenide non può godere di alcuna negazione d'essere, è secondo Aristotele l'esclusione, per esso, di determinazioni positive: possedendone, e dunque essendo in quel modo, non potrà che anche non essere in tutti i modi differenti da quello (sarà x e insieme non sarà tutto quel che da x differisce), realizzando quella crasi di essere e non essere che la κρίσις parmenidea mira a dissolvere. Condizione di possibilità di una tale impostazione è che "essere" e la sua negazione mai siano intesi relativamente a qualcosa, ma sempre in modo "assoluto" (da cui l'ἁπλῶς λεγόμενον di Aristotele), e dunque come sempre affermante la verità e la sussistenza del suo soggetto.

Quanto sostiene Aristotele sull'essente parmenideo sembra ben concordare con quel che afferma lo stesso dettato parmenideo nel fr. 8. 11: "così, è necessario o che sia del tutto, o che non sia affatto" (οὕτως ἢ πάμπαν πελέναι χρεών ἐστιν ἢ οὐχί). La disgiunzione realizzata dalle due ἤ collabora ad affermare ciò che le due eventualità, attraverso esse disgiunte, lasciano perfettamente cogliere: da un lato l'"essere del tutto"; dall'altro la sua totale negazione, espressa dall'enfatico οὐχί di fine verso; e nessuna possibilità intermedia tra esse.

Tale possibilità intermedia, infatti, si configurerebbe come qualcosa che è, ma non del tutto, ovverosia, come qualcosa che in qualche modo, e sotto qualche rispetto, è, e che in qualche altro modo, e sotto qualche altro rispetto, non è.

Dunque, come qualcosa in seno alla quale si realizza quella crasi di essere e non essere combattuta dalla κρίσις. Così, il πάμπαν πελέναι, l'essere del tutto, non può che significare l'essere scevro da qualsiasi negazione d'essere: non essere in qualche modo, e dunque essere ma non del tutto, infatti, significa non essere affatto (οὐχί). Confrontando i testi riportati, l'οὐχί parmenideo, contrapposto al πάμπαν πελέναι, sembra venir da Aristotele glossato con l'ὅλως μὴ ὄν, il quale pure esclude che dietro la sua negazione possa intravedersi un non essere relativo (τι μὴ ὄν), ossia un qualcosa che, non essendo in qualche modo, sia in qualche altro: ciò che è soggetto alla negazione d'essere, non è non essente soltanto sotto quel rispetto in virtù del quale viene negato l'essere, e dunque un essente sotto altri rispetti, ma è sempre un completamente (ὅλως) non essente. D'altro canto, l'avverbio ὅλως mostra obliquamente come dovrebbe intendersi la versione affermativa dell'ὅλως μὴ ὄν: l'ὅλως ὄν. E tale ὅλως ὄν, desumibile dal testo aristotelico, si adatta perfettamente al πάμπαν πελέναι del testo parmenideo (fr. 8. 11), come ciò che, completamente essendo, non è soggetto a negazioni d'essere.

Dopodiché, è il caso di ricordare che l'essente parmenideo, tale da non tollerare alcuna negazione d'essere, e dunque alcuna determinazione, è secondo Aristotele assunto dal λόγος, in quanto λεγόμενον, e da un λόγος non adeguatamente impiegato, altrimenti, sulla base della realtà effettiva non apparirebbe prossimo alla follia quel che l'Eleatismo sostiene (De generatione et corruptione, I, 8, 325 a20: μανία). Se Parmenide avesse preso le mosse da quel che è evidente nella concreta esperienza delle cose, e non da quello che sembra tale in forza di assunti che vivono all'interno di un λόγος completamente scollegato da esse, avrebbe colto che τὸ ὄν mai può avere valenza assoluta e, dunque, univoca nel λόγος (Fisica, I, 3, 187 a1-11; Chiaradonna, 1999, pp. 46-54), ma sempre polisemica (πολλαχῶς), tale essendo nella realtà effettiva, ove consta di un plesso di ambiti che sussistono secondo modalità molteplici ed eterogenee: mai un essere assoluto (ὅλως ὄν), ma sempre un essere determinato, e relativo a qualcosa (τι ὄν).

Si è accennato al ruolo edificante svolto dal linguaggio nell'utilizzazione della κρίσις e nella posizione della premessa, da essa informata, da parte della dea. In effetti, tutto ciò si regge sull'inconciliabilità di "essere" e "non essere", la quale presuppone il loro essere semanticamente avvertiti nella loro assolutezza, in modo tale che l'uno si configuri come assoluta positività e l'altro come assoluta negatività, e l'uno come la totale negazione dell'altro. Non a caso, Aristotele segnala sussistere all'interno del λόγος l'ὄν parmenideo, e la dea individua nel λόγος il mezzo per operare la κρίσις: essa deve essere svolta col λόγος perché il λόγος è anche il luogo dal quale trae origine, così come la trae quella "disgrazia" (ἔλεγχος) della negazione d'essere che essa mira a eliminare.

Simplicio, prima di citare il fr. 2. 3 di Parmenide, in cui si affianca l'"è" all'"impossibilità di non essere", afferma che quei versi mostrano come Parmenide sostenga τὸ ὄν essere μοναχῶς λεγόμενον, e riporta un brano di Eudemo che pure sostiene Parmenide assumere τὸ ὄν in tal modo (Simplicio, *Commentario alla Fisica*, 115, 15). La formula dell'ὄν come μοναχῶς λεγόμενον parmenideo di Eudemo e Simplicio richiama quella di Aristotele affermante l'ὄν parmenideo essere ἁπλῶς λεγόμενον, giacché lo stesso Aristotele dimostra che con ἁπλῶς intende "univocità", denunciandone immediatamente la scorrettezza e il bisogno di correggerlo con πολλαχῶς (*Fisica*, I, 3, 186 a 24-25). Ma oltre che univocità, l'avverbio ἁπλῶς, in Aristotele connotante l'azione svolta dal λόγος parmenideo, può significare tanto "assolutamente" quanto "rudimentalmente", e in effetti tanto assoluto quanto rudimentale è secondo Aristotele il modo con cui il λόγος di Parmenide pone τὸ ὄν. Nell'ἁπλῶς di Aristotele vi sono tutti e tre i significati; tuttavia, se i successivi resoconti di Eudemo, e poi di Simplicio, enfatizzeranno l'univocità, sostituendo ἁπλῶς con μοναχῶς, in Aristotele l'univocità, da cui deriva il carattere rudimentale dell'ὄν parmenideo, è a sua volta conseguenza della sua assolutezza: l'ὄν parmenideo è μοναχῶς λεγόμενον perché è ἁπλῶς λεγόμενον; non viceversa. In cosa consiste questa assolutezza? Come vedremo, nella sua totale esclusione della negazione d'essere, da cui, tra l'altro, deriva il suo monismo.

Aristotele illustra questo punto adducendo l'esempio basato sull'essere in quanto tale e sulla sua eventuale proprietà della bianchezza: in Parmenide la determinazione dell'essere bianco, posseduta dall'essere in quanto tale come proprietà, non potrebbe che costituirsi come negazione d'essere assoluta e nullificante: "poiché diverso dall'essere, quel che non gli corrisponde non sarà: sarà non essere" (*Fisica*, I, 2, 186 a35-b1: ἕτερον γὰρ τοῦ ὄντος ἔσται τι ἄρα οὐκ ὄν) intendendo quella negazione come "non un qualche non essere (= un non essere relativo a qualcosa), ma proprio assoluto non essere" (*Fisica*, I, 2, 186 b9-10: οὐδὲν γὰρ ὂν ὃ οὐχ ὅπερ ὄν [...] οὐχ οὕτω δὲ ὥσπερ τι μὴ ὄν, ἀλλ'ὅλως μὴ ὄν).

È bene vedere come alcuni luoghi fondamentali del dettato parmenideo concordino con quanto afferma Aristotele in riferimento all'esclusione della negazione d'essere, da Parmenide avvertita come sempre nullificante. Tale esclusione, ancor prima di essere esplicitata attraverso l'evocazione della κρίσις nel fr. 8. 15-16, già emerge in tutta la sua chiarezza nell'enunciazione della via veritiera del fr. 2. 3 (οὐκ ἔστι μὴ εἶναι). Se "essere" vale l'"impossibilità di non essere", allora il soggetto che compie tale atto, per compierlo, mai potrà compiere quello negativo a esso corrispettivo: mai potrà non essere. Come visto, conseguenza del fatto che ciò che è in Parmenide non può godere di alcuna negazione d'essere, è secondo Aristotele l'esclusione, per esso, di determinazioni positive: possedendone, e dunque essendo in quel modo, non potrà che anche non essere in tutti i modi differenti da quello (sarà x e insieme non sarà tutto quel che da x differisce), realizzando quella crasi di essere e non essere che la κρίσις parmenidea mira a dissolvere. Condizione di possibilità di una tale impostazione è che "essere" e la sua negazione mai siano intesi relativamente a qualcosa, ma sempre in modo "assoluto" (da cui l'ἁπλῶς λεγόμενον di Aristotele), e dunque come sempre affermante la verità e la sussistenza del suo soggetto.

Quanto sostiene Aristotele sull'essente parmenideo sembra ben concordare con quel che afferma lo stesso dettato parmenideo nel fr. 8. 11: "così, è necessario o che sia del tutto, o che non sia affatto" (οὕτως ἢ πάμπαν πελέναι χρεών ἐστιν ἢ οὐχί). La disgiunzione realizzata dalle due ἤ collabora ad affermare ciò che le due eventualità, attraverso esse disgiunte, lasciano perfettamente cogliere: da un lato l'"essere del tutto"; dall'altro la sua totale negazione, espressa dall'enfatico οὐχί di fine verso; e nessuna possibilità intermedia tra esse.

Tale possibilità intermedia, infatti, si configurerebbe come qualcosa che è, ma non del tutto, ovverosia, come qualcosa che in qualche modo, e sotto qualche rispetto, è, e che in qualche altro modo, e sotto qualche altro rispetto, non è. Dunque, come qualcosa in seno alla quale si realizza quella crasi di essere e non essere combattuta dalla κρίσις. Così, il πάμπαν πελέναι, l'essere del tutto, non può che significare l'essere scevro da qualsiasi negazione d'essere: non essere in qualche modo, e dunque essere ma non del tutto, infatti, significa non essere affatto (οὐχί). Confrontando i testi riportati, l'οὐχί parmenideo, contrapposto al πάμπαν πελέναι, sembra venir da Aristotele glossato con l'ὅλως μὴ ὄν, il quale pure esclude che dietro la sua negazione possa intravedersi un non essere relativo (τι μὴ ὄν), ossia un qualcosa che, non essendo in qualche modo, sia in qualche altro: ciò che è soggetto alla negazione d'essere, non è non essente soltanto sotto quel rispetto in virtù del quale viene negato l'essere, e dunque un essente sotto altri rispetti, ma è sempre un completamente (ὅλως) non essente. D'altro canto, l'avverbio ὅλως mostra obliquamente come dovrebbe intendersi la versione affermativa dell'ὅλως μὴ ὄν: l'ὅλως ὄν. E tale ὅλως ὄν, desumibile dal testo aristotelico, si adatta perfettamente al πάμπαν πελέναι del testo parmenideo (fr. 8. 11), come ciò che, completamente essendo, non è soggetto a negazioni d'essere.

Dopodiché, è il caso di ricordare che l'essente parmenideo, tale da non tollerare alcuna negazione d'essere, e dunque alcuna determinazione, è secondo Aristotele assunto dal λόγος, in quanto λεγόμενον, e da un λόγος non adeguatamente impiegato, altrimenti, sulla base della realtà effettiva non apparirebbe prossimo alla follia quel che l'Eleatismo sostiene (*De generatione et corruptione*, I, 8, 325 a20: μανία). Se Parmenide avesse preso le mosse da quel che è evidente nella concreta esperienza delle cose, e non da quello che sembra tale in forza di assunti che vivono all'interno di un λόγος completamente scollegato da esse, avrebbe colto che τὸ ὄν mai può avere valenza assoluta e, dunque, univoca nel λόγος (*Fisica*, I, 3, 187 a1-11; Chiaradonna, 1999, pp. 46-54), ma sempre polisemica (πολλαχῶς), tale essendo nella realtà effettiva, ove consta di un plesso di ambiti che sussistono secondo modalità molteplici ed eterogenee: mai un essere assoluto (ὅλως ὄν), ma sempre un essere determinato, e relativo a qualcosa (τι ὄν).

Si è accennato al ruolo edificante svolto dal linguaggio nell'utilizzazione della κρίσις e nella posizione della premessa, da essa informata, da parte della dea. In effetti, tutto ciò si regge sull'inconciliabilità di "essere" e "non essere", la quale presuppone il loro essere semanticamente avvertiti nella loro assolutezza, in modo tale che l'uno si configuri come assoluta positività e l'altro come assoluta negatività, e l'uno come la totale negazione dell'altro. Non a caso, Aristotele segnala sussistere all'interno del λόγος l'ὄν parmenideo, e la dea individua nel λόγος il mezzo per operare la κρίσις: essa deve essere svolta col λόγος perché il λόγος è anche il luogo dal quale trae origine, così come la trae quella "disgrazia" (ἔλεγχος) della negazione d'essere che essa mira a eliminare.

Logos, contemplazione e narrazione

Il breve riferimento alla ricezione aristotelica di Parmenide ha tentato di mettere in luce il cruciale ruolo speculativo svolto dai valori semantici viventi nel linguaggio per l'edificazione dell'ontologia di Parmenide. È ora il momento di fare un ulteriore passo avanti, considerando come il linguaggio non sia solo il luogo dove vivono i valori semantici, tra cui quelli, assoluti e inconciliabili, di "essere" e "non essere": esso è pure la materia di cui il racconto si compone. La dea, come visto, connota la sua successione di parole mediante le quali l'ontologia di Parmenide prende progressivamente consistenza ora come λόγος e ora come μῦθος; e se quanto da lei stabilito attraverso la κρίσις, in accordo col primo vocabolo, si costituisce come la premessa rispettando la quale si raggiunge la conclusione a essa conseguente, in accordo col secondo si configura come l'assunto che traccia quel solco restando nel quale si approda alla fine del racconto mantenendo una coerenza narrativa. Come al personaggio narrato sono preclusi certi atti e certi atteggiamenti, affinché non tradisca la natura per esso stabilita dal racconto e consenta di cogliere un senso nello sviluppo della sua storia, simili preclusioni sono dal μῦθος decise per l'ἐόν. Tra esse, ve ne è una che decreta un aspetto dell'oggetto narrato che non solo conserva la coerenza della narrazione, ma ne esalta al massimo grado la stessa funzione: quella tale per cui l'ἐόν – finanche nelle sue caratteristiche più marcatamente "visive" come la sua sfericità, non veduta da Parmenide, ma raccontata a Parmenide –

non può che continuare a essere un oggetto narrato, poiché mai può essere un oggetto veduto. Questa impossibilità, dovuta alla natura che per l'ἐόν ha deciso la narrazione, è ciò che consente a essa di duplicarsi: è la narrazione che crea le condizioni per un ulteriore e necessario ricorso a essa, configurandosi come mezzo necessario per il processo conoscitivo. Essa diventa narrazione di narrazione, e un narrato, la dea, diventa esso stesso narrante.

Ma perché l'ἐόν non può essere direttamente veduto, al punto da diventare accessibile solo attraverso narrazione finanche in un racconto? Perché, avendo il μῦθος stabilito che esso deve essere scevro da negazione d'essere, deve mancare anche di determinazioni, laddove queste, definendo la sua forma, consentirebbero il suo diventare "figura", per esser catturato visivamente. Nella sfera linguistico-semantica, il valore assoluto conferito alla parola "essere" assieme al fatto che ogni determinazione eventualmente associata a quell' "essere" si traduca in una negazione altrettanto assoluta, e dunque nullificante, fa sì che esso non possa tollerare alcuna determinazione: se fosse quella determinazione, per ciò stesso non sarebbe altro; e quel modo di non essere già significherebbe non essere in assoluto. Nella sfera visiva, invece, vale la norma opposta: non possedere determinazioni significa non potersi costituire come figura, e dunque non poter essere catturato dalla visione e da essa attestato come oggetto essente; viceversa, possedere determinazioni significa poter essere veduto, e configurarsi come essente di fronte all'occhio che, vedendo, attesta la sussistenza di quanto vede. Così, uno stesso elemento, la determinazione, nella sfera linguistico-semantica vale la negazione d'essere, mentre la sua assenza ne vale l'affermazione, laddove, in quella visiva, la essa vale l'affermazione d'essere, mentre la sua assenza la negazione.

Quest'ultimo punto consente di cogliere un'aporetica oscillazione della dottrina di Parmenide. Per afferrarla, osservare quei versi dove il piano della visione è evocato attraverso una significativa occorrenza di un *verbum videndi*, ossia nel fr. 4. 1, che recita λεῦσσε δ'ὅμως ἀπεόντα νόῳ παρεόντα βεβαίως; "guarda con il νόος come le cose lontane siano saldamente vicine". Intendiamo qui νόῳ come il λόγῳ del fr. 7. 5, ossia in modo strumentale (così per esempio Reinhardt, 1916, p. 49; Thanassas, 2011, p. 208): come nel fr. 7. 5 è suggerita un'azione, quella di operare la κρίσις, e con essa il mezzo con cui eseguirla, il λογός (κρῖναι δὲ λόγῳ), allo stesso modo il fr. 4. 1 indica l'azione da compiere, "osservare" (λεύσσειν), e il mezzo con cui compierla, il νόος (λεῦσσε [...] νόῳ).

L'evocazione del piano visivo attraverso il verbo λεῦσσε sembra poter contraddire quanto finora sostenuto; tuttavia, le modalità con cui essa avviene sembrano invece confermarlo. Innanzitutto, non si invita a compiere l'atto di vedere con l'occhio, ma con il νόος. L'occhio, invero, è l'unico mezzo del quale il dettato parmenideo dichiara in modo inappellabile l'inettitudine (fr. 7. 3-4). Gli altri mezzi sono invece condannati o esaltati a seconda del contenuto che catturano, e del grado di "critica" a cui lo sottopongono (Mansfeld, 2018, pp. 177-191) il mezzo orale è screditato se si tratta della γλῶσσα della folla priva di κρίσις e mossa dall'ἔθος (fr. 7. 4), mentre è promosso se si tratta del μῦθος della dea (fr. 2. 1-2); allo stesso modo, il mezzo uditivo è degradato se ciò che accoglie acriticamente è la chiacchiera dei mortali insipienti (fr. 7. 4), mentre è esaltato se accoglie e custodisce, riflettendo su di esso, il μῦθος della dea (fr. 2. 1-2). L'occhio invece trova la sua unica corretta utilizzazione nella deposizione, e nella sua sostituzione con il νόος. Il νόος, dal canto suo, è evidentemente capace di vedere in modo conoscitivamente superiore rispetto all'occhio, ma può anch'esso errare ed esser preda della mancanza di κρίσις. L'unico mezzo conoscitivo che invece non sembra esposto a fallibilità è il λόγος, il quale è dotato di κρίσις essendo colui che può eseguirla. Senza λόγος non si potrebbe operare la κρίσις che elimina la negazione d'essere, e senza tale κρίσις non si potrebbe guadagnare – o meglio, edificare – l'ἐόν. Se su un piano teorico il debito che l'ἐόν intrattiene col λόγος in relazione al suo esser posto consiste nel fatto che la sua elaborazione non sarebbe possibile fino in fondo prescindendo dalla sfera linguistico-semantica, su un piano narratologico, rammentando che λόγος è anche termine che designa il racconto (μῦθος), esso consiste nel fatto che senza il racconto, e le strategie narrative che esso pone in essere, esso non potrebbe costituirsi come realtà avente quella determinata fisionomia.

Sebbene il νόος sia suscettibile di cadere vittima dell'ἀμηχανίη (fr. 6. 5-6), e dunque non goda di assoluta credibilità conoscitiva, esso riceve tuttavia l'importante compito di cogliere visivamente l'ἐόν (fr. 4. 1). Ora, il νόος che riceve un siffatto compito non può per ciò stesso essere quello che erra, vittima di ἀμηχανίη. Piuttosto, sarà un νόος che conoscitivamente ha ricevuto un supporto e una direttiva, in virtù dei quali si costituisce esso stesso come mezzo gnoseologicamente affidabile. E stando al grado di fallibilità e infallibilità dei mezzi conoscitivi restituito dai frammenti pervenuti, nessun altro di essi appare più adatto del λόγος per tale ruolo di assistenza gnoseologica. Come visto, non solo mai è prospettata un'eventuale fallibilità del λόγος, ma esso appare il mezzo privilegiato nella misura in cui è quello designato per l'importante compito di operare la κρίσις. Con ciò, il νόος che coglie visivamente l'ἐόν è verosimilmente un νόος assistito dal λόγος, e segnatamente un νόος che opera dopo lo svolgimento della κρίσις da parte del λόγος, e orientato da essa.

Inerendo qui il νόος all'ambito conoscitivo della visione, e il λόγος a quello dell'espressione verbale, è allora dato assistere a una subordinazione gnoseologica del dominio visivo a quello verbale, alla quale corrisponde un rovesciamento dell'anteriorità e della successione dei momenti della visione e dell'espressione linguistica: contrariamente a una consuetudine assodata, l'oggetto non è prima veduto, per poi essere espresso e narrato; piuttosto, è espresso e narrato per poi essere reso visibile, e veduto. Così, se l'espressione verbale e la narrazione decretano che l'ἐόν non sia un oggetto visibile, esse poi concedono una sua visione, ma soltanto a condizione di subordinare tale visione alle loro condizioni.

In che modo avviene tutto ciò? Traducendo la κρίσις operata dal λόγος, e dunque di natura linguistico-semantica, in termini visivi, sebbene tale operazione crei, in ultima analisi, una contraddizione. Si è infatti detto che, in virtù delle premesse dettate dalla κρίσις svolta dal λόγος, l'ἐόν non può essere soggetto a negazioni d'essere, e dunque nemmeno a determinazioni che le implicherebbero. Come sarà allora la sua figura, quando esso viene reso oggetto visibile? Sarà necessariamente determinata, non essendo l'indeterminato catturabile visivamente, e quindi, per ciò stesso, traditrice delle premesse stabilite dalla κρίσις operata dal λόγος, poiché inevitabilmente implicante negazioni all'interno del dominio linguistico-semantico. Tuttavia, non potendo il tradimento di quelle premesse speculative evitarsi, si tenta cionondimeno di limitarlo, costituendo quelle determinazioni – che nella sfera linguistico-semantica continuano a implicare la negazione d'essere – come la traduzione in termini visivi di quell'assenza di negazioni d'essere per l'ἐόν decretata dalla κρίσις linguistico-semantica. Che tipo di figura, infatti, è restituita dalla visione attraverso νόος? Una figura non scissa e dispersa in più parti, né ammassata in un qualche punto più che in un qualche altro (fr. 4. 3-4: οὔτε σκιδνάμενον [...] οὔτε συνιστάμενον), e dunque, come ribadito da altri luoghi dell'opera, totalmente scevra da differenze e divisioni al suo interno, suscettibili di spezzarne l'omogeneità (fr. 8. 22: οὐδὲ διαιρετόν ἐστιν, ἐπεὶ πᾶν ἐστιν ὁμοῖον).

In tal modo, quella che, nel dominio logico-semantico,

si costituisce come una negazione d'essere, è tradotta in quello visivo come un'irregolarità, ossia una maggiorazione o una minorazione, che affligge la figura; coerentemente con ciò, l'esclusione della negazione d'essere, proclamata già dalla via veritiera, in termini visivi si traduce nell'esclusione di tutte quelle irregolarità. In tal modo, la dichiarazione della dea riguardante sull'esclusione della negazione d'essere, la quale per esempio informa quanto lei dichiara nel fr. 8. 9-10: "né è da dire né da concepire che non è" (οὐ γὰρ φατὸν οὐδὲ νοητόν ἔστιν ὡς οὐκ ἔστιν), si declina in modo tale che, per quanto riguarda la sfera linguistica (φατίζειν), la κρίσις operata dal λόγος elimina quella "sciagura" (ἔλεγχος) consistente in tale negazione (οὐκ ἔστιν), mentre per quanto riguarda la visione (λεύσσειν), il νόος, mezzo indicato per eseguirla in luogo dell'occhio, esso la espunge nel senso che il non concepire che non è (οὐδὲ νοητόν ἔστιν ὡς οὐκ ἔστιν) diventa la concezione, ossia la resa mentale dell'oggetto in termini visivi, di una figura scevra da irregolarità e, per ciò stesso, del tutto omogenea.

Come detto, tale tentativo di stabilire una coerente continuità tra piano dell'enunciazione verbale dell'oggetto e piano della sua visione, a rigore, non raggiunge il suo scopo. Infatti, le premesse logico-semantiche stabilite dalla dea decretano per l'ἐόν l'assenza di negazioni d'essere, e dunque di determinazioni che le implicano. Allora, mantenere la coerenza con tali premesse anche nell'ambito visivo significherebbe, a rigore, proiettare una figura del tutto priva di determinazioni. Senonché, ciò equivarrebbe a proiettare nulla, essendo impossibile una figura del tutto priva di determinazioni, così come la sua visibilità.

Pertanto, l'attribuzione di determinazioni all'ἐόν è sicuramente un cedimento della sfera linguistica e narrativa del λόγος di fronte alle esigenze di quella visiva, nonché un tradimento delle sue premesse; ma rimane un tradimento che, una volta commesso, si tenta in vario modo di contenere. Innanzitutto, pur non essendo mantenuta nel piano visivo l'assenza di determinazioni richiesta da quello semantico, si cerca comunque di rispettarla, intervenendo in parte su quel che la determina nello stesso ambito semantico, ossia sull'esclusione della negazione d'essere. Tale negazione è nella sfera visiva tradotta per l'ἐόν in irregolarità, e viene visivamente esclusa, così come semanticamente viene esclusa la prima. Dunque, se le determinazioni immesse dal piano visivo implicano un tradimento di quello linguistico-semantico, il modo con cui vengono accordate all'ἐόν tenta invece di tornare a obbedire alle prescrizioni della sfera linguistico-semantica.

Dopodiché, va notato come la predominanza della sfera semantica si manifesti anche nella connotazione di tali determinazioni come σήματα, vocabolo che già nell'etimologia rinvia a tale sfera. Presso Omero, nel celebre episodio dell'incontro tra Glauco e Diomede sul campo di battaglia (*Iliade*, VI, 144-202), σήματα λυγρά (v. 168) è utilizzato in uno dei primissimi riferimenti a un sistema di scrittura. Inoltre, a rigor di testo, tali σήματα sono nel poema parmenideo collocati sulla via il cui approdo è l'ἐόν, più che esser propri dell'ἐόν come le determinazioni sono proprie dell'oggetto che determinano (fr. 8. 1-3). Questo elemento di differita, in virtù del quale essi sono di un grado avvicinati alla via e di un grado distanziati dall'ἐόν, insieme al fatto che la via su cui essi sono è via "che molto enuncia", e che possiede un proprio μῦθος, ribadisce la predominanza del motivo linguistico nell'opera di Parmenide, e consente di interpretare tali σήματα come modi di esprimere e narrare l'ἐόν, piuttosto che come autentici modi di essere dell'ἐόν. In tal modo, allontanando le determinazioni dall'ἐόν attraverso la posizione dei σήματα come sue espressioni piuttosto che come suoi tratti definitori, si tenta di allontanargli anche la negazione d'essere che esse implicano.

A tal riguardo, è bene considerare come Owen, sulla base di rilievi non distanti da quelli qui proposti (Owen, 1966,

p. 322), ha suggerito di considerare tali σήματα: riprendendo una celebre immagine della scala da gettare una volta avvenuta la salita. L'immagine è utilizzata da Sesto Empirico (*Contro i Matematici*, VIII, 480-81) a proposito del corretto atteggiamento da adottare di fronte a quella dimostrazione che dimostra l'insufficienza di ogni dimostrazione, ed è poi resa più nota dalla celebre affermazione di Wittgenstein (*Tractatus logico-philosophicus*, 6. 54), al quale Owen in certo modo accosta Parmenide. Wittgenstein, infatti, prefiggendosi di mostrare quale fosse l'unico linguaggio sensato, ossia provvisto di un referente nella realtà extra-linguistica, ha a tal fine impiegato un metalinguaggio che a quel linguaggio non poteva corrispondere. Per poter legittimare il linguaggio da lui impiegato, mantenendo tuttavia l'alterità di questo rispetto a quello da lui posto come l'unico sensato, ha affermato: "Le mie proposizioni illuminano così: colui che mi comprende, infine le riconosce insensate, se è asceso per esse, su di esse, oltre esse (egli deve, per così dire, gettar via la scala dopo essere asceso su essa). Egli deve trascendere queste proposizioni; è allora che egli vede rettamente il mondo". Prendendo Wittgenstein come riferimento, a proposito dell'argomento parmenideo che fornisce a quel che è delle determinazioni positive Owen ha sostenuto: "To repeat that memorable image of Wittgenstein, Parmenide's argument is a ladder to be climbed up and thrown away" (Owen, 1966, p. 32). Non che Parmenide abbia adottato esplicitamente una tale strategia; piuttosto, essa sarebbe presente *ante litteram* nella sua opera, e ravvisabile nella sua immagine dei 'segnavia', i σήματα presenti sulla via di ricerca (fr. 8. 1-3): i segnavia, del resto, consentono di giungere a destinazione, ma non sono da tale destinazione contenuti, né ha più bisogno di essi chi di essi si è servito per giungere al traguardo.

Sebbene alla proposta di Owen possano essere mosse diverse obiezioni di merito e di metodo (Leszl, 1988, pp. 287-

288), credo che lo studioso abbia comunque intravisto, seppure soltanto in filigrana, un punto assai rilevante, il quale, nel mio modo di vedere, si connette particolarmente con il ruolo svolto dalla persuasione all'interno dell'opera di Parmenide. Infatti, va notato come la via da percorrere per giungere all'ἐόν non sia immediatamente connotata come quella della verità, ma più esattamente come quella della persuasione che "si accompagna alla / segue la / conduce alla verità" (fr. 2. 4: Πειθοῦς ἐστι κέλευθος, Ἀληθείῃ γὰρ ὀπηδεῖ). Inoltre, accogliendo la lezione di Proclo, Plutarco e Sesto Empirico *ad locum* (Cassin, 1998, pp. 7-9) ben persuasivo è il cuore della verità (εὐπειθέος) e, come visto, in malo modo persuasive (παραπειθέα), stando a Proclo, sono le cose a cui conduce la via fallace. Infine, prive di "veritiero convincimento" (fr. 1. 30: οὐκ ἔνι πίστις ἀληθής), ma non di convincimento in assoluto, sono in assoluto le credenze dei mortali (Di Girolamo, 2011, pp. 64-65) e difatti "ingannevole" (fr. 8. 52: ἀπατηλόν) è l'ordine di parole che le espone.

Ora, si è spesso interpretato il ruolo della persuasione in Parmenide nella direzione della sua continuità con la verità (Oguse, 1965, pp. 513-541; Mourelatos, 1970, pp. 136-164; Buxton, 1982, pp. 36-37; Detienne, 1967, p. 62; Cassin, pp. 21-44; Cordero, 2005, pp. 103-105), e raramente in quella della distanza. La persuasione, in altre parole, è apparsa essere il tratto caratteristico proprio della verità, inscindibile da essa. Tuttavia, alla luce dei versi menzionati, sembra ricavarsi un assetto diverso: la persuasione può essere benigna, se e quando conduce a cogliere la veritiera natura dell'ἐόν; ma può anche essere proditoria, quando consente che si compia l'inganno, ossia quando conduce a stimare vero ciò che in realtà non lo è. Agendo essa in entrambe le eventualità, non sembra dunque avere un vincolo indissolubile con la verità: anche ciò che vero non è, in Parmenide, persuade; altrimenti, come potrebbe ingannare facendo erroneamente credere d'esser vero?

Quel che qui maggiorente importa, tuttavia, è che, nella sua veste benigna, la Persuasione può svolgere quel ruolo di elemento di mediazione che, nella difficoltà in cui viene a cadere il linguaggio in sede di determinazione della natura di quell'ἐόν che pure dal linguaggio trae la sua origine, consente comunque al linguaggio di continuare a operare, e di svolgere una funzione di natura denotativa: il μῦθος della dea – e della via – avente per oggetto l'"è che non può non essere", narrando l'ἐόν, non è in grado di riprodurre verbalmente la fisionomia dell'ἐόν per come essa si presenta alla contemplazione. Infatti, quando prova a farlo, si trova nell'aporetica situazione di implicare, per esso, delle negazioni d'essere, e ci si trova in forza di regole che provengono dal suo stesso dominio. Tuttavia, pur non restituendo fedelmente la fisionomia dell'ἐόν, e anzi implicandogli quella negazione che in ogni modo deve essere da questo espunta, il linguaggio della dea tuttavia convince che, per cogliere detta fisionomia, bisogna andare nella direzione delineata dalle parole che ella spende per la descrizione dell'ἐόν.

Su tali basi, risulta possibile concludere che l'ἐόν si genera dal λόγος e del μῦθος, nel terreno che essi condividono – al punto da esser talvolta intercambiabili – in quanto configurabili come linguaggio e racconto. Le premesse stabilite dal piano linguistico e da quello narrativo impediscono che l'ἐόν possa essere oggetto contemplato e contemplabile. Allora, al fine di aggirare tale impedimento, la prima via d'uscita è il rivestimento narrativo di quella stessa contemplazione: in luogo della visione diretta della sua figura, avviene la sua esibizione attraverso la narrazione della dea. Tuttavia, tale narrazione del veduto inevitabilmente conduce al tradimento delle premesse che il μῦθος stesso ha posto, poiché impossibile è l'espressione linguistica della sua figura visiva senza l'attribuzione di determinazioni che implicano negazioni. Così, il linguaggio e il racconto si trovano nella grande difficoltà di non poter esprimere una realtà che essi stessi hanno generato, dacché tale espressione viola le norme da essi stessi posta in essere. Così, un ulteriore intervento è operato al fine di contenere tale tradimento. Su un piano più superficiale, tale intervento consiste nella posizione di quelle problematiche determinazioni come σήματα, ossia come segni che narrano il modo di essere dell'ἐόν, piuttosto che come tratti definitori dell'autentica fisionomia dell'ἐόν. Consiste, dunque, nell'evidenziazione di quell'avvertita distanza – che il trattato gorgiano renderà inattraversabile – intercorrente tra tratto definitorio del reale e sua verbale enunciazione. Più in profondità, l'intervento consiste invece nella collocazione del linguaggio di cui si compone la narrazione della dea e della via, nonché quella dei σήματα che, in esse, enunciano i caratteri dell'ἐόν, non nella sfera della verità, ma in quella della persuasione. Tale linguaggio, narrando la figura dell'ἐόν, e per ciò stesso attribuendogli delle determinazioni-negazioni, non è il linguaggio che ricalca in modo fedele e veritiero lo stato di cose a cui si riferisce, nonostante sia – in ultima analisi – il terreno dal quale quello stato di cose trae origine; piuttosto, esso è il mezzo con cui persuadere e istruire che la natura di quello stato di cose è più prossima allo scenario che, nei modi problematici veduti, si vuole veicolare, piuttosto che ad altro. Così, se nel generare l'ἐόν attraverso la posizione di premesse di natura semantica, e segnatamente dell'inconciliabilità assoluta di "è" e "non è", massimo è l'impegno ontologico-rivelativo del linguaggio, tale impegno, per i veduti motivi, si attenua rimettendo piuttosto alla persuasione, e dunque alla funzione comunicativa, la sua valenza.

In questa sede si è voluto alludere, sebbene in modo obliquo, a un problema, il quale, qui risultando affliggere l'opera di Parmenide, non concerne solo questa. Tale problema consiste nella difficoltà di tradurre un contenuto di enunciazione verbale in contenuto di contemplazione visiva e viceversa; e tale difficoltà è acuita dal tentativo di mantenere in una delle due sfere le medesime norme che sono in vigore nell'altra, laddove inconciliabili, in virtù della loro eterogeneità e della loro contrarietà, appaiono quelle esigenze la soddisfazione delle quali ha condotto all'istituzione di quelle norme. Se tale questione concerne l'opera di Parmenide, suo legato, tra gli altri, è l'interrogativo avente per oggetto la possibilità della narrazione di render visibile il non visibile, ed eventualmente le modalità con cui attuarla. Mancando i mezzi per rispondere esaustivamente a tale domanda, l'impressione avuta nel corso di tale studio è che la misura in cui essa, in sede euristico-speculativa, si costituisce come ponte tra individuo e contenuto conoscitivo non visibile, è la stessa misura nella quale si può continuare a parlare di essa come di una terra condivisa tra λόγος e μῦθος.

BIBLIOGRAFIA

Arrighetti G., *L'eredità dell'epica in Parmenide*, in P. Haendel-W. Meid, *Festschrift für Robert Muth zum 65. Geburtstag*, Institut für Sprachwissenschaft der Universitän Innsbruck, Innsbruck, 1983.

Aubenque P., *Syntaxe et sémantique de l'être dans le Poème de Parménide*, in P. Aubenque (éd. par), *Études sur Parménide*, Vol. II, Vrin, Paris, 1987, pp. 102-134.

Benzi N., *«The Redefinition of Poetic Authority in Early Greek Philosophical Poetry»*, in *Dialogues d'histoire ancienne*, 44, 2, (2018) pp. 15-41.

Böhme R., *Die verkannte Muse. Dichtersprache und geistige Tradition des Parmenides*, Berne, 1986.

Bowra C.M., *The Poem of Parmenides*, in «Classical Quarterly», 32 (1937), pp. 97–112.

Buxton R., *Persuasion in Greek Tragedy. A Study of Peitho*, Cambridge, 1982, pp. 36-37.

BUXTON R. (ed. by), *From Myth to Reason? Studies in the Development of Greek Thought*, Oxford, 1999.

CASSIN B., *Parménide. Sur la nature ou sur l'étant. La langue de l'être?*, Paris, 1998, pp. 7-9.

CASSIN B., L'*effetto sofistico. Per un'altra storia della filosofia*, Jaca Book, Milano, 2002.

CHIARADONNA R., *Gli eleati e i loro critici in Aristotele (Phys. 1, 3, 187 a 1-11) = Los eleaticos y sus criticas en Aristóteles*, in «Florentia iliberritana: Revista de estudios de antigüedad clásica» 10 (1999), pp. 41-56.

CORDERO N.L., *La Déesse de Parménide, maîtresse de philosophie*, in J.F. Mattéi (éd. par), *La naissance de la raison en Grèce*, Paris, 1990, pp. 207–214.

CORDERO N.L., *By Being, It Is: The Thesis of Parmenides*, Parmenides Publishing, Las Vegas-Zurich-Athens, 2004.

CORDERO N.L., (ed. by), *Parmenides Venerable and Awesome. Proceedings of the International Symposium (Buenos Aires, October 29–November 2, 2007)*, Parmenides Publishing, Las Vegas-Zurich-Athens, 2011.

DI GIROLAMO S., *Socrate e Fedro lungo la via parmenidea di Ἀλήθεια e Πειθώ*, in G. Casertano (a cura di), *Il 'Fedro' di Platone. Struttura e problematiche*, Napoli, 2011, pp. 57-74: cit. pp. 64-65.

DETIENNE M., *Le maîtresse de vérité dans la Grèce archaique*, Paris, 1967, p. 62.

FATTAL M., *Raison Critique et Crise chez Parménide d'Élée*, in M. Pulpito-P. Spangenberg (ed. by), *ὁδοὶ νοῆσαι. Ways to think, Essays in Honor of Néstor-Luis Cordero*, Diogene, Bologna, 2018.

FLOYD E.D., *Why Parmenides wrote in verse*, in «Ancient Philosophy» 12 (1992), pp. 251-265.

FURLEY D., *Notes on Parmenides*, in A.D.P. Mourelatos-E.N. Lee-A.O. Rorty (ed. by), *Exegesis and Argument: Studies in Greek Philosophy presented to Gregory Vlastos*, Assen, 1973, pp. 1-15.

FURTH M., *Elements of Eleatic Ontology*, in «Journal of the History of Philosophy», 6 (1968), pp. 111-132.

Jaeger W., *Die Theologie der frühen griechischen Denker*, Struttgart, 20092 (19531), p. 92.

Lesher J.H., *Parmenides' Critique of Thinking. The Poluděris elenchos of Fragment 7*, in «Oxford Studies in Ancient Philosophy», 2 (1984), pp. 1-30.

Leszl W., *Un approccio "epistemologico" all'ontologia parmenidea*, in *«La parola del passato»*, 43 (1988), pp. 281-311.

Long A.A., *The Principles of Parmenides' Cosmology*, in «Phronesis», 8 (1963), 90-107.

Mansfeld J., *Die Offenbarung des Parmenides und die menschliche Welt*, Assen, 1964.

Mansfeld J., *Parmenides on Sense Perception in Theophrastus and Elsewhere*, in M. Pulpito-P. Spangenberg, *'Οδοὶ νοῆσαι. Essays in honour of Nestor-Louis Cordero,* Diogene, Bologna, 2018, pp. 177-191.

Mansfeld J., *An Early Greek Epic. Narrative Structures in Parmenides'Poem and the Relation between Its Main Parts*, in «Mnemosyne», 74 (2021), pp. 200-237.

Martinelli F., *Fra Omero e Pindaro: Parmenide poeta*, in A. Capizzi-G. Casertano (a cura di), *Forme del sapere nei Presocratic*i, Atene-Roma, 1987, pp. 169–186.

Montaner A., *La struttura del Proemio di Parmenide*, «Annali dell'Istituto Italiano per gli Studi Filosofici» V (1976–78), p. 138.

Mourelatos A.D.P., T*he Route of Parmenides*, Yale, 1970.

Mourelatos A.D.P. - Pulpito M., *Parmenides and the Principle of Sufficient Reason*, in M. Pulpito-P. Spangenberg (ed. by), *ὁδοὶ νοῆσαι. Ways to Think*, cit., pp. 121-141.

Nestle W., *Vom Mythos zum Logos*, Struttgart, 1940.

O'Brien D., P. Aubenque (éd. par), *Études sur Parménide*, vol. I: L*e Poème de Parménide*, Paris, 1987.

Oguse A., *À propos de la syntaxe de peítho et de pisteúo*, in «Revue des études grecques», 78 (1965), pp. 513-541.

Owen G.E.L., *Plato and Parmenides on the Timeless Present*, in «Monist», 50 (1966), pp. 317-340.

Pulpito M., Transizioni prospettiche nel poema didascalico di Parmenide, in «P.O.I.», 6-7 (2020), pp. 61-82.

Sider D., *Textual Notes on Parmenides' Poem, «Hermes»*, 113 (1985), pp. 362-366.

Solana Dueso J., *De Logos a Physis. Estudio sobre el Poema de Parménides*, Zaragoza, 2006.

Soloana Dueso J., *Mito y Logos en Parménides*, in M. Pulpito-P. Spangenberg (ed. by), *ὁδοὶ νοῆσαι. Ways to think*, cit., pp. 88-99.

Thanassas P., *Parmenidean Dualism*, in N.L. Cordero (ed. by), *Parmenides Venerable and Awesome*, cit., pp. 289-308.

Verdenius W.J., *Parmenides. Some Comments on His Poem*, Groningen, 1942.

Zucchello D., *Parmenide: Sulla Natura. Testo greco, traduzione, introduzione e commento*, Limina Mentis, Villasanta, 2015.

La dimensione etica della narrazione storica nella filosofia trascendentale di Fichte: alcuni cenni

Karen Joisten (traduzione italiana a cura di D. Nuccilli)

Nel contesto di un volume dedicato al rapporto tra filosofia, forme del sapere e narrazione, il presente testo intende esplicitare – attraversando alcuni luoghi della filosofia fichtiana – una correlazione tra alcuni elementi fondanti della dottrina della scienza, eventi storici *strictu sensu* e filosofia trascendentale della storia. Il testo intende evidenziare due aspetti della concettualizzazione fichtiana della storia: in primo luogo, egli rovescia radicalmente il rapporto tra l'azione storicamente determinata dell'uomo e il fine etico quale obiettivo dell'azione storica; in secondo luogo, contrappone a una visione della storia come narrazione interpretativa di mere fattualità empiriche, una visione che punta al momento genetico-fattuale. Il filosofo, adottando questa prospettiva e andando oltre la classica distinzione tra *Histoire e Geschichte*, evidenzia come la storia debba avere una dimensione etica, attraverso la quale l'uomo non è mai effettivamente singolo ma partecipe di un'unica umanità e di un'unica storia: in essa egli può e deve andare oltre il tempo della vita biologica, prolungando infinitamente la serie temporale della comune destinazione morale (Carrano, 1999, pp. 21-23).

Irretimento e narrazione nella filosofia delle storie

In questo primo paragrafo intendo chiarire il senso del binomio tra idealismo e storia, evidenziando l'intersezione nel pensiero fichtiano tra la storia – nella duplice accezione di storia del proprio tempo e di filosofia della storia – e la dottrina della scienza, evidenziando come essa dia un impulso fondamentale all'elaborazione del pensiero trascendentale e, viceversa, come quest'ultimo, e particolarmente l'etica, influisca sull'elaborazione di una filosofia trascendentale della storia.

La dottrina della scienza – come afferma Lauth – è e ha voluto essere filosofia trascendentale, la quale – nel compito di render ragione di ogni esperienza e di portare alla luce ciò che l'io fa – unisce in maniera relazionale il mondo, da intendersi come ciò che è determinato indipendentemente dalla libertà e a cui la conoscenza e l'azione si rivolgono, e l'intelligenza, da intendersi come ciò che ha la funzione di conoscere e, insieme, come agire spirituale, dunque come libertà e determinazione di leggi che sono intrinseche all'atto. In particolare, essa è l'approfondimento della coscienza della libertà, al contrario del dogmatismo, il quale è "(l'impossibile) tentativo di spiegare la libertà – che non esso può negare, nonostante che vorrebbe considerarla un'illusione – a partire dalle cose, un tentativo impossibile perché non esiste alcun mezzo per colmare, muovendo dalle cose, il fossato che si apre fra di esse e l'intelligenza e la libertà" (Ivaldo, 1996, p. 84; cfr. Lauth, 1986, p. 103). Fichte al paragrafo 4 della seconda introduzione della *Wissenschaftslehre nova methodo* nella copia Krause scrive: "L'idealismo è trascendentale, rimane all'interno della coscienza ma evidenzia come è possibile uscirne, ovvero come perveniamo all'ammissione che alle rappresentazioni corrispondano cose fuori di noi. [...] Il suo interesse è la fede nell'autonomia e la libertà" (Fichte, *WL Nova methodo. Kollegnachschrift K. Chr. Fr. Krause* 1798-99, p. 17; cfr. Ivaldo, 1996, p. 85).

Come noto, Fichte, attraverso la conoscenza della filosofia kantiana, esperisce una vera e propria conversione che lo porta da un sofferto determinismo a una presa di coscienza della libertà, quale atto di vera e propria fede morale. Tuttavia, egli comprende la necessità di poter effettivamente analizzare filosoficamente la libertà a partire da un atto assoluto di libertà, senza il quale non ci si innalzerebbe mai alla conoscenza del vero fine, che Fichte intende come la realizzazione della ragione in sé stessa e per sé stessa, nella convinzione che la verità ha un valore morale in quanto esprime, in fondo, la forma del dovere (cfr. Pareyson, 1996, pp. 20-22). In tal senso, il sistema della libertà è tale in un duplice senso: da un lato, esso è analisi trascendentale riflessiva della libertà come *principio* in atto, che si manifesta come assoluta e autonoma spontaneità ed è scopo ultimo dell'agire teoretico e pratico; dall'altro, è il sistema che ne enuclea le figure di manifestazione in quanto intende la libertà come principio in atto, ossia come attuazione concretamente-concreta, giacché la libertà è possibile come attuazione concreta, autodeterminata e riflessivo-volontaria in relazione all'assoluta spontaneità (cfr. Ivaldo, 1992, p. 77).

Ritengo che tale concretezza emerga *in nuce* in una celebre lettera a Baggesen dell'aprile 1795, nella quale Fichte – rievocando il periodo nel quale elaborava i *Contributi destinati a correggere i giudizi del pubblico sulla Rivoluzione francese* del 1793 – scrive: "I primi segni, i primi presentimenti del mio sistema sorsero in me come una specie di ricompensa" (Léon, 1927, p. 288). Secondo l'interpretazione di Gueroult è possibile affermare che "Fichte è il solo filosofo il cui sistema abbia subito l'influenza profonda della Rivoluzione come *fatto storico*" (Gueroult, 1940, p. 99), tanto che sembra lecito sostenere che come l'umanesimo realista ed eroico della Rivoluzione francese libera l'uomo dalle catene esterne, così il sistema della libertà può liberarlo dalle catene dell'influenza esterna e delle cose in sé ponendolo come essere indipendente. Fichte, nel discorso sulla *Rivendicazione della libertà di pensiero dai principi d'Europa che l'hanno finora calpestata* afferma: "L'uomo non può essere né ereditato, né venduto, né donato; non può essere proprietà di nessuno, poiché è e deve rimanere proprietà di sé stesso. Egli porta nel profondo del suo animo una scintilla divina, [...]la sua coscienza. Essa gli comanda in modo assoluto e incondizionato di volere questo, non volere quello; e ciò *liberamente e spontaneamente*, senza alcuna costrizione esterna" (Fichte, *Sulla Rivoluzione*, p. 12). Coerentemente, nel *Sistema di etica secondo i principi della dottrina della scienza* del 1798, scrive: "Tutto ha il suo punto di partenza nell'agire e nell'agire dell'Io. L'Io è il primo principio di ogni movimento, di ogni vita, di ogni atto, di ogni evento. Se il Non-Io esercita un'azione su di noi, questo non avviene nel nostro campo ma nel suo; esso agisce opponendo resistenza, la quale non esisterebbe se noi non avessimo prima esercitato un'azione su di esso. Esso non fa presa su di noi, ma noi su di esso" (*Fichte*, GA I 5, p. 95; p. 85).

Il sistema trascendentale, infatti, affronta nella realizzazione "concretamente concreta" il piano delle resistenze, le quali possono essere urti derivanti dal mondo oggettuale e naturale, o determinazioni naturali pulsionali, oppure urti e appelli derivanti dal mondo umano e dal dovere morale. Fichte nel *Fondamento dell'intera dottrina della scienza* del 1794 scrive: "in nessun modo potremmo ritenere possibile la rappresentazione in generale se non presupponendo che nell'attività dell'io, procedente all'indeterminato e infinito, avvenisse un urto. L'io, in quanto *intelligenza in generale*, è dunque *dipendente* da un non-io [...]. Eppure l'io dev'essere posto in tutto e per tutto da sé stesso secondo tutte le sue determinazioni e pertanto dev'essere totalmente indipendente da un qualunque non-io possibile" (Fichte, GA I 2, pp. 387-388; pp. 479-483).

Nell'incontrare il mondo delle resistenze si comprende l'orizzonte della intellegibilità del mondo naturale e le condizioni dell'attuazione fattuale della libertà, giacché la filosofia non può guardare al di là della realtà, bensì solo a partire da essa: "Il punto di partenza del reale è l'io finito, limitato, *urtato*, e via via si assurge alla consapevolezza che quella finitudine, quel limite, quell'*urto* sono l'essenza stessa della realtà dell'io e quindi in un certo modo leggi interne della sua struttura, pensate dall'io stesso" (Masullo, 1986, p. 65). In tal senso, la resistenza e l'urto esprimono il carattere vincolato e limitato dell'io reale, determinando una finitudine metafisicamente invalicabile e rappresentando la trascendentalità del fattuale, ossia l'impensabilità dell'io fuori dalla necessaria struttura del limite. Tuttavia, questo io reale, nel "suo esser vincolato" – soprattutto in virtù dell'urto proveniente da un altro soggetto, inteso come un appello e una determinazione non necessitante, ossia come un'esortazione all'autodeterminazione – non può essere l'io tipico dell'individualismo, giacché non è un dato statico ma un atto, l'atto del passaggio dal particolare all'universale, dal finito all'infinito, per cui in Fichte la ragion pratica non ha solo un carattere morale, ma anche un carattere sociale: da qui la concezione di libertà vista come l'espressione ideologica della Rivoluzione francese al suo apogeo e l'influenza esercitata su Marx e da questi riconosciuta (Ivi, p. 46). In questo contesto, Fichte pensa la genesi umana del mondo oggettivo e negli anni 1794-1798 intende fondare un integrale umanesimo: è il primo filosofo che, "sviluppando la fondamentale scoperta kantiana, abbia rivendicato il principio che il mondo dove l'uomo vive, facendolo oggetto del suo discorso, è un *mondo umano*" (Ivi, p. 44). Egli attua il primo tentativo di un pensiero ateo, non per il suo contenuto, bensì per la sua forma e per il suo metodo: la *significatività* – ossia il reale è qualcosa di positivo – e l'*assiologicità* – ossia il positivo è ciò che ha valore del reale – sono funzioni proprie dell'uomo in quanto tale. Ora, proprio il motivo della genesi umana del mondo oggettivo, mondo di significati e valori, è legato al motivo della comunità di stampo kantiano e anche alle formulazioni rousseauiana e giacobina all'interno di una precisa quanto fondamentale situazione storico-sociale, la Rivoluzione francese appunto, da intendersi, però, come fenomeno complesso, fatto di tappe e fasi di sviluppo, influenzate via via dalla frazione di classe che assume il predominio (cfr. Buhr, 1992, pp. 83-106).

Successivamente, negli anni berlinesi, saranno altri eventi a influenzare il pensiero fichtiano: la guerra contro Prussia e Austria da parte di Napoleone e la dissoluzione del Sacro romano impero della nazione tedesca, eventi che vengono interpretati come un tradimento degli stessi principi di unione libera dei popoli del precedente periodo rivoluzionario. Negli anni 1800-1805, Fichte elabora la Dottrina superiore della scienza, ossia si concentra "sulla delucidazione e comprensione sistematica della ragione – "mondo spirituale", soggettività intersoggettiva e figurativa – nella sua propria costituzione "ontologica" di *rapporto*, *manifestazione* dell'assoluto" (Ivaldo, 1992, p. 251). Infatti, nella lettera a Schelling del 31 maggio

1801, il filosofo esplicita come fino a quel momento mancasse alla Dottrina della scienza la "sintesi suprema": egli aveva elaborato la concezione della comunità della ragione già negli anni di Jena, sotto il profilo etico, ma non dal punto di vista sistematico-ontologico, ossia non aveva tematizzato la ragione una e molteplice nel suo rapporto con l'assoluto, inteso come ideale legame e senso ultimo della relazione stessa. In altri termini, a partire dalla *Destinazione dell'uomo*, Fichte ripensa la propria filosofia, ma non approda a un pensiero altro, poiché alla sua base non è presente un'ispirazione diversa o un nuovo spirito, quanto, piuttosto, una "radicalizzazione", un andare alla radice e un riguardare l'insieme muovendo da un nuovo punto di vista: in questa fase permangono i tratti fondamentali del "sistema della libertà", ma vengono esaltati da una luce nuova, giacché, andando oltre il primato dell'io pratico, Fichte ne ricerca un sostegno per la sua attività. Il mondo per divenire realmente morale necessita di un ordine, sovrasensibile ma non trascendente, in base al quale le buone azioni abbiano le loro adeguate conseguenze: "ciò significa che la realtà del mondo spirituale suppone l'esistenza d'una volontà superiore e assoluta, d'una vita infinita e originaria, eternamente presente nell'attività e nella vita dell'uomo. [...] viene abbandonata la concezione dell'idealità, e quindi irrealtà, dell'assoluto; all'attivismo morale del sistema della libertà si sostituisce il panteismo morale del sistema dell'assoluto: non si tratta più della pura attività dell'io teso all'ideale compimento di sé, ma della realtà dell'assoluto, immanente nella vita spirituale dell'uomo" (Pareyson, 1976, pp. 406-407). Il sistema della libertà procedeva in base all'asserzione che, se esiste il finito, esso deve essere necessariamente pratico, poiché la ragione, come assoluto ideale, così richiede; ora, invece, esso si modifica nella misura in cui si passa dall'affermazione dell'idealità dell'assoluto alla sua realtà, caratterizzandola, nella sua concreta presenza, come un potere di realizzazione nel mondo, infinitamente superiore a quello già notevolissimo della tendenza a un assoluto ideale. Dunque, la filosofia trascendentale, sia come sistema della libertà che come dottrina superiore, è aperta alla vita e all'attuazione della libertà che, nell'interazione con le resistenze, elabora la "sfera storica del mondo degli uomini". Essa, infatti, oltre a essere libera costruzione finalizzata alla conoscenza dei principi, rinvia alla vita in quanto elabora schemi di comprensione e di attuazione che l'atto della libertà deve moralmente e autonomamente realizzare nella vita, anche se l'attuazione dell'io e della libertà del sistema fichtiano costituiscono un compito che l'uomo deve ottemperare e, tuttavia, può anche non assolvere (cfr. Ivaldo, 1992, pp. 78-80; Pareyson, 1976, pp. 113-115).

Come emerge chiaramente dal breve percorso proposto, si dischiude la dimensione della filosofia applicata, esplicata soprattutto nelle opere di carattere popolare. La storia – che non può non avere conseguenze anche sulla politica e la religione – rappresenta una articolazione fondamentale e imprescindibile della dottrina della scienza, giacché rende più chiaro il rapporto tra il pensiero filosofico e l'esistenza pratica degli uomini, ossia il rapporto e il vincolo tra filosofia, vita e determinate situazioni concrete: la storia è per definizione narrazione *in itinere* e adeguata in senso retorico alla situazione, dove sembra possibile una integrazione tra la filosofia pratica e l'aspirazione alla vita morale come attuazione concretamente concreta.

Storia tra cronaca, storiografia e filosofia trascendentale della storia

In questo secondo paragrafo intendo evidenziare come Fichte elabori le categorie atte a determinare la propria filosofia trascendentale della storia in relazione agli elementi fondamentali della dottrina della scienza, evidenziati nel primo paragrafo, dove è emerso che, parallelamente allo strutturarsi della dottrina della scienza, non può non delinearsi un peculiare concetto di storia.

Nel periodo che va dal 1796 al 1798, dal *Diritto naturale al Sistema di etica*, Fichte sostiene che la temporalità non è condizione della storicità, bensì la struttura particolaristica, la mondanità e la storicità della ragione sono condizioni della temporalità, giacché l'esistenza è un fatto di livello ontologico e non ontico, intelligibile e non solamente sensibile: l'io è particolare, sia nel senso di empiricamente determinato, che in quello di parte della ragione totale. Infatti, egli può giungere alla percezione di sé attraverso il concetto di massa razionale e attraverso l'invito intersoggettivo a un puro volere. Sul piano trascendentale è possibile dedurre la limitatezza dell'io per il necessario rapporto con l'alterità oggettuale e la sua individualità per il rapporto che si può instaurare a partire dall'invito dell'alterità, che si suppone essere simile a sé. L'io può concepire non solo un mondo oggettuale, ma anche un mondo di uomini e di altre libertà, giacché esperisce una limitazione del proprio essere, del proprio divenire, e dunque una limitazione dell'azione stessa (Masullo, 1986, p. 137). Per Fichte, Schelling riesce a esprimere egregiamente questo nucleo concettuale: "Dove la mia forza morale trova una resistenza non può esservi *natura*. Provo un brivido e me ne sto quieto. Qui è l'*umanità*, mi si grida contro, e non mi è *lecito* andare oltre" (Fichte, GAI 5, p. 204; p. 115). Pertanto, l'altro ha la stessa specie di determinazione dell'io, ossia, se esperisce un urto con le altre libertà, "è perché queste rientrano sotto una determinazione della stessa specie della mia, sono particolarità, come la mia, di un'unica generalità" (Masullo, 1985, p. 115) Ora, la particolarizzazione non ha alcuna necessità logica e, tuttavia, di fatto c'è da sempre: essa è la contingenza propria della ragione umana, anzi il suo "limite irrazionale", tanto più che la ragione, di cui riusciamo a parlare, non può non essere che quella storicizzata e incarnata nell'empirico. Quindi, "che non solo la ragione umana sia trascendentalmente divisa in molteplici individui, ma che ogni individuo abbia una limitatezza particolare, non deducibile a priori, è un fatto, di cui non v'è la ragione nella ragione stessa" (Ivi, p. 117). Potremmo dire che la ragione umana ha la sua "storia ideale eterna", della quale la struttura temporale non è che la sua epifania. In tal senso, l'invito stesso non è un evento *in tempore*, ma una sorta di metafora per concepire la struttura ontologica della ragione e il nesso dialettico che la rende possibile. In altri termini, se la ragione è ontologicamente pluralità e non può non rompersi, essa deve conservarsi nella sua unità, ossia gli individui, nella loro pluralità, possono non escludere l'unità soltanto se sono tra di loro comunicanti: "L'*una* e medesima ragione non è un'immobile sostanza o un'astratta identità, ma un'energia circolante in una *pluralità* di punti, in ognuno dei quali si riflette in sé, si fa coscienza, e al tempo stesso rimbalza verso altri punti, verso altri suoi farsi coscienza" (Ivi, p. 121).

In questo contesto speculativo, la storia, intesa come l'ideale movimento della ragione, può coincidere "con la vita dei singoli soggetti e delle loro relazioni, e l'individualità del singolo finalmente non contrasta con il valore ma al contrario lo istituisce nella misura in cui opera per ricondurre la molteplicità dei rapporti intersoggettivi alla loro compiuta integrazione, cioè alla totalità razionale" (Ivi, p. 123). Si aprirebbe, così, la strada al concetto di una ragione intesa non come astratta universalità, ma come concreta comunità di soggetti, dove "l'agire di parecchi esseri razionali nel mondo sensibile è una grande catena unica che è determinata dalla libertà. La ragione intera ha solo un unico agire: un individuo inizia e l'altro continua, e così lo scopo intero della ragione viene elaborato da molti individui all'infinito ed è il risultato dell'azione di molti. Ma questo agire non è una catena di necessità fisica, poiché quando gli esseri razionali agiscono, ciò avviene con libertà" (Fichte, *WL Nova methodo*, p. 239). In tal modo, sulla base della condizione intersoggettiva dell'azione, Fichte giunge a una ontologia sociale, nella quale il supremo fine dell'uomo è il passaggio dalla convivenza societaria alla comunità libera. Però, è la ragione stessa a porre alla riflessione "l'interezza-di-un-compito" e, pertanto, a porsi come suo principio e idea: la storia dell'essere razionale empirico si carica di una intrinseca valenza etica, poiché si caratterizza come la narrazione storica della libera approssimazione, nel tempo, alla suddetta idea-della-ragione. Parliamo di "storia della libertà": il genitivo è sia soggettivo che oggettivo, ossia la libertà è la protagonista della storia e, insieme, ne è il tema; una storia che nasce in seguito al porsi di una ragione che chiede di essere riconosciuta e completamente realizzata, sicché "è storia di una libertà che *liberamente* – perciò potendo accoglierne o rifiutarne la norma – si correla alla ragione (pratica), la quale per parte sua è il fondamento validativo dell'intera manifestazione, ma opera nella sfera dell'essere finito soltanto in e tramite posizioni della libertà" (Ivaldo, 1992, p. 200). La legge morale non è considerata come necessità meccanica e predeterminata, ma come moralmente imprescindibile, quasi "affidandosi" in tutta la potenza del proprio dover-essere positivo alla libertà stessa: la ragione appella l'uomo e gli affida un compito categorico, in un percorso storico affidato interamente al soggetto e, pertanto, suscettibile di un fallimento.

Rispetto al periodo jenese, la dottrina trascendentale della storia degli anni berlinesi integra questa dimensione con la radicalizzazione, o meglio con l'andare alla radice trascendentale-ontologica della dottrina superiore, delucidando l'orizzonte storico di una etica concreta e valoriale. In particolare, i *Tratti fondamentali dell'epoca presente* costituiscono un punto di svolta della riflessione storica di Fichte, giacché, nelle lezioni che compongono il testo, viene delineato un quadro dell'epoca presente, nei suoi tratti fondamentali e nella sua posizione rispetto al processo globale dell'intero genere umano: l'identità collettiva si costituisce in un processo storico-universale, del quale l'epoca presente è parte integrante. Tuttavia, il testo non consiste in una generale descrizione del contingente, è piuttosto un'opera di deduzione del concetto dei fenomeni dell'età presente: "*Essi sono motivati dall'avvertita esigenza di Fichte, non tanto di colmare in generale un vuoto di analisi storica della propria meditazione filosofica, quanto di elaborare per sé e di offrire ad altri una chiara e compiuta visione di ciò che nella storia – e nel presente più che mai – incombe come un compito*" (Carrano, 1999, p. 40).

Sono possibili due osservazioni. In primo luogo, l'epoca presente, a parere di Fichte, è lungi dall'avere una visione univoca della storia o dalla visione che egli assume della storia alla luce della scienza della ragione, per cui "è inevitabilmente necessario stabilire e giustificare dapprima questa nostra visione in generale" (Fichte, GA I 8, p. 295; p. 228). In prima istanza, Fichte chiarisce che la storia è una parte della scienza in generale, parte dell'empiria accanto alla fisica. Il suo assunto di partenza è il seguente: "ciò che qui realmente esiste, esiste in maniera semplicemente necessaria, ed esiste in maniera senz'altro necessaria nel modo in cui esiste; esso non potrebbe non esistere, né potrebbe in maniera diversa da come esiste" (Ivi, p. 296; pp. 228-229). Ora, l'uno che veracemente è e che è in virtù di sé stesso è Dio, il quale è il sapere stesso, giacché la sua esistenza e il sapere sono una sola e medesima cosa; inoltre, solo nel sapere esiste un mondo e il sapere stesso è il mondo e l'immagine della forza divina. Nella sua unità oggettiva esso è natura e l'empiria che vi si rivolge è la fisica, mentre il sapere che si dipana in una serie temporale continua ha come empiria, che regola l'adempimento di questa stessa serie temporale, la storia, dove "il suo oggetto è lo sviluppo in ogni tempo inconcepito del sapere" (Ivi, p. 297; p. 230). In altri termini, l'oggetto della storia è lo svolgimento del sapere, aperto sul lato dell'accadimento concretamente concreto, mentre – giacché sono certi e dedotti dalla filosofia superiore – non dimostra la molteplicità degli individui, né il genere umano, o il linguaggio come condizione del convivere sociale.

In secondo luogo, gli elementi dell'epoca presente – ma come di tutte le epoche – possono essere delineati attraverso due visioni, che, agli occhi di Fichte, non sono affatto equivalenti. La visione empirica, dovuta ai cronisti dell'epoca, "narrerà taluni fenomeni rilevanti nel modo in cui gli si presentano nell'osservazione contingente, senza poter mai essere sicuro di averli colti nella loro interezza, e senza poter mai indicare una connessione dei medesimi diversa da quella in cui essi sono ora raccolti proprio in un solo e medesimo tempo" (Ivi, p. 196; p. 82). La visione filosofica, al contrario, possibile da storiografi dell'epoca, riconduce il molteplice empirico all'unità di un principio unico e comune, e da questa unità spiega in maniera esaustiva quel molteplice. Pertanto, l'empirista si ferma al contingente e cerca di registrare esclusivamente i fatti, facendone una narrazione unitaria ma meramente fattuale, priva di radici, senza cercare un'unità concettuale come invece fa il filosofo: "Il filosofo che si ponga il compito di una descrizione siffatta cercherà un concetto dell'epoca indipendentemente da ogni esperienza, che in quanto concetto non può comparire in alcuna esperienza, ed esporrà i modi in cui questo concetto compare nell'esperienza, in quanto fenomeni necessari di questa epoca" (*Ibidem*).

Sia il cronista che il filosofo delineano la propria narrazione a partire da una analisi e da una sintesi. L'analisi del cronista consiste nel raccogliere i singoli elementi nella loro particolarità; la sua sintesi consiste nel costruire una narrazione come unione di quegli elementi, senza però inquadrarli come tasselli di un unico mosaico. Al contrario della narrazione del cronista, ma anche dalla narrazione della storiografia stessa, la narrazione del filosofo parte dal principio unitario, che orienta sia l'analisi che la sintesi, poiché il suo compito consiste certamente nel delineare un quadro di insieme, ma tale quadro deve riuscire anche a stabilire un criterio per la comprensione dei diversi periodi in cui si articola il divenire del genere umano. La filosofia della storia, pertanto, non ricerca e non si ferma al dato fattuale, ma punta al momento genetico-fattuale, sebbene essa non sia solo genealogia storica, ma – fedelmente al sistema trascendentale – è soprattutto ricostruzione degli atti costitutivi dell'esperienza. Come Fichte osserva nel *Sistema di etica*, vi è una differenza fondamentale fra una conoscenza osservativa, la quale si arresta al "che" del fatto, e una conoscenza genetica o esplicativa, nella quale la deduzione esplica il "perché": la filosofia trascendentale, pertanto, non produce i fatti né li inventa, ma li deduce, non perché li deriva da assiomi, ma perché ne enuclea la genesi (cfr. Ivaldo, 2012, p. 322).

Dunque, per la filosofia della storia l'elemento *a priori* è imprescindibile, mentre è assente nella narrazione del cronista: "Se il filosofo deve dedurre dall'unità del concetto che egli ha presupposto i fenomeni possibili nell'esperienza, è chiaro allora che non ha assolutamente bisogno di alcuna esperienza per il suo ufficio, che egli esercita puramente da filosofo, mantenendosi rigorosamente entro i suoi confini, senza riguardo a una qualsivoglia esperienza e semplicemente *a priori*, come viene detto con termine tecnico; e che in relazione al nostro oggetto egli deve poter descrivere *a priori* l'intero tempo e tutte le possibili epoche che vi son comprese" (Fichte, GA I 8, p. 196; p. 83). In altri termini, per poter narrare nelle proprie caratteristiche una singola epoca, e più specificamente la propria, il filosofo "deve avere compreso a priori e penetrato nell'intimo l'intero tempo e tutte le sue possibili epoche" (Ivi, p. 196; p. 84). In particolare, la storia può essere concepita a partire dall'unità della coscienza, in quanto il suo concetto presuppone quello della temporalità.

Da quanto fin qui enucleato, emergono chiaramente due differenze tra loro interrelate. La prima e più "classica" è la differenza fra la storia come *Historie* – da intendersi come ricerca scientifica ed empirica del passato – e la storia come *Geschichte* – che riguarda la ricerca del passato dal punto di vista di un avvenire della comunità umana, avvenire sperato ma che può essere creato da azioni comuni. La seconda e più "peculiare" – che Fichte delinea nella nona lezione dei *Tratti fondamentali dell'epoca presente* – vede una tripartizione: la istoria è intesa come ricostruzione e comprensione del molteplice nella sua fattualità e nella sua concretezza empirica; la *Geschichte* è sì costituita dalle fattualità, ma è la trama di questi, nel nesso della libera riflessione, che ha una costituzione teoretica e pratica, rese possibili dall'intersoggettività; la filosofia trascendentale della storia ha per compito di enucleare l'elemento *a priori* (cfr. Ivaldo, 1992, pp. 300-302 e p. 318). Infatti, "la storia è mera empiria; essa non ha che da fornire dei fatti e tutte le sue prove possono essere addotte solo fattualmente. Rimontare dal fatto che bisogna provare all'incirca a una storia originaria, o argomentare su come qualcosa avrebbe potuto essere e ammettere ora che esso sia stato realmente così, è adesso una trasgressione dei limiti della storia empirica (*Historie*), e produce una tale storia (*Geschichte*) *a priori*" (Fichte, GA I 8, p. 301; p. 236).

Pertanto, la storia è caratterizzata da due elementi tra loro combinati. Il primo è quello *a posteriori* legato al fattuale e alla storia nella sua forma "conosciuta" ed è affidata al "collezionatore" di semplici fatti, il cui scopo non è insignificante, giacché egli segue la successione esteriore degli anni e dei secoli: "egli deve indicare tutto ciò che va storicamente accertato in una di queste epoche" (Ivi, p. 304; p. 240), deve, cioè, raccogliere i materiali e giustapporli. Il secondo è quello *a priori* legato al piano universale che guida l'umanità, del quale se ne occupa la filosofia della storia. Il filosofo, che in quanto tale si occupa della storia, "segue quel filo continuo a priori del piano universale che per lui è chiaro a prescindere da ogni storia; e l'uso che egli fa della storia non è affatto per dimostrare qualcosa per mezzo di essa, [...] ma è solo per illustrare nella storia e per esporre nella vita effettiva quel che si comprende anche senza il ricorso alla storia. Pertanto, egli va in cerca unicamente di ciò attraverso l'intera corrente del tempo e si richiama a ciò in cui l'umanità progredisce realmente rispetto al suo scopo [...] egli lo ha già dimostrato filosoficamente, aggiungendo solo a mo' di illustrazione in quale occasione ciò si mostri anche nella storia" (*Ibidem*). Pertanto, ogni epoca può essere sì una narrazione singola, ma deve essere soprattutto una narrazione nel quadro storico universale, per cui il filosofo si avvale della storia per dimostrare l'universale e, infatti, nell'indagine storica "egli si sforza di comprendere il senso intrinseco e il significato degli eventi mondiali, ricordando a loro proposito solo il fatto *che* essi sono stati; indagare *come* essi furono [...] egli lo lascia allo storico empirico" (Ivi, p. 305; p. 242). Dunque, la filosofia trascendentale della storia, nel compito di enucleare l'elemento *a priori*, esplica il concetto stesso di storia e le sue specificazioni di *Historie* e di *Geschichte*, ma ha anche il dovere di esplicare il concetto di tempo e di serie temporali e il possibile orizzonte pratico dello svolgimento temporale dell'umanità: "*la vita umana sulla terra e il tempo terreno non sono per sé stessi che un'epoca necessaria nel tempo uno e dell'una vita eterna*" (Ivi, p. 198-199; p. 84), la quale ha una "costituzione razionale" intesa come un compito della libertà, in grazia del quale è possibile concepire un "significato" e un "senso". La storia, dunque, può essere intesa come la compenetrazione progressiva di libertà e ragione, la quale ragione, nel corso della storia, passa dalla condizione istintuale alla condizione di consapevolezza riflessiva e praticata, nel medio della libertà.

Pertanto, il presupposto dell'indagine realmente storica è il concetto di un piano universale, per cui il primo tassello deve essere il seguente: "lo scopo della vita dell'umanità sulla terra è di istituirvi con libertà tutti i rapporti secondo ragione" (Ivi, p. 198; p. 85), dove l'umanità è intesa non come somma di singoli, ma come genere e la libertà deve manifestarsi nell'intera coscienza del genere e farvi ingresso come un atto vero e reale, potremmo dire concretamente-concreto, prodotto dal genere stesso. In virtù di questo, sono possibili due epoche capitali: "L'una, in cui il genere vive ed è, senza aver ancora istituito con libertà i suoi rapporti secondo ragione; e l'altra, in cui essa realizza con libertà questa istituzione conforme a ragione" (Ivi, p. 199; p. 86). Da qui Fichte individua cinque età fondamentali – età dell'istinto razionale, età della ragione come autorità esterna, età della liberazione, età della scienza razionale, età della realizzazione razionale – in un percorso che consiste nel dovere di realizzare un mondo che, mediante libertà, lascia emergere la ragione nel suo contenuto positivo (cfr. Ivi, p. 201; p. 89 e Ivaldo, 1992, p. 318).

Alcune conclusioni: storia e vita etica

Tirando le fila della trattazione fin qui svolta possiamo fare delle osservazioni. La filosofia trascendentale non postula una mera libertà dell'arbitrio, ma una libertà razionale nella quale "agisco *liberamente cioè progetto per me autoattivo un concetto della mia azione*. Deve essere quindi a fondamento, ogni volta, in ogni libera azione, il concetto di un fine, il prodotto di una X qualsiasi deve essere raggiunto dalla mia libera azione. Il mio io, come soggetto del mio potere pratico (in quanto da sé forma, inizia, agisce con coscienza), si deve quindi progettare in anticipo ogni volta il concetto di questo fine, deve avere quasi un modello, la cui realizzazione costituisce il fine dell'attività reale" (Fichte, *WL Nova methodo*, p. 59).

Non vi è libertà senza intelligenza e solo dove c'è coscienza vi è libertà: nella coscienza vi è, dunque, la ragione per poter pensare la libertà e per poter agire con libertà. Tuttavia, non può esserci "nessuna coscienza senza autocoscienza. Nessuna autocoscienza senza un agire. Nessun agire con libertà senza progetto di un concetto di fine. Nessun concetto di fine senza capacità di un concetto in generale" (Ivi, p. 98). L'intelligenza non è tale se non ha per oggetto la libertà, e, viceversa, la libertà non è tale se non è consapevole di sé mediante l'intelligenza. L'io reale è, in definitiva, inscindibilmente libertà e intelligenza: è libertà intelligente, come agire reale, che si sa come tale, e come autodeterminazione progettuale; insieme, è intelligenza del potere reale di libertà e, quindi, non perché rispecchia uno *status*, ma perché si pone come potere di iniziativa su sé stesso, capacità di autoaffezione, ossia libertà. In altri termini, l'autodeterminarsi dell'io è libertà, perché è un determinarsi reale, e intelligenza, perché consapevolezza della propria autodeterminazione. Possiamo affermare, in sintesi e seguendo l'analisi di Pareyson, che "dire che non c'è libertà senza intelligenza, azione senza riflessione, attività senza coscienza, atto senza concetto, significa dire che la libertà non è farsi determinare 'da' qualcosa, ma *determinarsi 'a' qualcosa*, e determinarsi a qualcosa significa proporsi un fine, e per proporsi un fine bisogna avere un concetto di fine, e per avere un concetto di fine è necessario progettarlo, e progettare concetti di fine è atto di intelligenza, sì che la libertà dev'essere necessariamente intelligente, altrimenti non è nemmeno libertà. Libertà e intelligenza sono dunque in determinazione reciproca, ma tale determinazione reciproca è autodeterminazione dell'io, cioè identità dell'io come soggetto-oggetto" (Pareyson, 1976, p. 313 corsivo mio).

Ora, tale libertà incontra sempre il mondo storico degli oggetti e degli uomini, una realtà urtante che può invitarlo alla libertà e a interrompere la serie meramente causale del tempo, per inserirvi razionalità e libertà: la destinazione dell'uomo e della comunità è sforzo costante per l'affermazione nel mondo della libertà e della ragione (cfr. Rametta, 2012, pp. 271-274). La realtà infatti ha un doppio versante: da un lato, appare come una serie di cause determinate in atto; dall'altra è una sfera potenzialmente aperta. In altri termini, la realtà è un pluri-potenziale, costituito da *Nachbilder*, intesi come concetti copia o concetti-rappresentazione che riproducono le fattualità e gli stati di fatto. Tuttavia, l'uomo, in quanto essere intelligibile, ha la possibilità di tradurre in atto le potenzialità, ponendo in essa dei *Vorbilder*, concetti modello o concetti-progetto in grado di porre scopi e di prefigurare ciò che deve e può essere: essi non devono essere considerati dei concetti arbitrari, ma come l'espressione di ciò che deve-essere in relazione alla legge morale. In tal senso, la libertà è intelligenza di scopi, coscienza progettuale e, viceversa, la coscienza riflettente concreta è libertà e intelligenza insieme.

Più specificamente, nel periodo jenese, questo si traduce nel considerare il fine etico come l'obiettivo dell'azione storica sebbene storicamente irraggiungibile, poiché la comunità razionale appare come una sorta di ideale regolativo, dove "il progressivo, infinito avvicinamento al sovrasensibile non può avvenire, da parte della volontà buona dell'individuo, se non attraverso il sensibile, mediante una azione incarnata" (Masullo, 1995, p. 126). Invece, a partire dalla *Destinazione dell'uomo* – cambiando non l'impianto del sistema, bensì la prospettiva nel senso di uno sviluppo qualitativo del sistema della libertà –, il sovrasensibile è reale ed è l'atto di una volontà infinita, ossia "non è più né il fine, né la fine della storia, non è più una mera prospettiva della progettazione storica, ma è il principio e la causa sovratemporale e metastorica del processo temporale e storico" (*Ibidem*). Si apre la strada a un'etica dell'"interpersona", quale presenza stessa della ragione in quanto immagine dovente essere dell'assoluto, la quale affida all'uomo il compito libero del dover realizzarla nel tempo storico, sia nello spazio reale di interazione e comunicazione intersoggettiva che nelle forme istituzionali e culturali.

Come detto, Fichte proietta sul piano della storia gli esiti della dottrina della scienza, il cui scopo consiste nel ripristinare l'unità del sapere con la vita: la filosofia applicata significa letteralmente "applicare" la filosofia alla vita, nel senso di viverla come principio di condotta e facoltà di creazione e, quindi, come vita etica. La connessione tra etica e storia, infatti, deriva dal fatto che sono connesse alla sfera dell'agire e, conseguentemente, all'agire della libertà: "la dottrina trascendentale della storia delucida l'agire nella sua dimensione temporale e nella sua configurazione intersoggettiva-sociale; l'etica illumina l'agire (temporale e interpersonale) nella sua costituzione valoriale (valoriale-categorica)" (Ivaldo, 1992, p. 262).

Ora, però, "nulla è come è per il fatto che Dio lo vuole precisamente così arbitrariamente, ma perché Egli non può manifestarsi diversamente, Riconoscere questo [...] ed essere beati nella consapevolezza di questa nostra identità con la potenza divina, è cosa di ogni uomo. Concepire in chiari concetti quel che vi è di assoluto, universale ed eternamente uguale a sé in questa guida del genere umano, è cosa del filosofo. Stabilire di fatto la sfera sempre precaria e mutevole sulla quale avanza quello stabile corso. È cosa dello storico [...] Noi abbiamo a che fare col fatto di esporre come s'è realizzato tra gli uomini il concetto razionale dello Stato" (Fichte, GA I 8, p. 306; pp. 242-243). Il discorso storico, rinviandoci alla dimensione etica, ha portato inevitabilmente il discorso verso la religione e la politica. Sul versante politico, i *Tratti fondamentali dell'epoca pre-*

sente vedono la costruzione di uno Stato che punta alla cura del genere umano, realizzando progressivamente "l'equiparazione dei diritti di tutti, che finora non ha ancora trovato realizzazione in nessuna parte del mondo, e la progressiva eliminazione dell'ineguaglianza" (Ivi, p. 360; p. 318).

Pertanto, sembra lecito concludere con quanto scrisse Molitor nel 1806: "la *Dottrina della scienza* è stata l'avvenimento più grande e ricco di conseguenze nell'ambito del mondo moderno; essa ha provocato un totale rivolgimento nel sistema concettuale dell'epoca, cosicché tramite essa venne fondato un metodo completamente nuovo nel pensiero. Essa ha elevato la filosofia a coscienza di sé stessa, e ha fatto sì che lo spirito umano rivolgesse per la prima volta l'attenzione verso sé stesso [...]. Nella Dottrina della scienza è perciò racchiuso il germe di una reale filosofia *storica*, una idea, che è stata per la prima volta formulata nello spirito del suo iniziatore, per cui egli merita di essere considerato il *creatore della filosofia moderna*, il padre della *costruzione reale*" (Molitor, 1806, p. 29 ss.).

BIBLIOGRAFIA

Carrano A., *La storia come progresso e come ritorno*, in J.G. Fichte, *I tratti fondamentali dell'epoca presente*, Guerini e Associati, Milano, 1999.

Buhr M., *Ragione e rivoluzione nella filosofia classica tedesca*, a cura di Giovanni Bonacina e Guido Solza, L'officina tipografica, Napoli, 1992.

De Pascale C., *Vivere in società, agire nella storia. Libertà, diritto, storia in Fichte*, Guerini, Milano, 2001.

Di Tommaso V.G., *Dottrina della scienza e genesi della filosofia della storia nel primo Fichte*, Japadre, L'Aquila-Roma, 1986.

Fichte J.G., *Sulla Rivoluzione francese*, Laterza, Bari, 1966.

FICHTE J.G, *Teoria della scienza nova methodo*, a cura di Alfredo Cantoni, Istituto Editoriale Cisalpino, Milano-Varese, 1959 (*Wissenschaftslehre nach den Vorlesungen von Hr. Pr. Fichte (Wissenschaftslehre nova methodo – Nachschrift Halle)* (1796-1797)).

FICHTE J.G, *Gesamtausgabe der Bayerischen Akademie der Wissenschaften*, a cura di Reinhard Lauth, Hans Jacob, Hans Gliwitzky, Erich Fuchs, Peter K. Schneider, Stuttgart-Bad Cannstatt, Frommann-Holzboog, 1962 sgg (GA):

FICHTE J.G, *Grundlage der gesamten Wissenschaftslehre (1794-1795)*, GA I 2, pp. 251-451; trad. *Fondamento dell'intera dottrina della scienza*, Bompiani, Milano, 2003.

FICHTE J.G, *Versuch einer neuen Darstellung der Wissenschaftslehre*, GA I 4, pp. 186-208; trad. *Saggio di una nuova esposizione della dottrina della scienza. Prima Introduzione*, Guerini e associati, Milano, 1996.

FICHTE J.G, *Wissenschaftslehre nova methodo. Kollegnachschrift K. Chr. Fr. Krause 1798-99*, a cura di Erich Fuchs, Meiner, Hamburg 1982; II ed. migliorata 1994, GA IV 3, pp. 321-535.

FICHTE J.G, *Grundlage des Naturrechts nach Principien der Wissenschaftslehre (1797-1798)*, GA I 3, pp. 313-460 e GA I 4, pp. 5-165; trad. *Fondamento del diritto naturale secondo i principi della dottrina della scienza*, Laterza, Roma-Bari, 1994.

FICHTE J.G, *Das System der Sittenlehre nach den Principien der Wissenschaftslehre (1798)*, GA I 5, pp. 21-317; trad. *Il sistema di etica secondo i principi della dottrina della scienza*, Laterza, Roma-Bari, 1994.

FICHTE J.G., *Die Grundzüge des gegenwärtigen Zeitalters (1805)*, in GA I 8, 189-396; trad. *I tratti fondamentali dell'epoca presente*, Guerini e Associati, Milano, 1999.

GUEROULT M., *Fichte et la Révolution française*, in «Revue philosophique», num spec. su *La révolution de 1789 et la pensée moderne*, Paris, 1940.

IVALDO M., *Libertà e ragione. L'etica di Fichte*, Mursia, Milano, 1992.

IVALDO M., *Ragione Pratica. Kant, Reinhold, Fichte*, Ets, Pisa, 2012.

LAUTH R., *Der Begriff der Geschichte nach Fichte*, in «Philosophisches Jahrbuch», a 72, 2, 1965.

LAUTH R., *La filosofia trascendentale* di J. G. Fichte, Guida, Napoli, 1986.

LÉON X., *Fichte et son temps*, vol. II, Paris, 1927.

MASULLO A., *Crisi dell'etica e ricerca del senso*, in *Filosofia trascendentale e destinazione etica. Indagini su Fichte*, Guerini, Milano, 1995.

MASULLO A., *Fichte. L'intersoggettività e l'originario*, Guida, Napoli, 1986.

METZ W., *Die Weltgeschichte beim spätem Fichte*, in «Fichte-Studien», 1, 1990.

PAREYSON L., *Fichte. Il sistema della libertà*, Mursia, Milano, 1976.

PICARDI R., *Il concetto e la storia. La filosofia della storia di Fichte*, Il Mulino, Bologna, 2009.

RAMETTA G., *Fichte*, Carocci, Roma, 2012.

Le storie come forme del sapere: la prospettiva estetico-fenomenologica di Ferdinand Fellman

Daniele Nuccilli

Introduzione

Nella sua opera *Phänomenologie als ästhetische Theorie* [*Fenomenologia come teoria estetica*] Ferdinand Fellmann, declinando in chiave gnoseologica la filosofia delle storie di Wilhelm Schapp, definisce le storie come "forme del sapere" [*Wissensformen*] (Fellmann, 1989, p. 14). Per comprendere a pieno cosa egli intenda con questa definizione si devono prendere in considerazione almeno tre aspetti della riflessione fellmaniana. Il primo aspetto concerne le intenzioni e gli scopi che portano l'autore a individuare nelle storie una forma privilegiata della conoscenza e, come vedremo, conduce proprio alla sua interpretazione della fenomenologia come teoria estetica. Il secondo aspetto riguarda più nello specifico la delimitazione del terreno applicativo su cui si muove la concezione fellmaniana della fenomenologia e passa attraverso l'individuazione di una dimensione mediale della coscienza. Il terzo aspetto infine riguarda più nello specifico il concetto di storie e come questo si relazioni sia con la declinazione della fenomenologia in chiave estetica sia con il riconoscimento di una dimensione mediale della coscienza. Questo contributo si articolerà dunque in tre punti/paragrafi: la fenomenologia come teoria estetica: l'eredità del tardo idealismo tedesco; coscienza e medialità; le storie come "forme del sapere".

La fenomenologia come teoria estetica. L'eredità del tardo idealismo tedesco

Una caratteristica peculiare della profonda e originale interpretazione fellmaniana della fenomenologia husserliana è la sua attitudine storicistica. Piuttosto che mettere in risalto, come accade nella gran parte della letteratura secondaria e nell'auto-narrazione interna al movimento fenomenologico stesso, la spinta eversiva e rivoluzionaria della proposta fenomenologica rispetto al panorama filosofico a essa contiguo, Fellmann cerca di cogliere il radicarsi della fenomenologia all'interno dello spirito del suo tempo (cfr. Nuccilli, 2020, p. 13). Il primo passo della sua indagine consiste, infatti, nell'identificare la radice comune che il pensiero husserliano condivide con il neo-kantismo, da un lato, e il positivismo, dall'altro. Questa radice comune viene da egli individuata nella "svolta estetica", con la quale diverse correnti di pensiero a livello globale – non ultimo il pragmatismo di James e di Peirce – nello scorcio finale dell'Ottocento, hanno cercato di riformulare il rapporto tra esperienza e conoscenza e tra coscienza e realtà. Questa valutazione diviene funzionale – legittimandola a posteriori e da uno sguardo prospettico-evolutivo – all'ipotesi che il nucleo centrale di qualsiasi comprensione del reale siano le cosiddette idee concrete [*konkrete Idee*] e le storie [*Geschichten*] o storie narrate [*erzählte Geschichten*] in cui esse trovano articolazione linguistica, le quali permettono di agganciare l'astrazione e l'universalità insita nei significati e nella sfera ideale al mondo della vita e della quotidianità. Sia la pulsione a raggiungere una dimensione estetica dell'esperienza sia il suo desiderio di scrutare l'universale attraverso la prospettiva tutta *personale* e storicamente locata del vissuto individuale attraverso la narrazione, rappresentano secondo il Nostro i tratti fondamentali che la fenomenologia eredita dalla tradizione tardo-idealistica tedesca e in qualche modo costituiscono le fisiologiche linee evolutive della fenomenologia in grado di raccogliere le sfide imposte dalla contemporaneità e dal mondo digitale (Fellmann, 2015, pp. 151-180; Fellmann, 2019, pp. 25 ss.).

Le due colonne portanti di questa ricostruzione della sintesi fenomenologica di istanze già presenti nella filosofia tedesca post-hegeliana in chiave estetica sono: (a) l'idealismo oggettivo di Lotze e l'interpretazione della coscienza e del rapporto che essa instaura con gli oggetti ideali in esso inglobati; (b) l'idealismo dell'azione di Rudolf Eucken, definito da Fellmann come un vero e proprio "proto-fenomenologo" (Fellmann, 2020, p. 15), in particolar modo per ciò che concerne il concetto di riduzione noetica da egli proposto. Approfondiamo innanzitutto singolarmente questi due momenti.

a. Lotze: sintesi interpretativa, storicità e dimensione estetica dell'analisi coscienziale

Partiamo dall'analisi fellmaniana delle linee di continuità tra il pensiero di Lotze e quello di Husserl. La tesi portante che sostiene la sua interpretazione storicistica è quella che l'atteggiamento fenomenologico va inteso fondamentalmente come una trasformazione del concetto idealistico di spirito per come comincia a delinearsi nell'idealismo oggettivo di Lotze e in particolar modo nelle opere *Mikrokosmus* [Microcosmo] e *Logik* [Logica]. Questa trasformazione ha luogo specificatamente nella concezione del rapporto che la coscienza instaura con gli oggetti ideali e si declina, da un lato, in uno slittamento delle istanze dell'idealismo platonico dal piano metafisico al piano delle validità oggettuali (cfr. Fellmann, 1989, p. 58) – e di questo si ha una traccia importante nelle *Ricerche logiche* e in alcune riflessioni husserliane presenti nella sua recensione al testo di logica *Der Streit der Psychologisten und Formalisten in der modernen Logik* [La disputa tra psicologisti e formalisti nella logica moderna] di M. Palagyi del 1902 (Husserl, 1979, p. 156) – e, dall'altro lato, su una nuova concezione del modello interpretativo del rapporto tra realtà e apparenza che conduce a un'analisi essenzialistica e immanente dei processi percettivi. Di contro alla concezione hegeliana dell'apparenza come di un qualcosa che rappresenta solo l'espressione di una realtà ideale che la travalica e che, irradiandosi in essa, dev'essere scovata dalla coscienza mantenendo un terzo polo dell'essere al di fuori del processo conoscitivo stesso, in Lotze, l'apparenza diviene l'unico luogo possibile di incontro tra il reale e la coscienza e il momento sostanzialistico-essenziale si riduce al momento della prensione della coscienza sull'apparenza intesa dunque, quest'ultima, non più come manifestazione *di* qualcosa ma come manifestazione *per* qualcuno (Cfr. Fellmann, 1989, p. 61-62). È in questo slittamento semantico del concetto di *Erscheinung* da "apparenza di" a "manifestazione per" che ha luogo lo spostamento del *focus* gnoseologico dalla dimensione metafisica dell'essere a quella più prettamente psicologico-cognitiva. Fondamentale in questo passaggio è il concetto lotziano di essenza. Per Lotze a ogni manifestazione nella coscienza appartiene un'essenza, la quale viene a costituire come uno scheletro sul quale viene incanalata la dinamica delle modificazioni percettive o sensoriali. Una simile struttura non è rappresentata tuttavia dalla manifestazione in sé ma dal modo, per così dire, stabile e unitario con il quale la coscienza si relaziona a essa. È in questa direzione che, secondo Fellmann, la filosofia di Lotze prepara quella che poi sarà la concezione gestaltistica dell'essenza come "costanza della cosa percepita" (Cfr. Ivi, pp. 63-64) che poi ritroviamo nella fenomenologia della percezione di Husserl (Cfr. Husserl, 2016, pp. 37 e ss.) e (non a caso) anche in quella di Schapp (Cfr. Schapp, 2012, pp. 129 e ss.).

In funzione della curvatura estetica che Fellmann vuole dare alla sua interpretazione è dunque fondamentale comprendere come si incontrino la prospettiva lotziana e quella husserliana per ciò che riguarda le analisi sulla coscienza e il rapporto conoscitivo che essa instaura con gli oggetti ideali. Nel primo volume della sua opera *Mikrokosmus*, Lotze identifica come caratteristica ineliminabile della coscienza quella di essere una "coscienza unitaria" (Lotze, 1856, p. 165), laddove l'unitarietà non deriva dalle sue caratteristiche naturali, ma dal suo costituirsi appunto come invariato polo manifestativo a fronte del variare delle manifestazioni (cfr. Ivi, p. 171). È per questo poi che nel terzo volume della stessa opera egli definirà la coscienza come "luogo necessario dell'apparire" (Lotze, 1864, p. 37). Questa valutazione implica, secondo Fellmann, una sorta di distaccamento e di trascendimento della coscienza dalla dimensione percettivo-materiale e instaura un movimento di auto-osservazione alla cui base troviamo una figura paradigmaticamente estetica, quella dell'"osservatore eccentrico" [exzentrischen Beobachters] (Fellmann, 1989, p. 64). Questa figura comporta il superamento del modello interpretativo meccanicistico su cui si fondava la psicologia associazionistica a esso coeva. Fuori dalla metaforica della coscienza come semplice luogo neutrale dell'apparire, che era stata anche di Herbart, la coscienza in Lotze assume una funzione creativa. Muovendo lo sguardo sulle e attraverso le diverse rappresentazioni, essa opera una sintesi che conduce, non solo a una nuova rappresentazione unitaria che non è più riducibile alla somma delle rappresentazioni precedenti, ma implica anche una mutazione nell'essere dell'osservatore (cfr. Ivi, p. 66) che ha dei risvolti financo ermeneutici. Per Fellmann, infatti, l'atto coscienziale rappresenta in Lotze come "un'atto di lettura che permette di trasformare il fluire delle impressioni in un'unità di significato" (*Ibidem*). Più che come una sintesi costitutiva esso si configura, dunque, come una sintesi interpretativa. Muovendo il suo "occhio osservante" [*beobachtende Auge*] la coscienza trasforma il fluire delle manifestazioni in un linguaggio diverso che tiene conto anche della locazione spazio-temporale della percezione, la quale non è riducibile al semplice susseguirsi delle impressioni ma è una fusione di passato e presente attraverso il filtro interpretativo dell'autocoscienza (cfr. Ivi, p. 67).

Una simile irriducibilità del vissuto all'esperienza percettiva prepara in due direzioni la fenomenologia husserliana. Da un lato, per ciò che riguarda la dinamica del tempo vissuto, crea le condizioni per i concetti husserliani di "ritensione" e di "protensione", che ritroviamo nelle analisi husserliane sulla coscienza interna del tempo (cfr. Husserl, 2016), dall'altro lato, apporta una rivoluzione nel concetto di auto-coscienza, la quale avrà una precisa influenza sulla concezione trascendentale dell'io. Per Lotze, infatti, l'io coscienziale si divide in un "io empirico", che è quello del vissuto percettivo, e in un "io puro", il quale si configura come una sorta di punto di fuga verso cui tendono tutte le esperienze coscienziali e dal quale si apre appunto la prospettiva auto-riflessiva di tutti gli sguardi interpretativi dell'auto-coscienza (cfr. Lotze, p. 180, 270-274). L'io puro diviene dunque il polo invariato dell'osservazione dietro il fluire delle esperienze empiriche. Una tale invarianza, tuttavia, non va confusa con la fissità e l'immutabilità, poiché abbiamo visto che per Lotze l'osservazione comporta anche un certo percorso di maggiore consapevolezza dell'io rispetto alla sua collocazione nel tempo e nel mondo. Questo specifico aspetto costituisce secondo Fellmann una delle maggiori eredità che la teoria della coscienza di Lotze lascia all'interpretazione fenomenologica husserliana, in special modo, se pensiamo alla tarda riflessione genetica sul costituirsi dell'io "in una storia" che è presente nelle *Meditazioni Cartesiane* (Husserl, 2020, p. 247).[44] Allo stesso tempo, il ritrovamento lotziano di un io puro che possa costituirsi come osservatore eccentrico di ciò che accade nell'io empirico ha una precisa influenza anche sulla concezione husserliana dell'intenzionalità. In *Idee* (1913) infatti Husserl descrive l'intenzionalità come "uno sguardo che s'irradia dall'io puro verso l'oggetto" (Husserl 2008, p. 210) e aggiunge poi che "il raggio non si separa dall'io ma è e permane sempre raggio dell'io" (ivi, p. 237). L'io cui Husserl si riferisce è ovviamente quello che fonda la soggettività trascendentale. Esso, costituendosi come polo d'osservazione, non può essere messo tra parentesi e dunque ridotto, come invece avviene con l'io empirico. Proprio questa condizione peculiare dell'io puro come di un qualcosa che trascende il flusso coscienziale e che tuttavia si palesa nell'immanenza stessa del vissuto rappresenta, secondo Fellmann, la trascendenza di uno "spettatore disinteressato che osserva nello spazio scenico della coscienza [...] al cui tuttavia non resta altro che lasciare che lo spettacolo che egli stesso ha inscenato si svolga senza poter intervenire sul corso degli eventi." (Fellmann, 1989, p. 78) Alla base della concezione unitaria della coscienza intenzionale che ritroviamo nella fenomenologia trascendentale delle *Idee* vi sarebbe dunque un soggetto essenzialmente estetico, quale lo spettatore disinteressato, la cui funzione sarebbe quella di operare una sintesi interpretativa di ciò che accade nel flusso del vissuto di coscienza.

Ma come si relaziona questa interpretazione con la struttura portante del metodo fenomenologico e in particolar modo con le questioni che riguardano l'intenzionalità e l'a priori? La stessa forma di affinità e di influenze che si presentano nella teoria della coscienza si può ritrovare anche in questi concetti. Secondo Fellmann, infatti, alla base della dicotomia husserliana tra vuota intenzione e riempimento, che, con declinazioni diverse, ritroviamo sia nelle *Ricerche logiche* che nelle *Idee*, vi sarebbero alcune considerazioni operate da Lotze nella sua *Logik*. In essa, infatti, il filosofo di Bautzen opera una precisa distinzione, non solo tra la rappresentazione e l'oggetto rappresentato, ma anche tra la rappresentazione e l'attività rappresentativa. L'attività rappresentativa viene poi descritta come un movimento che fa avanti e indietro e che mira ai contenuti costanti che si presentano nella rappresentazione (cfr. Lotze, 1912, pp. 583 e ss).

Oltre a integrarsi perfettamente con la prospettiva della sintesi interpretativa di *Mikrokosmus*, per Fellmann, il fatto che Lotze non identifichi i contenuti che si presentano alla coscienza con i processi coscienziali stessi conferma che, anche dal punto di vista delle indagini logiche, Lotze mantiene un modello interpretativo prettamente estetico. Esso si modella però ora più specificatamente attorno a una peculiare concezione gnoseologica, quella secondo cui lo scopo dell'osservatore immanente è quello di portare a evidenza e rendere intuibili le relazioni interne alla rappresentazione stessa. Più che l'elemento deduttivo che riguarda il pensiero astratto sono dunque la visione immediata e l'intuizione gli elementi fondanti della logica lotziana (cfr. Fellmann, 1989, pp. 86-86). Dal punto di vista delle *Ricerche logiche* il dualismo che si evidenzia tra i processi immanenti coscienziali e i contenuti che si presentano alla coscienza, il quale predispone il terreno per una prospettiva intuizionistica del processo conoscitivo e dell'a priori, rifluisce nella dinamica tra vuota intenzione e riempimento che, grazie al meccanismo dell'intuizione categoriale, come sappiamo, non riguarda soltanto gli oggetti reali o la percezione del mondo esterno, ma anche la qualità degli atti intenzionali che vengono riempiti e gli oggetti ideali.

Uno dei perni centrali di questa impostazione è la *Sesta ricerca logica*. Nel §10 Husserl, in relazione al rapporto tra percezione e senso intenzionale, mostrava come l'unico modo per spiegare il fatto che, pur avendo una percezione parziale di un qualsiasi oggetto, riusciamo ad averne immediatamente conoscenza, è constatare che ogni percezione (e anche ogni immaginazione) "è un tessuto di intenzioni parziali fuse nell'unità di un'intenzione complessiva" (Husserl 2015, p. 623). Questo tessuto di intenzioni viene fatto risalire da Husserl a un'attività della coscienza che egli definisce come "un intenzionare oltre" (*Ibidem*) la semplice percezione, che significa per essa travalicare ciò che è dato nel mero dato percettivo per giungere all'oggetto che in essa ci viene presentato. L'intenzionare oltre è il moto alla base degli atti oggettivanti all'interno dei quali poi prende forma, attraverso la sintesi e l'identificazione delle intenzioni signitive con i rispettivi riempimenti, ciò che Husserl definisce auto-datità, il darsi delle cose in sé stesse all'evidenza, obiettivo e limite ultimo dell'intuizione sensibile e categoriale. Fellmann riconosce in questa attitudine fenomenologica a trovare nel riempimento intuitivo il momento cruciale e ultimo del conoscere, il medesimo afflato che già caratterizzava la logica di Lotze di offrire una interpretazione intuizionistica al problema dell'identificazione, ove appunto essa non si configura in altri modi se non come il tentativo di "fissare il carattere formale" (Fellmann, 1989, p. 90) del contenuto di una rappresentazione. Per carattere formale si intende qui la costanza della forma che viene offerta dal riempimento intuitivo di ciò che è intenzionato.

Questo ultimo aspetto messo in evidenza costituisce l'elemento oggettivo correllativo della concezione estetica della soggettività. Nella prospettiva fellmaniana, infatti, alla figura paradigmatica dell'io puro che si eleva a osservatore neutrale degli accadimenti dell'io empirico devono corrispondere anche degli oggetti logici 'osservabili' e dunque una concezione estetica dell'a priori. Il punto rivoluzionario e di svolta che costituisce il *trait d'union* della logica lotziana e di quella husserliana rispetto alle concezioni a essi coeve è dunque, secondo il nostro, una riformulazione in chiave estetica dell'invarianza logica attribuita agli universali. Ciò che assume il carattere di universale sorge in concomitanza e in correlazione con l'emergere di una costanza e di un'invariabilità che si offre all'esperienza e all'evidenza dell'occhio osservante della coscienza come una 'forma' [*Gestalt*] a cui mirano e sono legati i diversi vissuti coscienziali e le diverse intenzioni che offrono di volta in volta una configurazione rappresentativa e percettiva differente dell'oggetto osservato (cfr. Fellmann, 1989, pp. 94-95). Decisiva a questo riguardo è una concezione eidetica dell'a priori. Nella *Logik* di Lotze, infatti, emerge una visione dell'a priori come una "datità inaggirabile" che si dona come "in un colpo" (Lotze, 1912, p. 592). Una simile concezione è incentrata dunque su un modo tutto peculiare di intendere gli oggetti ideali che esula profondamente da qualsiasi impostazione nominalistica o da qualsiasi logica astrattivo-deduttiva e che si potrebbe dire incentrata sulla figura "dell'una volta e per sempre" (Fellmann, 1989, pp. 97). Oltre che rappresentare la struttura portante della teoria husserliana dell'intenzionalità per come si configura nelle *Ricerche logiche*, questa impostazione rifluisce poi nella concezione dell'*eidos* del successivo sviluppo del pensiero husserliano nella quale, secondo Fellmann, diviene preponderante il ruolo dell'immagine rispetto al ruolo del concetto.

Lungo l'asse tra la *Logik* di Lotze e le *Ricerche logiche* di Husserl, si inaugura un nuovo modo di concepire la necessità dell'universale che non crea più uno sfasamento con la logica dell'esperienza percettiva e non entra più in contraddizione con il mondo della vita, ove si presentano soltanto oggetti singoli nella loro unicità e, come direbbe Schapp, "ognuno con una propria storia" (Schapp, 2007, p. 117). Ciò non significa tuttavia che l'esperienza percettiva si allinei con la conoscenza eidetica, per giungere a essa serve appunto l'impulso estetico a lasciare che lo sguardo travalichi l'esperienza quotidiana per giungere a cogliere ciò che si cela dietro la realtà e lasciar emergere la forma stabile delle cose oltre la molteplicità del loro apparire fenomenico. Per comprendere come questo spostamento dello sguardo si configuri, diviene necessario, secondo Fellmann, affrontare un altro grande tema della fenomenologia husserliana: la riduzione fenomenologica. Per coglierne la dimensione estetica, tuttavia, come già per l'intenzionalità, non basta analizzarla di per sé, ma se ne devono ricercare le tracce (ancora una volta) nel post-hegelismo tedesco e, nello specifico, nella filosofia di Rudolf Eucken.

b. Eucken e la riduzione fenomenologica

Sebbene rappresenti una delle acquisizioni fondamentali dell'approccio fenomenologico alla logica, il riferimento all'intuizione coma modalità conoscitiva fondamentale attraverso la teoria del riempimento intuitivo, costituisce, agli occhi di Fellmann, anche uno dei più grandi limiti della fenomenologia (cfr. Fellmann, 1989, pp. 116-117). In esso, infatti, come abbiamo appena visto, vengono identificate delle forme strutturalmente costitutive della percezione che si fondano su un'interpretazione statica dei processi coscienziali come quella della rappresentazione per immagini. La vita coscienziale è tuttavia in continuo movimento e, secondo il Nostro, Husserl introdusse nelle sue indagini il metodo della riduzione fenomenologica, proprio per costruire un nuovo modello interpretativo che rompesse con lo schema dell'intuizione d'essenza e aprisse a nuovi modi di comprendere il dinamismo della funzionalità rappresentativa della coscienza. Attraverso la riduzione, com'è noto, Husserl si proponeva di mettere fuori circuito ogni forma di trascendenza sia a *parte obiecti* che a *parte subiecti* e di isolare, così facendo, una dimensione pura della soggettività, nella quale ora il centro focale dello sguardo fenomenologico non era più l'oggettualità in sé, ma il suo costituirsi per una coscienza. Il campo della fenomenologia, dunque, nello Husserl post-riduzione, diviene l'analisi in immanenza dei processi coscienziali purificati da qualsiasi riferimento al soggetto empirico o a qualsiasi forma di trascendenza (cfr. Husserl 2019, pp. 257 ss.) e questo richiede, seguendo l'interpretazione fellmaniana, una modificazione dello sguardo la cui radicalità e il senso diviene del tutto comprensibile solo se se ne coglie la portata puramente estetica (cfr. Fellmann, 1989, pp. 119 ss.).

Allo scopo di cogliere la radice estetica del concetto di riduzione Fellmann ricostruisce il rapporto che essa instaura con altre istanze teoretico-filosofiche del tempo, soprattutto quelle che si collocano al crocevia tra il positivismo e l'idealismo. Centrale a questo riguardo diviene l'analisi del metodo noologico di Rudolf Eucken, nel quale si può individuare una forma di riduzione antesignana della riduzione fenomenologica husserliana. Il metodo noologico viene sviluppato a partire dall'opera del 1885 *Prolegomena zu Forschungen über die Einheit des Geisteslebens in Bewußtsein und That der Menschheit* [Prolegomeni alla ricerca sull'unità della vita spirituale nella coscienza e nell'azione dell'umanità] e si situa nell'alveo delle riflessioni euckeniane sull'evoluzione culturale. Si può dire in breve sintesi che esso consista nell'enucleare strutture ideal-tipiche – definite "sintagmi" o "forme di vita" – da fatti sociali (Fellmann, 2020, p. 20). L'elemento fortemente estetico di questo procedere deriva dal fatto che il ritorno all'elemento ideale implica secondo Eucken una "rottura con il mondo circostante" (Eucken, 1885, p. 36), una trasformazione che avviene attraverso una "purificazione" (Ivi, p. 40) dall'esperienza naturale del mondo e che apre una nuova prospettiva e un nuovo modo di vedere, il quale conduce a un accesso a una realtà più genuina (Ivi, p. 36). Il filosofo di Aurich definirà questo nuovo modo di vedere la realtà come un "rivelare il nuovo nel consuetudinario" (Ivi, p. 67), ed è proprio a questo scopo che egli inserisce il termine riduzione. Lo scopo della riduzione sarebbe infatti quello di "sciogliere le strutture fisse e rigide dell'azione vitale e apprezzare tutto ciò che è particolare come testimonianza dell'intero, allo scopo di portare in primo piano una generalità che la pienezza e la fretta del movimento progressivo avevano permesso di trascurare, e dunque di liberare e risvegliare un principio che era stato rinchiuso, persino sepolto, nell'azione" (Eucken, 1885, p. 67). La riduzione si configura dunque come una specie di purificazione dall'empiria che conduce alla dimostrazione della razionalità del reale. Ciò, tuttavia, non comporta una ricaduta nel sostanzialismo della metafisica dello spirito di Hegel (cfr. Fellmann, 2020, p. 20) poiché la nuova prospettiva sulla realtà si apre da uno "sguardo interiore" [*Innensicht*] (Eucken, 1885, p. 51 e ss) che si indirizza all'analisi delle strutture immanenti della coscienza. Questo sguardo interiore, tuttavia, non va nemmeno inteso come una pura introspezione ma, piuttosto, come una "forma autonoma di oggettivazione del soggettivo che è analoga all'esperienza trascendentale rivendicata dalla fenomenologia" (Fellmann, 1989, p. 146). Attraverso una forma specifica di riduzione che Eucken chiama dirimere [*Diremtion*], vale a dire la distinzione operata metodologicamente tra l'accadere interiore del vissuto e le funzioni e le prestazioni psicologiche (cfr. Eucken, 1885,

p. 60) il metodo noologico può aprire, come nella dialettica tra io puro e io empirico evidenziata in Lotze, una prospettiva neutrale sull'atteggiamento spirituale che la coscienza assume nel momento in cui si incontra con le realtà materiali o ideali, soltanto che in Eucken lo scopo non è quello di individuare forme archetipiche delle oggettualità percepite ma scrutare all'interno dell'atto coscienziale il costituirsi di relazioni dinamiche. In questo modo, si possono individuare quegli aspetti strutturali che si ergono al di sopra della serie di datità puntuali che la percezione o le altre funzioni offrono alla coscienza.

Nell'atto del dirimere si mostra, secondo Eucken, innanzitutto la propensione della coscienza a operare attraverso atti connettivi e a fungere dunque come produttrice di senso (cfr. Eucken, 1885, pp. 60 e ss). Ciò avviene grazie a una sorta di attività estensiva della coscienza che tuttavia non interviene a modificare le oggettualità su cui si dirige, ma piuttosto, come già era per Lotze, si limita ad accogliere e a unificare ciò che si trova davanti quando l'oggetto agisce su di essa (ivi., p. 58). Grazie al metodo noologico si mostra dunque una duplice natura della datità di coscienza, da un lato, l'effetto dell'oggetto sulla coscienza nella sua molteplicità, dall'altro, l'azione unitaria della coscienza, la quale, tuttavia, una volta accolto l'oggetto, non è più da essa distinguibile se non attraverso il processo artificioso del dirimere. Sia il movimento estensionale della coscienza che ritroviamo nell'intenzionalità husserliana sia l'attenzione posta sul doppio lato della medaglia percettiva, il lato oggettuale e il lato soggettivo del costituirsi delle datità attraverso processi di unificazione dell'attività coscienziale, rappresentano agli occhi di Fellmann luoghi centrali della fenomenologia trascendentale e lo conducono ad affermare che, al netto di alcuni retaggi del post-idealismo tedesco che lo vincolano ancora a una visione ottocentesca della soggettività, con il pensiero di Eucken si creano le condizioni storiche e teoretiche per il dispiegarsi dell'arsenale concettuale del trascendentalismo husserliano (cfr. Fellmann, 1989, pp. 147 ss).

Abbiamo visto come sia nella filosofia di Lotze sia nel metodo noologico di Eucken si trovino temi e *topoi* filosofici che poi ritroveremo in Husserl e come il loro situarsi all'interno di una rivoluzione culturale, che si può dire ruotare attorno a una svolta estetica, possa legittimare una ricomprensione della fenomenologia come "teoria estetica". Per capire come ciò possa attuarsi e come poi questa prospettiva si leghi al problema della narrazione dobbiamo tuttavia attraversare un'altra serie di questioni che nella fenomenologia di Fellmann accompagnano l'analisi della fenomenologia come teoria estetica e che riguardano, da un lato, il rapporto tra storia e mondo della vita e, dall'altro lato, il rapporto tra realtà e coscienza. La risoluzione di queste problematiche conduce Fellmann a quella che si può definire una "concezione mediale" della coscienza, ed è di questo aspetto che ci occuperemo nel prossimo paragrafo.

Coscienza e medialità

Nella sua celebre 'introduzione alla fenomenologia' [*Phänomenologie zur Einführung*] Fellmann definisce la fenomenologia come "teoria universale dei media" (Fellmann, 2015, p. 151 ss.). Sebbene questa interpretazione rappresenti, per così dire, l'apice della sua riflessione sulla storia della fenomenologia, il luogo genetico delle sue analisi è costituito ancora dall'opera di Eucken, o, per meglio dire, dal punto fisiologico di incontro tra il pensiero di Eucken e il pensiero di Husserl: la filosofia di Max Scheler. Scheler riprende da Eucken un concetto fondamentale, quello di mondo del lavoro [*Arbeitswelt*] al quale poi applica una forma peculiare di riduzione che, rispetto a quella tematizzata da Husserl, si orienta maggiormente sull'aspetto storico e storicizzato del reale. L'affaccio sulla dimensione storica dell'uomo che Scheler deriva da Eucken, costituisce poi il crocevia e il luogo sorgivo da cui si dipanano due strade interpretative del percorso fellmaniano sulle linee evolutive della fenomenologia, da un lato, il concetto di riduzione come operazione di "derealizzazione realizzante" del reale che è alla base della sua interpretazione mediale della coscienza e della fenomenologia come teoria universale dei media e, dall'altro lato (e in funzione di esso), l'interpretazione narrativa dei fenomeni che riguardano il mondo della vita e la storicità tradotta nelle storie che lo compenetrano e lo sostengono. Comprendere le ragioni di questa intersezione non banale tra mondo della vita, storia e storie richiede dunque di ripartire dal concetto di mondo del lavoro di Eucken, identificato da Fellmann come progenitore del concetto tardo-husserliano di mondo della vita [*Lebenswelt*].

Nelle sue *Lebenserinnerungen* [Ricordi di vita] Eucken, riferendosi all'applicazione del metodo noologico al mondo del lavoro, scriveva:

> Trovai un punto di partenza in ciò che io chiamai "mondo del lavoro"; si trattava di ricondurre, attraverso una procedura di riduzione, le formazioni, in apparenza rigide e fisse, all'agire vitale (*lebendiges Tun*) e comprendere ogni elemento particolare come manifestazione di una totalità; si trattava di recuperare e liberare un principio che era precluso all'esperienza concreta, sepolto in essa. Per me fu fondamentale al riguardo il concetto di "sintagma", ossia la totalità di un accadere di tipo peculiare che affiora da un terreno storico; questi sintagmi dovevano essere messi alla prova a partire dal "mondo del lavoro" e con ciò si sarebbe potuta acquisire una reale critica immanente a ciò che accade (Eucken, 1921, p. 74).

Il concetto di mondo del lavoro elaborato da Eucken

deve sottostare dunque a una forma di riduzione che fonda un nuovo tipo di esperienza, una nuova forma del sapere che si differenzia completamente dalla certezza dell'autocoscienza individuale. Esso viene a costituire, secondo Fellmann, un qualcosa di analogo a quello che Lotze aveva definito "luogo necessario della manifestazione" e rappresenta dunque un "*medium* che non è in grado di fondare da sé le apparenze" (Fellmann, 1989, p. 170). Il suo fondamento è dato invece dall'atto spirituale che trascende l'autocoscienza immediata (Eucken, 1885, p. 86), la quale tuttavia, seguendo l'interpretazione fellmaniana, non viene più compresa come una sorta di auto-esplicazione di uno spirito assoluto, ma piuttosto come il frutto di un lavoro intersoggettivo, una forma collettiva del sapere che travalica le strutture coscienziali della soggettività per offrire un campo "storico" di applicazione della riduzione di produttività che è paragonabile a quella che era la poetica in Aristotele (Fellmann, 1989, p. 170). La concezione euckeniana del mondo del lavoro come una struttura intersoggettiva del sapere, lascerebbe dunque intendere che la riduzione presente nel metodo noologico, comporti uno spostamento del centro focale al di fuori dell'indagine sulla coscienza pura, poiché l'individuo viene concepito non più in maniera atomistica ma piuttosto come parte di un sistema simbolico di interazione. Proprio quest'ultima caratteristica porta Fellmann a riconoscere nel mondo del lavoro euckeniano una forma di "*medium* pre-dato della soggettività" (Ivi, p. 171) la quale conduce a una modalità di trascendimento dell'esperienza coscienziale individuale e la quale rappresenta dunque una forma antesignana del mondo della vita di Husserl, posto comunque, che l'espressione *Lebenswelt* [mondo della vita] viene adottata da Eucken ancora prima di fare la sua comparsa nella pagina husserliana (vedi Eucken, 1918, cfr. Fellmann, 2020, p. 24). Ciò che "affiora" dopo il processo riduttivo, non sono dunque idealità statiche fuori dal tempo come le essenze o le idee del primo platonismo husserliano, ma sono appunto delle realtà ideal-tipiche come i "sintagmi", che emergono dal tessuto storico di cui è fatto il mondo del lavoro e che si concretizzano nella produttività del lavoro intersoggettivo di messa in risalto delle condizioni di realtà che ne costituiscono lo sfondo storico-spirituale.

È proprio a quest'altezza che si inserisce l'interpretazione scheleriana della riduzione, da egli definita "riduzione causale". Per Scheler il compito della riduzione causale è quello di "ricondurre ogni pretesa di validità alla sua realizzazione storica" e di "ricostruire la prassi storica della predicazione in cui si viene costituendo una simile pretesa" (Scheler, 1971, p. 327). Con questa peculiare interpretazione di Scheler, secondo Fellmann, si amplia il campo applicativo della riduzione e si apre una nuova dimensione che si potrebbe definire storico-spirituale per la fenomenologia. In essa il concetto di sintagma opera come una forma di mediazione tra l'immediato vissuto individuale e alcune forme oggettive dello spirito, tra la normatività e i principi universali e il loro costituirsi in forme paradigmatiche dell'esserci storico (cfr. Fellmann, 1989, pp. 175 e ss.). Pur accettando in linea di principio la teoria della riduzione di Husserl, Scheler riconosce che l'eliminazione della realtà, in cui il soggetto trascendentale si oppone all'io empirico, è più difficile da raggiungere di quanto Husserl avesse in mente. Anche quando, attraverso la fantasia, riesce a prendere le distanze dagli oggetti esterni, l'io è più fortemente intrecciato con sé stesso e, potremmo dire, con la sua "storia", di quanto possa sembrare. Rimane dunque difficile per il procedere riduttivo trasformare completamente l'autocoscienza in pura fenomenalità. La trasformazione delle forme di giudizio proposta da Husserl, secondo Scheler, deve quindi essere sostituita con un "atto ascetico di de-realizzazione", una "sospensione dell'impulso stesso a vivere [...] in relazione al quale il mondo appare soprattutto come resistenza" (Scheler, 1979, p. 44). Scheler afferma dunque con forza l'esigenza di un diverso modo di attuazione della riduzione, egli, tuttavia, non ha mai realmente elaborato il significato di questa tecnica di allontanamento dalla realtà dell'esperienza nella pratica della filosofia trascendentale.

Per operare questa forma di derealizzazione, secondo Fellmann, si richiede un tipo di distanziamento dal vissuto immediato e individuale della realtà che ha bisogno di un approccio di negazione prettamente estetico. Questo approccio estetico di negazione, se incanalato all'interno del discorso sulla riduzione, coinvolge, non solo il lato soggettivo, vale a dire l'osservazione da un punto di vista neutrale dei processi psicologici e storico-spirituali, ma anche il lato oggettivo, vale a dire la funzione di apertura del mondo e l'affaccio sulla realtà del mondo della vita. La negazione estetica del reale per Fellmann non implica una semplice fuga dalla realtà del vivere quotidiano e la susseguente sostituzione dell'esistente con qualcosa di immaginato o di insito nella fantasia del soggetto, ma impone un gesto "espressionistico" di annientamento dell'apparenza quotidiana e del vissuto immediato del reale. Esso ha lo scopo di consentire una nuova riacquisizione più profonda e presente della realtà, che corrisponde a un nuovo accesso a una dimensione più intima della soggettività (Fellmann, 2019, pp. 66 ss.) Nella sua celebre opera *Fenomenologia ed espressionismo*, egli individua nella formula di Misch "realizzazione derealizzante" (Misch, 1931) la forma di pensiero comune a espressionismo e fenomenologia elaborata per uscire dalla situazione di perdita nella fiducia del reale che caratterizzava l'Europa nel primo scorcio del Diciannovesimo secolo. Questa formula restituisce agli occhi di Fellmann la situazione paradossale della soggettività contemporanea, la quale esperisce un'ambivalenza peculiare insita nella realtà: "non si può accettare l'esistente, ma non ci si può nemmeno svincolare da esso" (Ivi, p. 60). La nuova realtà a cui si aspira con la realizzazione derealizzante si lascia attuare solo sullo sfondo di ciò che è dato e "sotto questo rispetto, il discorso sulla realtà essenziale è espressione non della certezza, ma piuttosto dell'imbarazzo di fronte alla realtà, il quale, tuttavia, si presenta esteriormente come una fede ottimistica nella possibilità di raggiungere la 'vera realtà'" (Ivi, p. 61). Tale fede si troverebbe, secondo il Nostro, alla base della riduzione fenomenologica, la quale nello Husserl delle *Idee* si struttura come "un mezzo per raggiungere un nuovo mondo che regga in sé tutti i possibili mondi reali e tutti i mondi in ogni estensione di senso" (Ivi, p. 84). L'impulso fondante di questa fede può essere dunque compreso solo a partire dalla consapevolezza della dialettica tra "rinuncia" e "acquisizione" che caratterizza la componente estetica della fenomenologia husserliana. È solo grazie a questo principio di applicazione metodologica di una negazione estetica che la fenomenologia accede all'essere assoluto della coscienza. Un simile terreno puro della fenomenalità rappresenta ciò che Fellmann definisce appunto come *medium* della coscienza. La coscienza trascendentale, nella sua azione di "purificazione" del reale dalle contingenze empiriche e dai fraintendimenti scientistici, agisce certo, a suo modo di vedere, come un soggetto trascendentale autonomo, ma le sintesi da esso operate non sono completamente indipendenti dalle condizioni imposte dal reale stesso. Il proiettarsi al di fuori di sé della coscienza rimane sempre legato a una struttura di rimandi dalla quale l'io non si può completamente liberare, e una tale struttura non può essere che interpretata come una dimensione mediale della coscienza trascendentale.

Prendendo le distanze dalla realtà immediatamente data la coscienza si costituisce, secondo Fellmann, come un "sistema di concordanze" (Fellmann, 2015, p. 155). Se si intende per *medium* in generale un portatore di significato la cui prestazione consiste nella differenziazione e nella strutturazione di ciò che è immediatamente dato, allora si può effettivamente attribuire alla coscienza ridotta fenomenologicamente uno *status* mediale. Un tale status essendo naturalmente dato costituisce poi il punto di partenza per la comprensione di qualsiasi altro *medium* artificiale (*Ibidem*). La funzione significante della coscienza opera una separazione con il suo mondo circostante che costituisce proprio il presupposto fondamentale per la rappresentazione stessa del reale attraverso il filtro del vissuto coscienziale (cfr. Ivi, p. 163). Un simile vissuto coscienziale viene però epurato dai pregiudizi empirici del soggetto individuale attraverso la riduzione e costituisce dunque il presupposto per il "darsi da sé delle cose così come sono nel loro essere assoluto" (Fellmann, 1989, p. 186). Sotto questa prospettiva il concetto husserliano di trascendentale è dunque completamente sovrapponibile con il concetto di mediale individuato da Fellmann. Il problema, tuttavia, rimane secondo quest'ultimo che la sfera dell'essere assoluto attraverso cui la riduzione offre un accesso genuino al reale taglia fuori completamente la realtà della vita, la specificità e il contesto di senso in cui si colloca qualsiasi conoscenza. Il vissuto individuale rimane dunque una "terra incognita" (*Ibidem*) per la fenomenologia. L'unica via d'accesso alla dimensione vitale-affettiva dell'uomo e al mondo della vita divengono dunque le storie. Non è un caso, infatti, che Fellmann al centro del suo discorso sulla fenomenologia come teoria universale dei media inserisca proprio la filosofia delle storie di Schapp, sebbene in effetti il concetto di *medium* non compaia mai nelle riflessioni del filosofo di Aurich.

Le storie come "forme del sapere"

Se seguiamo i due momenti estetici che la fenomenologia eredita dal post-idealismo tedesco, da noi esplorati nei due precedenti paragrafi, vale a dire (1) l'interpretazione ermeneutica dell'osservatore eccentrico e (2) la derealizzazione realizzante, vediamo come ogni forma di messa fuori circuito del vissuto individuale resti sempre in parte incompiuta. Anche se puntano a una forma di astrazione dal vissuto percettivo, infatti, secondo Fellmann, entrambi i momenti finiscono per restare vincolati a forme di oggettivazione della coscienza che sono riconducibili a una visione storicizzata e compenetrata culturalmente del reale. Ecco perché una riduzione dell'esperienza del reale a un modello statico come quello dell'intuizione eidetica o una comprensione dell'io epurata dalle contingenze storico-sociali diviene del tutto insoddisfacente, come dimostrato da Scheler. Come si può dunque pervenire a una comprensione più profonda dei processi cognitivi interni alla soggettività senza epurarli completamente dal loro contesto storico e mondano?

La risposta viene trovata da Fellmann nelle "storie". A suo modo di vedere, le forme di astrazione dal vissuto percettivo, possono essere rese fruibili all'indagine fenomenologica solo se individuiamo nelle storie le forme basilari della rappresentazione della realtà (cfr. Fellmann, 1989, p. 189). Ogni conoscenza è preceduta dal sottotesto dell'esperienza di vita e dunque una qualsiasi pretesa di riduzione e di derealizzazione si deve attuare su un piano interpretativo-testuale che trova sempre articolazione in storie vissute o narrate. Concependo la riduzione e il conseguente accesso al mondo come un procedimento di testualizzazione della realtà attraverso le storie, si ha la possibilità di attingere a una forma genuina di purificazione del reale, senza che venga preclusa la dimensione sociale e intersoggettiva del mondo della vita. Se si considerano infatti le storie come forme basilari di donazione di senso e non come costruzioni artificiose di serie di eventi, si può cogliere sia il lato interpretativo che il lato fattuale della realtà del vissuto. Non essendo le storie forme oggettivabili di conoscenza esse restituiscono immediatamente il contesto della donazione di senso all'interno della singola esperienza dell'individuo che è coinvolto nella storia e nelle storie che riguardano gli individui a lui più prossimi (cfr. Ivi, pp. 190-191). Allo stesso modo però attraverso le storie trovano articolazione ciò che Fellmann chiama idee concrete, vale a dire quelle idee che, dal punto di vista contenutistico rappresentano concetti universali, ma che nella loro realizzazione effettiva sono sempre vincolate alla prospettiva del contesto vitale in cui esse emergono. In questo senso, dunque le cose o i concetti, non sono cose o concetti per sé e dunque intuibili o astraibili dal vissuto, ma sono cose o concetti solo nella misura in cui coinvolgono o entrano in contatto con l'uomo e con il mondo della vita in cui esso è situato. Dal punto di vista formale ogni storia presenta sul piano narrativo, strutture che possono essere riconosciute dall'interpretazione letteraria come forme di rappresentazione, tuttavia, secondo Fellmann, l'analisi della forma ha senso dal punto di vista filosofico solo nella misura in cui può essere trasformata in approfondimenti sul contenuto. In termini di contenuto, il livello del discorso corrisponde alla dimensione più profonda del comportamento rappresentato, vale a dire l'orizzonte di senso della storia in cui gli eventi si dispongono originariamente su un contesto di senso comprensibile. Questo orizzonte di significato della storia costituisce l'orizzonte dell'atteggiamento umano in un determinato contesto singolarizzato nell'esperienza unica e irripetibile del singolo individuo. Per questo motivo esso costituisce il punto di contatto tra forma e contenuto, che si fonde insieme nella storia di vita individuale e nella storia narrata che lascia emergere gli altri io e rappresenta l'occasione per l'irretimento. Secondo Fellmann esiste un'affinità strutturale tra la modalità di rappresentazione e la modalità di comportamento. Il comportamento comprende non solo il "come", ma anche lo scopo del comportamento, il "perché", il motivo del comportamento. La riduzione consiste quindi nel ricondurre il "cosa" della realtà rappresentata al "come" del comportamento umano, in cui si costruisce la realtà del mondo della vita (cfr. Ivi. pp. 192-193).

Quanto appena brevemente illustrato costituisce l'orizzonte di senso in cui la storia si configura completamente come una forma di esperienza articolata del mondo e come accesso primario al mondo della vita e dunque come una forma del sapere nel senso più pregnante che sia concepibile. Un simile accesso avviene però, secondo Fellmann, grazie a una forma estetica di derealizzazione che ha luogo attraverso la narrazione, la quale rende una storia innanzitutto una finzione. Anche quando si tratta di una storia vera, infatti, il momento della narrazione contiene in sé una divisione tra la storia raccontata e gli eventi narrati. Nella narrazione la verità narrata non è più direttamente collegata con la verità del vissuto degli individui della storia narrata. Ciò vale anche quando i protagonisti siamo noi stessi, poiché la ricostruzione narrativa di eventi passati rappresenta una forma di mediazione con il vissuto e dunque una rappresentazione finzionale. Secondo Fellmann, inoltre, la logica dell'intenzionalità degli atti viene superata attraverso la narrazione, poiché in essa non accade che venga narrato qualcosa, ma piuttosto accade che si narri di qualcosa. Nel *medium* della narrazione gli eventi narrati appaiono come inseriti in un contesto di senso indipendente. È in questo modo dunque, attraverso il trascendimento della realtà del vissuto, che gli eventi rappresentati narrativamente vengono spogliati della loro realtà fattuale. Una simile operazione de-realizzante comporta un superamento dell'io empirico simile a quello della riduzione, soltanto che ora la soggettività del narratore viene rappresentata narrativamente e dunque, grazie alla finzione insita nel processo di raffigurazione discorsiva, ne viene preservata la continuità con l'esperienza vissuta del mondo della vita: "Nella narrazione il soggetto empirico viene derealizzato, senza tuttavia che la soggettività venga completamente rimossa. La narrazione preserva la soggettività del narratore, ma come rappresentata, come narrativamente *presentata*. Ciò non ha niente a che fare con l'espressione e l'esperienza, poiché la funzione rappresentativa va oltre la realtà dell'esperienza" (Ivi, p. 195).

Se si vuole dunque cogliere la ricchezza del rapporto tra il vissuto coscienziale e l'esperienza del mondo della vita, obiettivo primario della fenomenologia trascendentale, non si dovrebbero indagare le strutture della coscienza pura, ma piuttosto ciò che Fellmann definisce come "forme della rappresentazione discorsiva", quelle strutture insite nella finzione narrativa che costituiscono le forme originarie di costruzione di senso del sé e del mondo e che rappresentano poi la trama significativa delle storie. Il compito di ogni riduzione dev'essere dunque quello di riconoscere lo stato trascendentale delle storie e di isolare la loro dimensione finzionale. "Le storie finzionali fungono come modelli di apertura del mondo, attraverso i quali diviene comprensibile la struttura significativa del mondo della vita" (Ivi, p. 196). Ciò implica prima di tutto per Fellmann comprendere anche che, piuttosto che essere un principio metodologico della fenomenologia, la riduzione non è altro che una fisiologica prosecuzione del naturale processo di rappresentazione umana del reale attraverso il *medium* originario delle storie.

Nel riconoscimento della dimensione trascendentale delle storie assume un senso fondamentale e nuovo, dunque, anche la scoperta della dimensione naturalmente mediale della coscienza. Nella finzione narrativa, infatti, ha luogo un processo duplice di costituzione di senso, da un lato il contenuto narrato viene a contrapporsi alla realtà del vissuto di cui costituisce una rappresentazione fittizia (de-realizzazione), dall'altro lato la modalità stessa di rappresentazione attraverso il filtro narrativo costituisce una forma di organizzazione di senso del reale che restituisce immediatamente il rapporto dinamico e vitale tra coscienza e mondo della vita (dimensione mediale della coscienza).

Pur nella logica di una rappresentazione derealizzante del reale, la storia per Fellmann rimane dunque una forma originaria di accesso al mondo della vita che si dispiega innanzitutto nella semantica dell'esperienza vitale di ognuno, in una dimensione mediana tra evento e narrazione (cfr. Fellmann, 2015, p. 166 s.).

NOTA

[44] Ma la cui elaborazione risale in realtà già agli anni '10. Per una indagine sulla genesi e l'elaborazione di questo apparato concettuale nella filosofia husserliana si rimanda ad A. Pugliese, *Io puro, io reale e storicità immanente del soggetto a partire dal* Bleistiftmanuskript *(1912) di Husserl* in «B@belonline», n. 6 (2020), pp. 55-65 e M. Failla, *Orizzonti fenomenologici: animale, mondo, io puro, storia,* in «B@belonline», n. 6 (2020), pp. pp. 13-21.

BIBLIOGRAFIA

EUCKEN R., *Lebenserinnerungen. Ein Stück deutschen Lebens,* Koehler Leipzig, 1921.

EUCKEN R., *Mensch und Welt,* Quelle und Meyer, Leipzig, 1918.

EUCKEN R., *Prolegomena zu Forschungen über die Einheit des Geisteslebens in Bewußtsein und That der Menschheit,* Verlag von Veit & Comp., Leipzig, 1885.

FAILLA M., *Orizzonti fenomenologici: animale, mondo, io puro, storia,* in «B@belonline», n. 6 (2020), pp. 13-21.

FELLMANN F., *Fenomenologia ed espressionsimo,* InSchibboleth, Roma, 2019.

HUSSERL E., *Aufsätze und Rezensionen (1890-1910*), HUA XII, a cura di B. Rang, Nijhoff, Den Haag, 1979.

HUSSERL E., *Idee per una fenomenologia pura e per una filosofia fenomenologica*, Mondadori, Milano, 2008.

HUSSERL E., *Introduzione alla logica e alla teoria della conoscenza*, Scholé, Brescia, 2019.

HUSSERL E., *La crisi delle scienze europee e la fenomenologia trascendentale*, Il Saggiatore, Milano, 2015.

HUSSERL E., *Le conferenze di Parigi-Meditazioni cartesiane*, Bompiani, Milano, 2020.

HUSSERL E., *Per la fenomenologia della coscienza interna del tempo (1893-1917)*, FrancoAngeli, Milano, 2016.

LOTZE H., *Mikrokosmus. Ideen zur Naturgeschichte und Geschichte der Menschheit. Versuch einer Anthropologie*, Vol. I, S. Hirzel, Leipzig, 1856.

LOTZE H., *Mikrokosmus. Ideen zur Naturgeschichte und Geschichte der Menschheit. Versuch einer Anthropologie*, Vol. III, S. Hirzel, Leipzig, 1864.

MISCH G., *Lebensphilosophie und Phänomenologie*, Verlag und Druck von B. G. Teubner, Stuttgart, 1931.

NUCCILLI D., *Preliminary Notes in «Azimuth»*, VIII, nr. 15 (2020), pp. 11-14.

PUGLIESE A., *Io puro, io reale e storicità immanente del soggetto a partire dal Bleistiftmanuskript (1912) di Husserl* in «B@belonline», n. 6 (2020), pp. 55-65.

SCHELER M., *Erkenntnis und Arbeit*, GW VIII, Francke-Verlag, Bern/München, 1960, pp. 191-382.

SCHELER M., *Frühe Schriften*, GW I, Francke-Verlag, Bern/München, 1971.

SCHELER M., *Späte Schriften*, GW IX, Francke-Verlag, Bern/München, 1979.

KAREN JOISTEN è professoressa di filosofia presso la Rheinland-Pfälzische Technische Universität Kaiserslautern-Landau. Dal 2020, è portavoce del Center for Ethics and the Digital Society (CEDIS) e dirige il programma di studi certificato "Technoethik" presso il Distance and Independent Studies Center (DISC). Joisten dirige anche il gruppo di ricerca internazionale "Narrative Ethics" ed è membro del Comitato Etico del Saarland University Medical Center. Nella sua carriera accademica è stata guest-professor all'Università di Kassel, Bogotá, Colombia, e borsista al Max-Weber-Kolleg di Erfurt. La sua ricerca attuale si concentra sulle sfide etiche poste dalla digitalizzazione. Joisten ha sviluppato un approccio innovativo noto come "Technoethics for Emerging Digital Systems" (TEDS), che affronta le questioni etiche legate ai sistemi di intelligenza artificiale sia da una prospettiva teorica che applicata.

GIANFRANCO PECCHINENDA è professore ordinario di sociologia dei processi culturali e comunicativi alla Federico II di Napoli. Tra le sue pubblicazioni ci sono *L'Essere e l'io. Fenomenologia, esistenzialismo e neuroscienze sociali*, Meltemi, Milano 2018; *Il Sistema Mimetico. Contributi per una sociologia dell'assurdo*, Ipermedium libri, Napoli 2014; *Homunculus. Sociologia dell'identità e autonarrazione*, Liguori, Napoli 2008; e *Videogiochi e cultura della simulazione. La nascita dell'Homo Game*, Laterza, Roma-Bari 2003.

LUCA BIFULCO è professore associato in Sociologia dei processi culturali e comunicativi presso l'Università degli Studi di Napoli Federico II. È direttore (con P. Diana) della rivista "Eracle. Journal of Sport and Social Sciences". Ha vinto (con M. Tirino) la 54a edizione del premio CONI per la letteratura sportiva – sez. tecnica. Tra le sue pubblicazioni: *Maradona. Un héroe deportivo. Tres estudios sociologicos de Italia* (2020); *La famiglia e il Matrimonio. Proprietà, dominio e conflitto. Marx, Engels, Weber, Veblen e Collins* (2018); *A tutto campo. Il calcio da una prospettiva sociologica* (2014, con F.

Pirone); *Rituale dell'interazione e conflitto* (2010). Ha al suo attivo numerosi articoli scientifici pubblicati in riviste nazionali e internazionali e numerosi saggi in volumi collettivi italiani e stranieri. Ha scritto alcune voci dell'*Encyclopedia of Sport Management* (2021) e ha curato i volumi: *Global Maradona. Dall'uomo all'eroe sportivo, dalla celebrità al mito* (2023, con S. Bory, P. Diana e G. Pecchinenda); *Sport e scienze sociali* (2019, con M. Tirino); *Maradona. Sociologia di un mito globale* (2014, con V. Dini).

JAN SCHAPP è un giurista, filosofo del diritto e professore emerito presso l'Università Justus-Liebig di Gießen. I punti salienti della sua opera, ben nota agli esperti del settore a livello internazionale, risiedono nello sviluppo delle linee fondamentali del diritto, in particolare sotto forma di una concezione del diritto civile basata sulla tradizione del diritto romano, nonché nel chiarimento della problematica della libertà costituzionale alla luce dei concetti di libertà teologici e filosofici.

HANS JOAS è un filosofo, sociologo e teorico sociale tedesco. I suoi volumi sul pragmatismo, la teoria sociale dell'azione, la guerra e la sociologia della religione sono stati tradotti in numerose lingue. È stato recentemente insignito del premio per la ricerca Max Planck e del Prix Paul Ricoeur. Tra le sue opere tradotte in italiano: *La sacralità della persona* (2014), *Valori, società, religione* (2014), *Come nascono i valori* (2021), *L'età assiale* (2022).

EMANUELE CURCIO ha conseguito una laurea triennale (2013) e magistrale in Filosofia (2015) presso l'università degli studi di Roma Tor Vergata. Ha successivamente conseguito la laurea magistrale in studi demo-etno antropologici (2018) presso l'università degli studi di Roma La Sapienza. Nel 2022 ha conseguito il dottorato di ricerca in Storia e Scienze filosofico-sociali presso l'università degli studi di Roma Tor Vergata. Durante il periodo di dottorato ha lavorato presso il Fonds Ricoeur di Parigi (IPT). Nel 2023 ha ottenuto una borsa di formazione presso l'Istituto italiano per gli studi filosofici (IISF). Attualmente è cultore della materia in Neuro-semiotics e Social Media presso l'università degli studi di Roma Niccolò Cusano. Nella stessa università, è docente a contratto di Ethics and Gamification (M-FIL/03) e di Antropologia culturale (M-DEA/01).

FRANCESCO FERRARI è ricercatore e docente presso l'Università Friedrich Schiller di Jena e l'Università Goethe di Francoforte. Coordinatore dello Jena Center for Reconciliation Studies (JCRS), è autore di diverse monografie dedicate al pensiero di Martin Buber, e di vari saggi e traduzioni di autori della filosofia e della cultura ebraica del XX secolo. Attualmente, svolge attività di ricerca sul concetto di riconciliazione dopo Auschwitz.

MARCO STUCCHI si laurea in Scienze Filosofiche presso l'Università degli Studi di Milano e consegue poi il titolo di Dottore di Ricerca in Filosofia presso l'Università degli Studi di Roma Tor Vergata. Si occupa principalmente di filosofia morale e di storia della filosofia, ispirandosi specialmente al pensiero di Sigmund Freud e di René Girard. Nel 2016 fonda il Gruppo Studi Girard, gruppo di giovani studiosi che ha promosso ricerche, convegni e numerosi incontri pubblici. Sul pensiero di Girard ha già curato due volumi internazionali. Oggi è docente di filosofia e storia nelle scuole superiori della provincia di Milano.

LEONARDO FRANCHI è dottore di ricerca in storia della filosofia antica presso l'Università degli Studi di Roma "Tor Vergata", dove è stato cultore della materia. Nel corso delle sue attività di ricerca ha trascorso alcuni soggiorni di ricerca presso le Università di Treviri, Friburgo ed Edimburgo e ha collaborato con alcuni centri di ricerca. Il suo ambito di indagine è il pensiero presocratico, con particolare attenzione all'ontologia di Parmenide e alla sua ricezione in Platone, Aristotele, e nel periodo ellenistico e tardoantico. Ha prodotto diversi articoli in riviste scientifiche e partecipato a diversi congressi, nazionali e internazionali. Inoltre, svolge attività didattica presso la scuola secondaria di secondo grado.

ANGELA RENZI è assegnista di ricerca presso l'Università del Molise. È stata borsista di ricerca presso l'"Istituto Italiano per gli Studi Filosofici di Napoli" e ha conseguito il dottorato di ricerca in Filosofia presso le Università degli Studi di Roma "Tor Vergata" e "Roma

Tre". Le sue ricerche vertono, principalmente, sull'intersoggettività, l'identità e la soggettività pratica alla luce sia della prospettiva trascendentale delle filosofie di Kant e di Fichte, che delle posizioni della fenomenologia e dell'ermeneutica del Novecento, analizzate in particolar modo nella filosofia di Ricoeur. Ad esse ha dedicato la monografia *Pensare la soggettività pratica: percorsi tra Fichte e Ricoeur* (Napoli 2020), oltre a saggi e articoli su queste tematiche.

DANIELE NUCCILLI è assegnista di ricerca con una borsa Marie Curie presso il dipartimento di Filosofia e Religione dell'Università Carolina di Praga. Oltre ad aver curato diverse edizioni di autori della filosofia tedesca classica e contemporanea, ha curato i volumi *The Phenomenological Movement* (InSchibboleth 2020) e *The Philosophy of Wilhelm Schapp* (Bloomsbury 2025). I suoi interessi di ricerca spaziano dalla prima fenomenologia allo psicologismo, dallo storicismo alle teorie contemporanee sulla narrazione.

Finito di stampare
nel mese di aprile 2025
presso Rotomail Italia S.p.A. – Vignate (MI)